U0896589

高等职业教育“十二五”规划教材
国家示范性骨干院校建设项目成果

精密典型零件工装设计

史朝辉　主　编
张权民　白福民　副主编
张　勇　主　审

科学出版社
北　京

内 容 简 介

本书结合编者多年从事高等职业教育的实践经验，尤其是近年来课程改革的体会编写。全书贯穿专用夹具设计的主线，以项目化教学的方式，对工件以内孔、外圆、平面、两孔一面等常见表面定位的机床夹具设计作了较为翔实的介绍。

全书包括机床夹具认知、工件以内孔定位机床夹具（铣床夹具）设计、工件以一面两孔定位机床夹具（钻床夹具）设计、工件以外圆定位机床夹具（车床夹具）设计、工件以平面定位机床夹具（镗床夹具）设计、工件等分表面加工机床夹具（分度夹具）设计、现代机床夹具认知等内容。

本书可作为高职高专机械制造专业及相关专业教材，亦可供有关工程技术人员参考。

图书在版编目（CIP）数据

精密典型零件工装设计/史朝辉主编. —北京：科学出版社，2013

（高等职业教育“十二五”规划教材・国家示范性骨干院校建设项目成果）

ISBN 978-7-03-036952-9

Ⅰ.①精… Ⅱ.①史… Ⅲ.①机床夹具-设计-高等职业教育-教材 Ⅳ.①TG750.2

中国版本图书馆 CIP 数据核字（2013）第 043446 号

责任编辑：艾冬冬 / 责任校对：马英菊
责任印制：吕春珉 / 封面设计：东方人华

科 学 出 版 社出版
北京东黄城根北街 16 号
邮政编码：100717
http://www.sciencep.com

新科印刷有限公司 印刷

科学出版社发行 各地新华书店经销

*

2014年1月第 一 版 开本：787×1092 1/16
2021年1月第七次印刷 印张：13
字数：296 000

定价：34.00元

（如有印装质量问题，我社负责调换〈新科〉）

销售部电话 010-62142126 编辑部电话 010-62135763-2022

前　言

本书根据高等职业教育培养高端技能型人才的要求而编写。

全书以项目化教学的方式，给出了工件以内孔、外圆、平面、两孔一面等常见表面定位机床夹具的设计方案，突现专用夹具设计主线，穿插介绍基本知识点。书中对工件在夹具中定位的“定义”赋予了新内容，对定位误差中基准不重合误差、基准位移误差产生的原因及合成规律，误差的分类，夹具的对定，夹具总图上尺寸、技术条件的标注等提出了独到见解。

本书以工件不同表面定位的夹具设计案例，淡化了理论讲解，强化了设计实践，有助于学生掌握专用夹具的设计思路与方法。章节安排紧凑，前后联系紧密。设计实训紧扣项目内容，练习目的明确，难易恰如其分。附录内容有助于夹具设计查阅、参考。

本书配有电子课件，课件可从网站 http://zyk.gfxy.com:8001/jmdxljgzhshj/下载，如遇问题，请与 kexuejianzhu@126.com 联系。该课件以幻灯片为载体，并穿插部分动画和录像，方便教学。

本书由陕西国防工业职业技术学院史朝辉高级工程师任主编，张权民教授（项目 1、项目 2、附录）、史朝辉（项目 3、项目 5）、白福民讲师（工程师）（项目 4、项目 6、项目 7、幻灯片）共同编写。全书由史朝辉统稿。

西安北方光电股份有限公司首席工艺师、高级工程师张勇对本书进行了审阅，并结合生产设计，提出了很多宝贵意见。在编写本书的过程中，还得到了陕西国防工业技术学院相关教研室的教师的鼎力相助，在此一并表示忠心感谢！

由于编者水平有限，错误和不足之处在所难免，恳请读者批评指正。

编　者

2012 年 11 月

目　录

项目 1　机床夹具认知

学习目标

1. 了解常见专用夹具的基本组成。
2. 了解专用夹具的工作原理。
3. 了解工件加工误差的组成。

1.1　机床夹具的分类

在机械制造过程中，用来固定加工对象，使之占有正确加工位置的工艺装备称为夹具。机械制造过程包含机床切削加工、焊接、装配、检验等。在机床上用来固定加工对象，使之占有正确加工位置的工艺装备，称为机床夹具，本书中将机床夹具简称为夹具。

机床夹具的分类如图 1-1 所示。

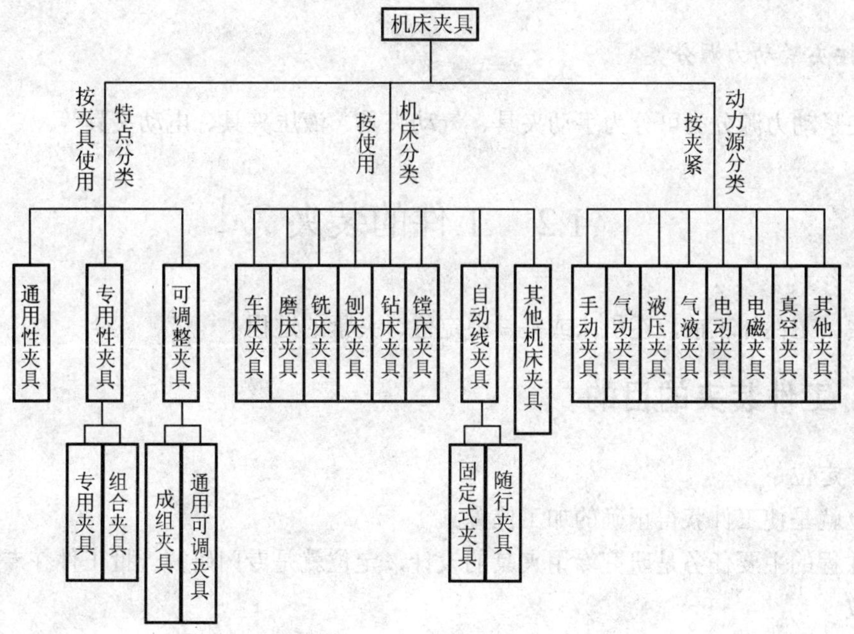

图 1-1　机床夹具的分类

1. 按夹具的使用特点分类

（1）通用性夹具

通用性夹具指结构、尺寸已标准化，且具有一定通用性的夹具，如三爪自定心卡盘、四爪单动卡盘、台虎钳、万能分度头、顶尖、中心架、电磁吸盘等，其特点是适应范围大，已成为机床附件，但生产率较低，适用于单件小批量生产。

（2）专用性夹具

专用性夹具指针对某一工件某一工序的加工要求专门设计和制造的夹具，其特点是针对性极强，没有通用性，常用于批量较大的生产中，可获得较高的生产率和加工精度，但设计制造周期长。

组合夹具是一种模块化的专用夹具。标准的模块元件有较高的精度和耐磨性，可组装成各种专用夹具，夹具使用完毕后可进行拆卸，留待组装新的夹具，其用在单件，中小批、多品种生产和数控加工中，是一种较经济的夹具。

（3）可调整夹具

可调整夹具是针对通用夹具和专用夹具的缺陷而发展起来的一类新型夹具。对不同类型和尺寸的工件，只需调整或更换原来夹具上的个别定位元件和夹紧元件便可使用。

2. 按使用机床分类

按使用机床分类可分为车床夹具、铣床夹具、钻床夹具、镗床夹具、刨床夹具、磨床夹具、自动线夹具等。

3. 按夹紧动力源分类

按夹紧动力源分类可分为手动夹具、气动夹具、液压夹具、电动夹具等。

1.2 工件的装夹

装夹：工件加工前，在机床或夹具中定位、夹紧的过程。

1.2.1 工件装夹的目的

（1）定位

定位就是使工件获得正确的加工位置。

本课程的主要任务是研究专用夹具的设计，定位就是专门研究一批工件在专用夹具中的定位。

下面由工艺课中所讲定位的概念来分析定位：

工件加工前，在机床或夹具中占据某一正确加工位置的过程

↓

工件加工前，在夹具中占据某一正确加工位置的过程

↓

指一批工件先后装夹到夹具中，都能占据一致正确加工位置的过程

↓（一致在坐标系中就是确定）

定位：工件加工前，在夹具中占据“确定”、“正确”加工位置的过程。

所以，本课程所讲定位主要是研究什么是“确定”、“正确”的加工位置。

（2）夹紧

夹紧就是固定工件的正确加工位置。

（3）装夹的目的

装夹就是对工件进行定位和夹紧。装夹时一般先定位、后夹紧，特殊情况下定位、夹紧同时实现，如三爪自定心卡盘装夹工件。

1.2.2　找正法装夹工件

（1）直接找正法

以工件已有表面找正装夹工件。图 1-2 所示为在四爪单动卡盘上用百分表找正装夹工件。

（2）划线找正法

以工件上事先划好的线痕迹找正装夹工件。图 1-3 所示为在台虎钳上用划针根据线痕找正装夹工件。

装夹过程为预夹紧→找正、敲击→完全夹紧。

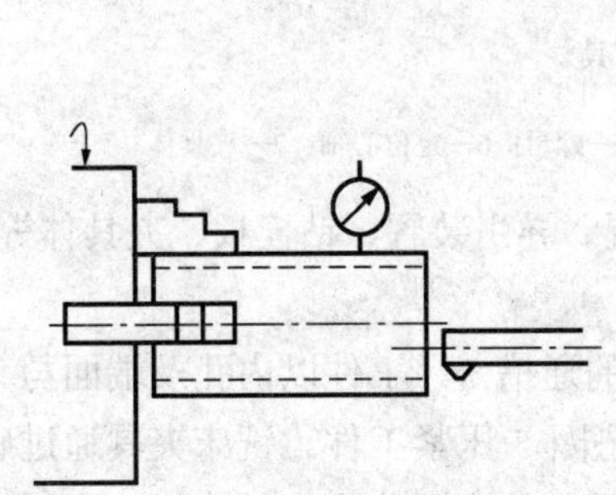

图 1-2　四爪装夹工件

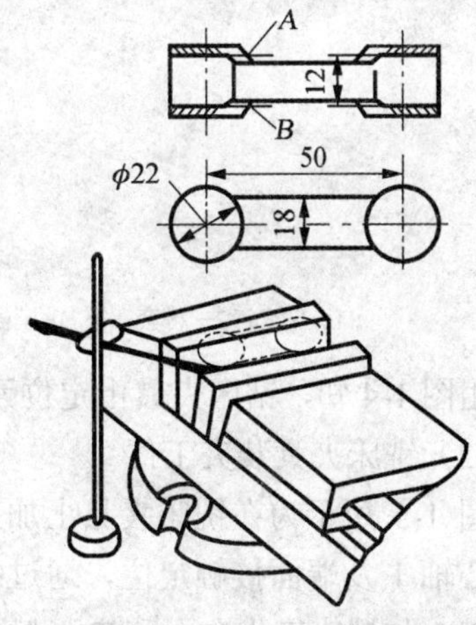

图 1-3　划线找正装夹工件

可见，找正法装夹工件，工件正确位置的获得是通过找正达到的，夹具只起到夹紧工件的作用。这种方法方便、简单，生产率低、劳动强度大，适用于单件、小批生产。

1.2.3 专用夹具装夹工件

1. 专用夹具装夹工件

下面以钻床专用夹具、铣床专用夹具、车床专用夹具、镗床专用夹具装夹工件为例。

（1）钻床夹具（又称钻模）装夹工件

图 1-4 所示为在钻床夹具上加工套类零件上ϕ6H11 径向孔，工件以内孔及端面与夹具上定位心轴 6 及其端面接触定位，通过开口垫圈 4、螺母 5 压紧工件。把夹具放在钻床工作台面上，移动夹具让钻套 1 导引钻头钻孔。因钻套内孔中心线到定位心轴 6 端面的尺寸及对定位心轴 6 轴线的对称度是根据工件孔加工位置要求确定的，所以能满足工件加工要求。

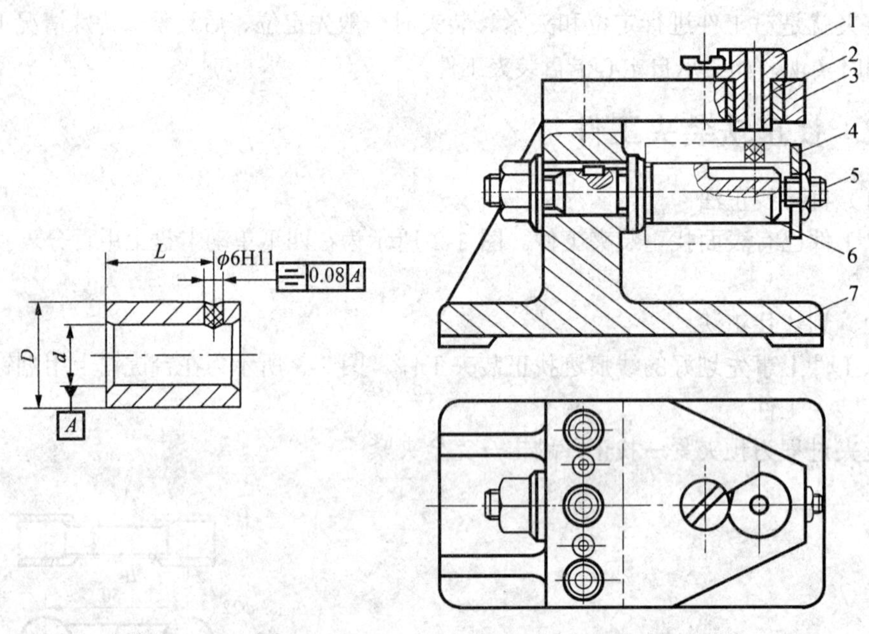

图 1-4 钻床夹具

1—钻套；2—衬套；3—钻模板；4—开口垫圈；5—螺母；6—定位心轴；7—夹具体

由图 1-4 知，钻床夹具由定位元件、夹紧装置、导引装置、钻模板、夹具体等组成。

（2）铣床夹具装夹工件

图 1-5 所示为在铣床夹具上加工套类零件上的通槽 b，工件以内孔及端面与夹具上定位心轴 1 及端面接触定位，通过螺母 4、开口垫圈 5 压紧工件。铣床夹具通过底面和定位键 2 与铣床工作台面和 T 形槽面接触确定夹具在铣床工作台上的位置，通过螺栓压板压紧夹具，然后移动工作台，让对刀块 3 工作面与塞尺、刀具切削表面接触确定其相对位置加工工件，因对刀块工作面到定位心轴轴线的位置尺寸是根据工件加工要求确定的，所以能满足工件加工要求。

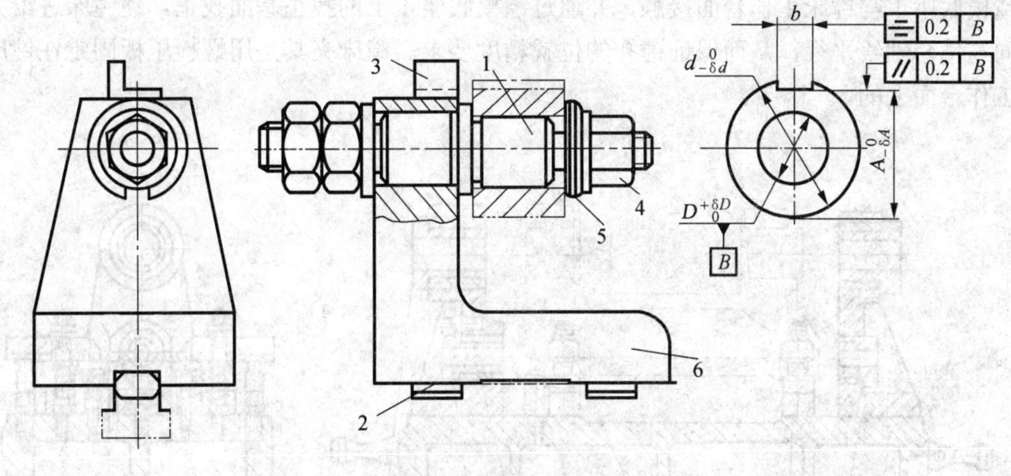

图 1-5　铣床夹具

1—定位心轴；2—定位键；3—对刀块；4—螺母；5—开口垫圈；6—夹具体

由图 1-5 知，铣床夹具由定位元件、夹紧装置、对刀装置、连接元件、夹具体等组成。

（3）车床夹具装夹工件

图 1-6 所示为在车床夹具上加工套类零件外圆面，工件以内孔面、端面在弹性筒夹 5 及轴肩上定位，转动螺母 4，锥体 1、3 相向移动，使弹性筒夹 5 外涨定心夹紧工件。车床夹具通过莫氏锥柄与车床主轴莫氏锥孔相连接，带动夹具旋转而加工外圆。因弹性筒夹与莫氏锥柄同轴，从而保证了加工套类零件外圆面与其内孔面的同轴。

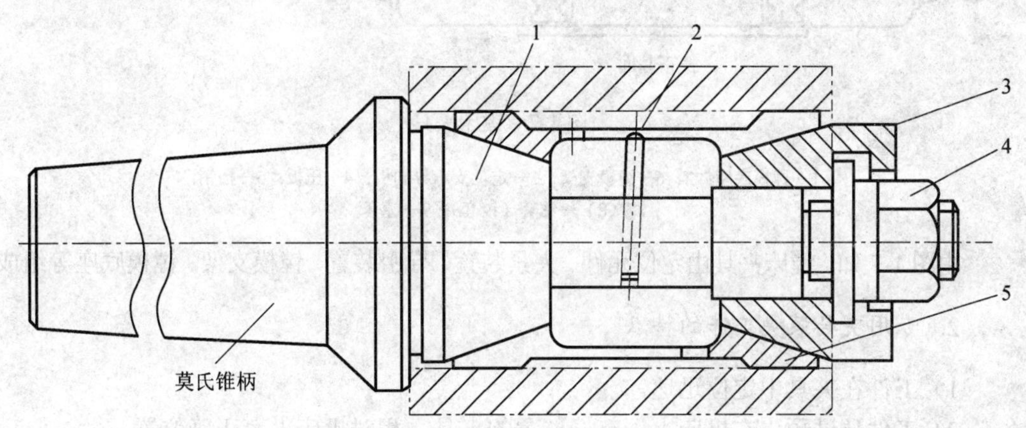

图 1-6　车床夹具

1—锥体；2—防转销；3—锥套；4—螺母；5—弹性筒夹

由图 1-6 知，车床夹具由定位元件、夹紧装置、连接元件（莫氏锥柄）、夹具体等组成。

（4）镗床夹具（又称镗模）装夹工件

图 1-7 所示为在镗床夹具上镗工件（车床尾座）上的孔，工件以底面、侧面、端面在定位支承导向板 3、挡销 5 上定位，用螺栓压板 4 夹紧，在镗床上镗孔。镗床夹具以

镗模底座1与镗床工作台面接触，并通过镗模底座1上的找正基面找正，使镗床进给方向与镗套轴线平行，从而保证镗孔的位置精度要求。镗床夹具是用螺栓压板固定在镗床工作台面上的。

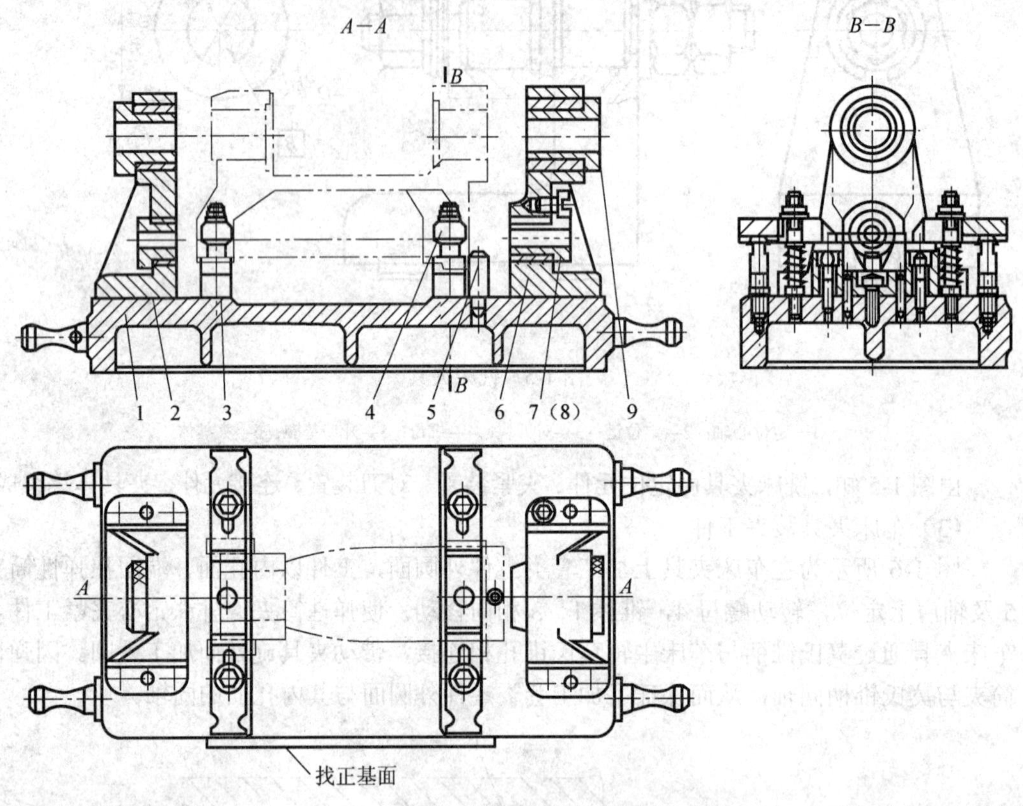

图 1-7 镗床夹具

1—镗模底座；2、6—镗模支架；3—定位支承导向板；4—压板；5—挡销；7（8）—钻套（铰套）；9—镗套

由图1-7知，镗床夹具由定位元件、夹紧装置、导引装置、镗模支架、镗模底座等组成。

2. 专用夹具装夹工件的特点

1）工件在夹具中定位迅速。

2）工件通过预先在机床上调整好位置的夹具，相对机床占有正确位置。

3）工件通过对刀、导引装置，相对刀具占有正确位置。

4）对加工成批工件效率尤为显著。

1.3 机床夹具的组成

如图1-4～图1-7所示，机床夹具主要由以下几方面组成。

1.3.1　基本组成

（1）定位元件

定位元件是与工件定位基准接触的元件，用来确定工件在夹具中的位置。

（2）夹紧装置

夹紧装置是压紧工件的装置，通常由多个元件组合而成。

（3）夹具体

夹具体是夹具的基础元件，用来连接其他所有夹具元件。

1.3.2　其他组成

（1）连接元件

连接元件是连接机床与夹具的元件，用来确定夹具在机床中的位置。

（2）对刀、导引元件

对刀、导引元件是用来确定夹具与刀具相对位置的元件。

（3）其他元件

其他元件是起辅助作用的元件。

1.4　机床夹具的工作原理及作用

1.4.1　机床夹具的工作原理

机床夹具的工作原理如图 1-8 所示。工件通过定位元件在夹具中占有正确位置，夹具通过连接元件在机床中占有正确位置，夹具通过对刀、导引元件相对刀具占有正确位置，从而保证工件相对机床位置正确、工件相对刀具位置正确，最终保证满足工件加工要求。

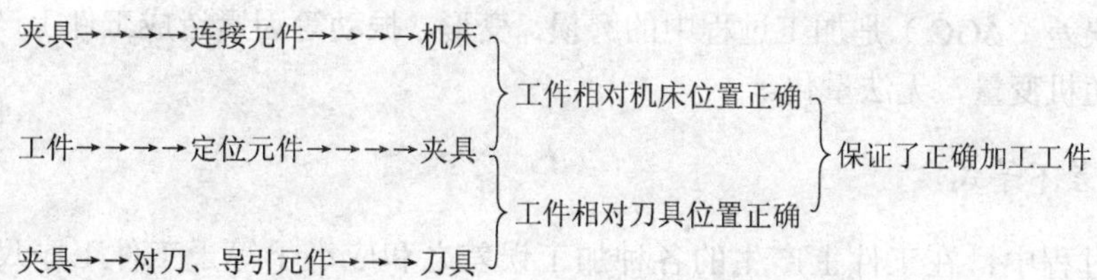

图 1-8　机床夹具工作原理

1.4.2　机床夹具的作用

机床夹具是连接工件与机床，工件与刀具的中间装置，其作用如下：

1）保证工件加工精度。

2）提高劳动生产率、降低成本。

3）降低工人劳动强度。

4）可由较低技术等级工人进行加工。

5）扩大机床的使用范围。

1.5　工件加工误差的组成

工件加工误差由装夹误差、对定误差和过程误差组成。

1. 装夹误差

装夹误差（ΔZJ）是把工件装夹到夹具上，工件位置不准确，在工件上产生的加工误差。

（1）定位误差

定位误差（Δdw）是因工件在夹具上定位不准确而在工件上产生的加工误差。

（2）夹紧误差

夹紧误差（Δjj）是工件夹紧变形在工件上产生的误差。当夹紧力方向、作用点、大小合理时近似为零。

2. 对定误差

对定误差（ΔDD）是夹具在机床上安装位置不准确和夹具与刀具相对位置不准确在工件上产生的加工误差。

（1）夹具位置误差

夹具位置误差（Δjw）是夹具在机床上安装位置不准确在工件上产生的加工误差。

（2）夹具对刀误差

夹具对刀误差（Δjd）是夹具与刀具相对位置不准确在工件上产生的加工误差。

3. 过程误差

过程误差（ΔGC）是加工过程中的磨损、变形、振动等因素造成工件上产生的加工误差，属随机变量，无法量化。

4. 误差不等式

加工过程中，在工件上产生的各种加工误差之和应小于等于工件工序尺寸的公差（T），为方便计算，一般人为地把ΔZJ、ΔDD、ΔGC各取1/3T，有ΔZJ ≤1/3T，在忽略Δjj后有：

$$\Delta dw \leqslant 1/3T$$

上式称为误差不等式，夹具定位误差分析时用，满足此式，认为定位方案可行。

项目2 工件以内孔定位机床夹具（铣床夹具）设计

学习目标

1. 了解铣床夹具的结构特点。
2. 掌握专用机床夹具的设计方法。
3. 掌握工件以内孔定位机床夹具的设计。
4. 学会查阅手册、资料。

2.1 设计专用机床夹具的基本要求

设计专用机床夹具的基本要求是使加工精度、生产率、经济性、劳动条件等几个方面达到辨证的统一。具体要求如下：

1）满足工件工序加工精度要求。

2）能提高加工生产率。

3）操作方便、省力、安全。

4）具有一定使用寿命和较低的制造成本。

5）夹具元件应满足通用化、标准化、系列化的“三化”要求。

6）具有良好的结构工艺性：便于制造、检验、装配、调整、维修等。

2.2 设计准备阶段

设计准备阶段的主要任务是明确设计要求、掌握第一手资料。

2.2.1 设计任务书

夹具设计任务书如表2-1所示，一般由工艺设计人员给出。

表 2-1　工装设计任务书

<table>
<tr><td colspan="14">工装设计任务书</td></tr>
<tr><td colspan="2">项目编号或通知号</td><td colspan="6">XJZB-GZ-2010-016</td><td>共 1 页</td><td>第 1 页</td><td colspan="2">任务书编号</td><td colspan="2">GZXJGYB-2010-025</td></tr>
<tr><td colspan="2">产品名称</td><td>机架</td><td colspan="2">代号</td><td colspan="2">XJSB-TKX-012</td><td>零件数量</td><td>10000</td><td>生产纲领</td><td colspan="2">中批生产</td><td>类别</td><td>新产品</td></tr>
<tr><td>序号</td><td>工装编号</td><td>工装名称</td><td>设计人</td><td>制造数量</td><td>需求日期</td><td>计划完成日期</td><td>零件名称</td><td>零件图号</td><td>工序号</td><td>工序名称</td><td>设备名称</td><td>设备型号</td><td>使用单位</td></tr>
<tr><td>1</td><td>GZ1016</td><td>铣床专用夹具</td><td>×××</td><td>4</td><td>2010/9/10</td><td>2010/7/16</td><td>套</td><td>02061-466795</td><td>15</td><td>铣</td><td>普通铣床</td><td>X6130</td><td>4 车间</td></tr>
<tr><td>2</td><td></td><td></td><td></td><td></td><td></td><td></td><td></td><td></td><td></td><td></td><td></td><td></td><td></td></tr>
<tr><td>3</td><td></td><td></td><td></td><td></td><td></td><td></td><td></td><td></td><td></td><td></td><td></td><td></td><td></td></tr>
<tr><td>4</td><td></td><td></td><td></td><td></td><td></td><td></td><td></td><td></td><td></td><td></td><td></td><td></td><td></td></tr>
<tr><td>5</td><td></td><td></td><td></td><td></td><td></td><td></td><td></td><td></td><td></td><td></td><td></td><td></td><td></td></tr>
<tr><td>6</td><td></td><td></td><td></td><td></td><td></td><td></td><td></td><td></td><td></td><td></td><td></td><td></td><td></td></tr>
<tr><td>7</td><td></td><td></td><td></td><td></td><td></td><td></td><td></td><td></td><td></td><td></td><td></td><td></td><td></td></tr>
</table>

备注：1. 工装制造任务书的任务书编号由 GZ＋部门代号＋-＋年份（四位）＋-＋顺序号（三位）组成。例如，任务书编号为 GZXJGYB-2010-001，表示工装-西安机床工艺部-2010 年-编制的第 1 份工装制造任务书。

2. 工装制造任务书与设计的图纸或工装设计任务书一同提交，工装制造任务书一式两份，生产准备部接收人签字接收后，负责向编制人对应的单位返回一份。

3. 工装制造任务书的内容要求填写正确、完整，并与设计的工装图纸或工装任务相一致。

4. 在类别栏填写“技改”、“技措”、“新产品”、“复制”字样。

2.2.2　设计资料收集

1. 一般应收集的设计资料

1）收集技术资料——零件图、工序图、工艺文件等。

2）收集有关机床方面的资料及设计手册。

3）收集有关刀具方面的资料及设计手册。

4）收集本行业、企业设计标准。

5）收集夹具零部件国家标准及设计手册。

6）了解本单位制造和使用夹具的情况。

7）了解国内外同类夹具设计、使用的情况。

2. 铣床夹具设计资料收集

1）收集零件图如图 2-1 所示，工艺过程卡片如表 2-2 所示，工序卡片如表 2-3 所示。

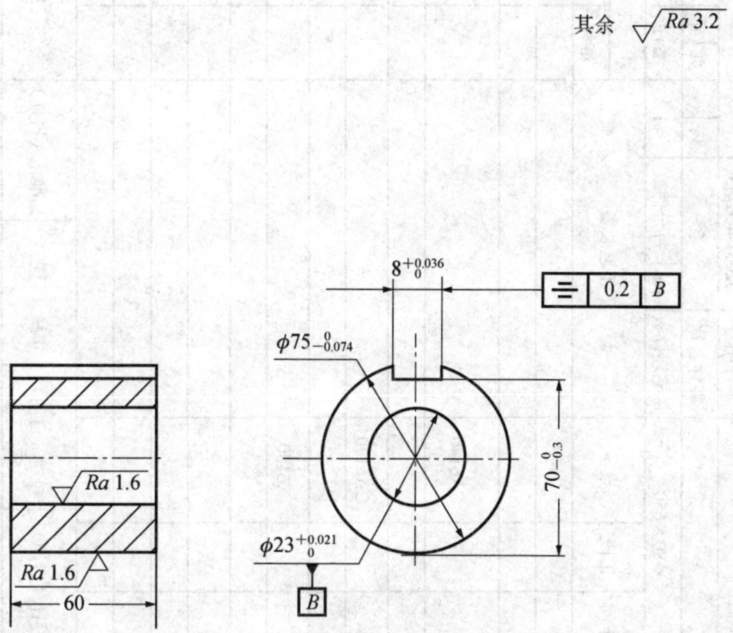

其余 $\sqrt{Ra\ 3.2}$

$8^{+0.036}_{0}$　　| ⌯ | 0.2 | B |

$\phi 75^{\ 0}_{-0.074}$

$Ra\ 1.6$

$Ra\ 1.6$

60

$70^{\ 0}_{-0.3}$

$\phi 23^{+0.021}_{0}$

B

技术要求

1. 热处理：调质HR32～36C。
2. 未注倒角为2×45°，锐角倒钝。

						45			兵器×××厂
标记	处数	分区	更改文件号	签名	年月日				
设计	(签名)	(年月日)	标准化	(签名)	(年月日)	阶段标记	重量	比例	套
								1∶1	
审核									02061-466795
工艺			批准			共 张　第 张			

图 2-1　零件图

表 2-2　机械加工工艺过程卡片

兵器×××厂		机械加工工艺过程卡片	产品型号		零件图号	02061-466795		
			产品名称		零件名称	套	共　页	第　页
材料牌号	45	毛坯种类 棒料	毛坯外形尺寸	ϕ80×650	每毛坯件数 10	每台件数 1	备注	
工序号	工序名称	工序内容	车间	工段	设备	工艺装备	工时 准终	工时 单件
01	备料	棒料 ϕ80×650						
05	车	车右端面、车外圆保证 $\phi75_{-0.074}^{0}$，钻ϕ16.5 孔、扩ϕ20 孔，切断保证长度 62			CA6140			
10	车	调头车左端面保证长度 60、镗孔至$\phi23_{0}^{+0.021}$			CA6140			
15	铣	铣键槽，保证 $8_{0}^{+0.036}$、$70_{-0.3}^{0}$、对称度 0.2			X6130			
20	检	$\phi75_{-0.074}^{0}$、60、$\phi20_{0}^{+0.021}$、$8_{0}^{+0.036}$、$70_{-0.3}^{0}$、对称度 0.2						
25	热处理	调质 32～36HRC						

										设计（日期）	校对（日期）	审核（日期）	标准化（日期）	会签（日期）
标记	处数	更改文件号	签字	日期	标记	处数	更改文件号	签字	日期					
标记	处数	更改文件号	签字	日期	标记	处数	更改文件号	签字	日期					

表 2-3　机械加工工序卡片

兵器×××厂	机械加工工序卡片	产品型号		零件图号	02061-466795						
		产品名称		零件名称	套	共		页	第		页

全部 $\sqrt{Ra\,3.2}$

$8^{+0.036}_{0}$　= 0.2 *B*　$70^{0}_{-0.3}$　4　1　*B*

车间	工序号	工序名称	材料牌号
	15	铣	45
毛坯种类	毛坯外形尺寸	每毛坯可制件数	每台件数
棒料	$\phi 80\times 650$	10	1
设备名称	设备型号	设备编号	同时加工件数
	X6130		1

夹具编号	夹具名称	切削液	
GZ1016	专用夹具		
工位器具编号	工位器具名称	工序工时（min）	
		准终	单件

工步号	工 步 内 容	工艺装备	主轴转速	切削速度	进给量	切削深度	进给次数	工步工时	
			r/min	m/min	mm/r	mm		机动	辅助
	装夹	立铣刀 8（W18Cr4V） 专用夹具（GZ1016） 宽度塞规（8） 游标卡尺（0～100：0.02）							
1	铣槽		375	21.195	手动进给				
2	去毛刺								

										设计（日期）	校对（日期）	审核（日期）	标准化（日期）	会签（日期）
标记	处数	更改文件号	签字	日期	标记	处数	更改文件号	签字	日期					

2）收集《机床设计手册》等资料。本工序使用 X6130 铣床，相关参数查阅《机床设计手册》、X6130 档案技术资料。

3）收集《金属切削刀具设计手册》等资料。本工序使用刀具为$\phi 8$ 立铣刀，刀片材料为 W18Cr4V，其刃部参数可查阅《金属切削刀具设计手册》。

4）收集《机床夹具零件及部件标准汇编》行业标准和企业标准等资料。

5）收集《机床夹具零件及部件标准汇编》国家标准、《机床夹具设计手册》、《机械零件设计手册》、《机械加工工艺手册》等资料。

6）根据工件零件图和第 15 道工序的机械加工工序卡片，了解本单位同类零件的铣床专用夹具的制造与使用情况。

7）了解国内外同类夹具设计、使用的情况。

2.3 设 计 阶 段

设计阶段的主要任务是类比设计、确定方案。

2.3.1 工序分析

1）该零件为套类零件，外形尺寸大小适中，材料为 45 钢，强度较好，结构简单。

2）本工序为铣键槽，切削力不大，夹紧力不大。

3）零件本工序前期各表面已完成加工，本工序加工精度要求适中，在设计夹具时，其精度和复杂程度以满足加工精度要求、降低制作成本为出发点。

4）该零件为中批量生产。

2.3.2 定位方案设计

1. 工序加工要求分析

（1）基准

1）定位基准。确定工件在夹具中位置的基准，即与夹具定位元件接触的工件上的点、线、面。当接触的工件上的点、线、面为回转面、对称面时，称回转面、对称面为定位基面，其回转面、对称面的中心线称为定位基准。定位基准由工艺人员确定，是工序图上标“⌐ᐯ⌐”所示的基准（定位基准的标注形式见附表 1）。

2）工序基准。在工序图上用以确定被加工表面位置的基准。工序基准的查找方法如下：首先找到加工面，确定加工面位置的尺寸就是工序尺寸，其一端指向加工面，另一端指向工序基准。如图 2-2 所示加工键槽，*h*、*L*、*t* 为三个方向的工序尺寸，三个方向上的中心线为工序基准。工序基准由工艺人员确定。

3）对刀基准。确定刀具相对夹具（工件）位置的夹具上的基准，一般选与工件定位基准重合的夹具定位元件上的要素为对刀基准。

（2）工件的自由度

工件的自由度是工件空间位置不确定性的数目。如图 2-3 所示，工件有六个自由度，

表示为$\vec{X}\,\widehat{X}\,\vec{Y}\,\widehat{Y}\,\vec{Z}\,\widehat{Z}$。

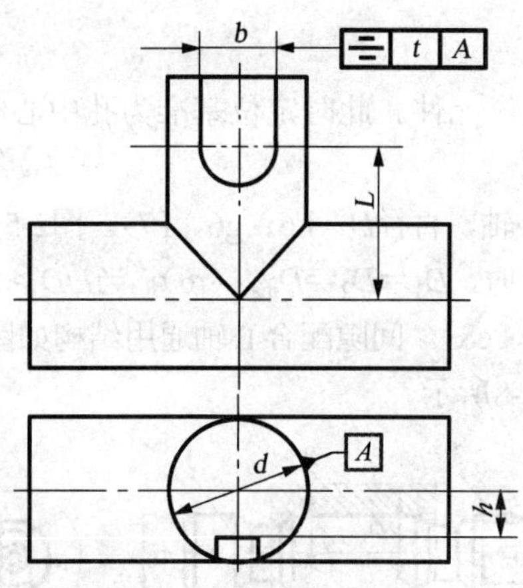

图 2-2　加工键槽的工序图

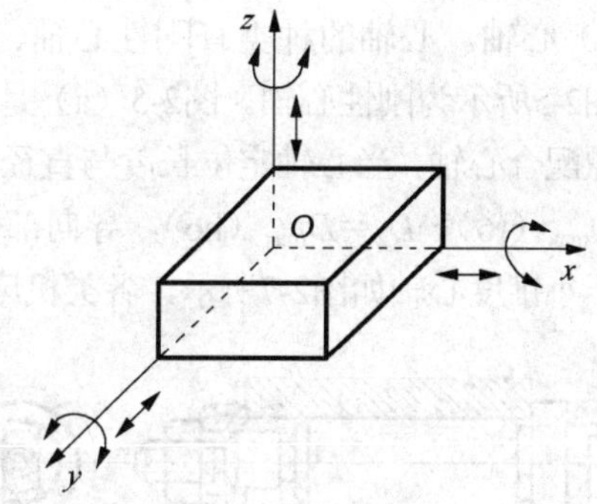

图 2-3　工件自由度

（3）定位副

把工件定位基面（准）和夹具定位元件工作面合称定位副，二者重合，称定位副设计、制造准确，反之称设计、制造不准确。

（4）本工序加工要求分析

从表 2-2 机械加工工艺过程卡片、表 2-3 机械加工工序卡片分析知：

本工序定位基准为左端面、ϕ23H7（$^{+0.021}_{0}$）内孔面，即左端面定位限制一个自由度、内孔定位限制四个自由度。遵循基准重合原则。

本工序加工要求有三项：形状要求 $8^{+0.036}_{0}$，位置要求为对称度 0.2 和尺寸 $70^{0}_{-0.3}$。

在工序图上建立坐标关系，如图 2-4 所示，从工序加工要求分析应该限制的自由度。

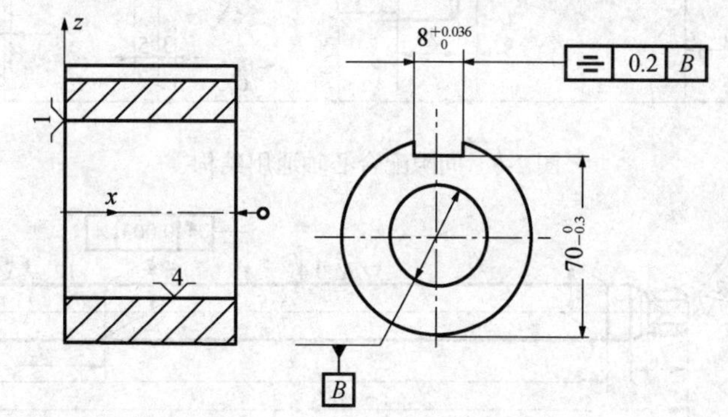

图 2-4　限制自山度分析

形状尺寸 $8^{+0.036}_{0}$ 与限制自由度无关。

保证对称度 0.2，需要限制$\vec{Y}\,\vec{Z}$。

保证位置尺寸 $70^{0}_{-0.3}$，需要限制$\widehat{Y}\,\vec{Z}$。

综合结果应限制$\vec{Y}\,\widehat{Y}\,\vec{Z}\,\widehat{Z}$，工序给定定位基准方案合理。

2. 定位方案设计

（1）工件以圆孔定位时，常用定位元件介绍

工件以圆孔定位时，常采用心轴、定位销为定位元件。此时定位基准为孔中心线。

1）心轴。心轴的种类有刚性心轴、弹性心轴。

图2-5所示为刚性心轴。图2-5（a）是间隙配合心轴，直径D（h6、g6、f7）。图2-5（b）是过盈配合心轴，当心轴定位长度与直径之比$L/D \leqslant 1$时，$D_1 = D_2 = D_{max}$（r6）；当$L/D > 1$时，$D_1 = D_{max}$（r6）、$D_2 = D_{max}$（h6），导向部分$D_3 = D_{min}$（e8）。间隙配合心轴通用结构如图2-6所示，小锥度心轴如图2-7所示，各类机床心轴如图2-8所示。

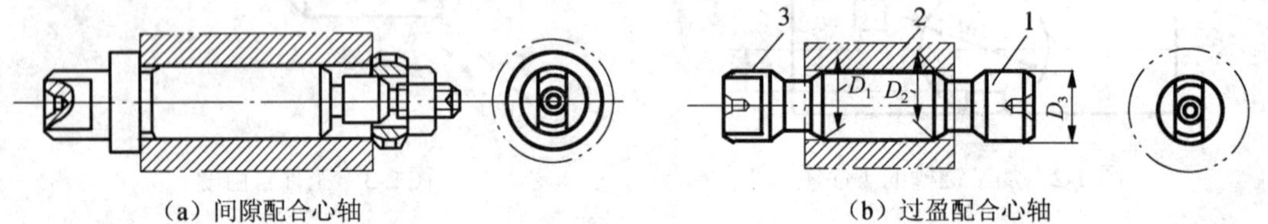

（a）间隙配合心轴　（b）过盈配合心轴

图 2-5　刚性心轴

1—导向部分；2—定位部分；3—传动部分

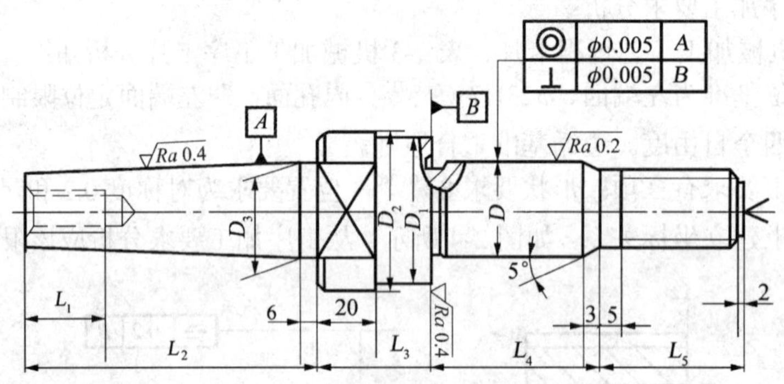

图 2-6　间隙配合心轴通用结构

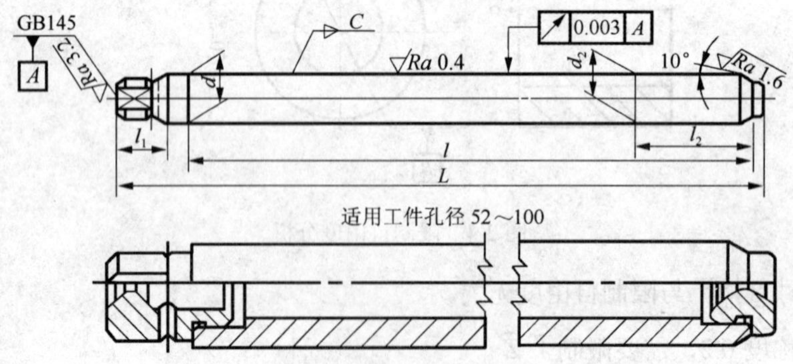

图 2-7　小锥度心轴

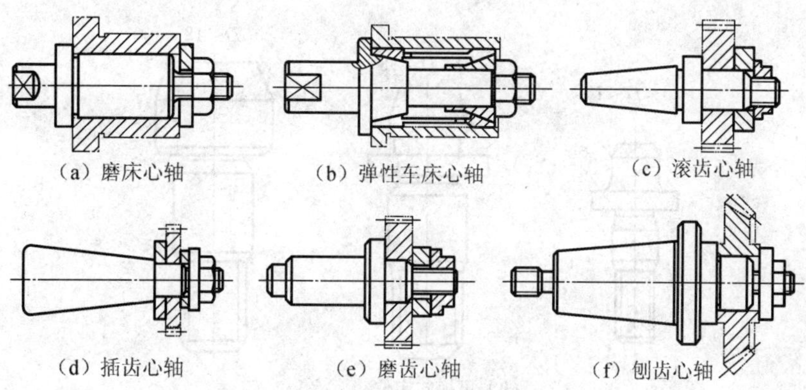

图 2-8　各类机床心轴

2）定位销。定位销的种类有圆柱定位销、圆锥定位销。

图 2-9 所示为圆锥定位销，图 2-9（a）粗基准定位用，减小接触；图 2-9（b）精基准定位用。固定圆锥定位销定位时限制 3 个自由度。

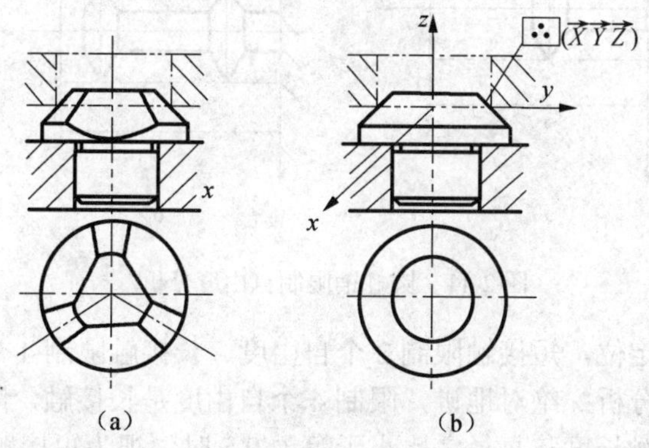

图 2-9　圆锥定位销

图 2-10 所示为圆柱定位销。图 2-10（a）所示为固定式定位销，中批量以下生产用，磨损后不可更换。图 2-10（b）所示为可换式定位销，大批量以上生产用，磨损后可以更换。图 2-11 所示为圆柱销限制自由度分析。短接触可理解为一条圆母线接触，如图 2-11（a）所示；长接触可理解为相距较远的两条圆母线接触，如图 2-11（b）所示。

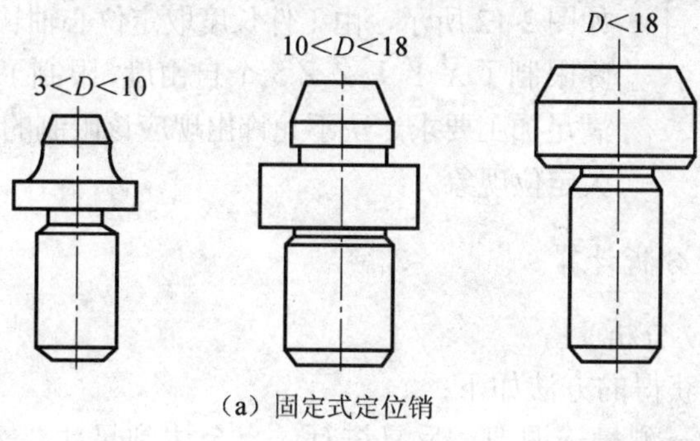

图 2-10　圆柱定位销

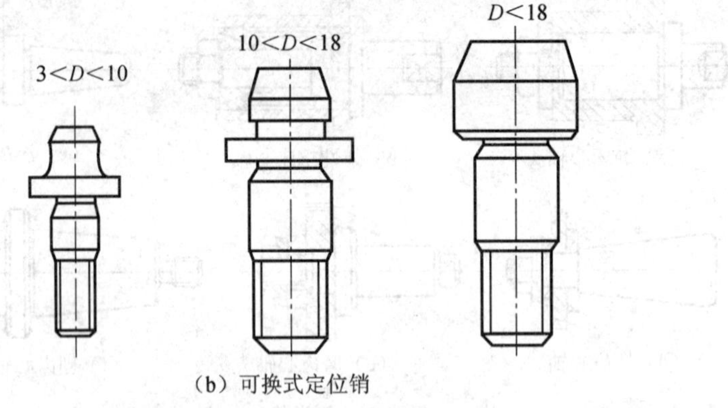

（b）可换式定位销

图 2-10　圆柱定位销（续）

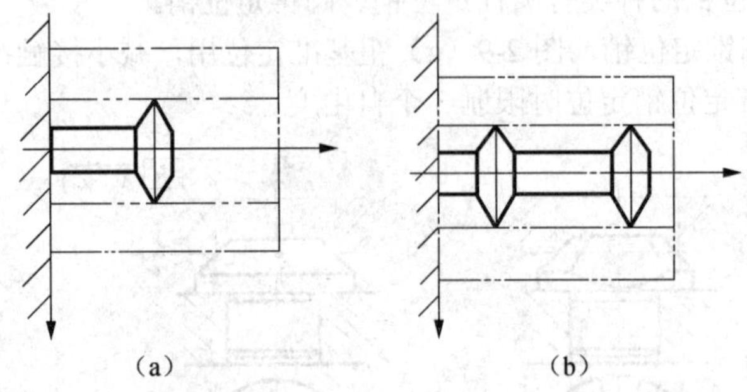

图 2-11　圆柱销限制自由度分析

以上圆柱销、轴定位，短接触限制 2 个自由度、长接触限制 4 个自由度。

长接触与短接触分析：绝对地讲，限制 4 个自由度是长接触，限制 2 个自由度是短接触；相对地讲，接触长度与直径之比小于等于 0.5 时，视为短接触；大于等于 1.2 时，视为长接触，但当工件定位孔长度远大于圆柱定位销工作部分长度时，则仍视为短接触。

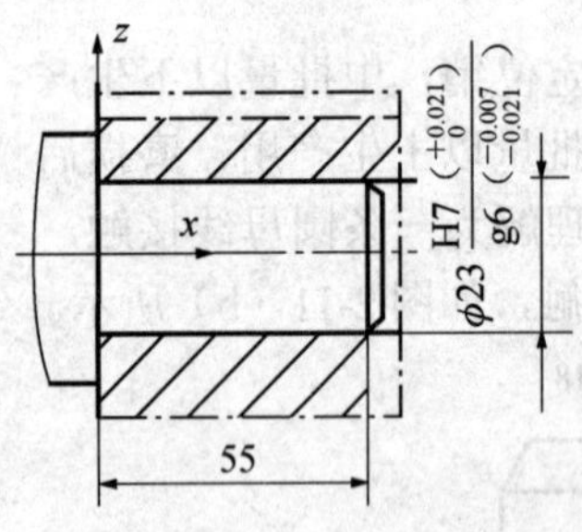

图 2-12　定位方案

（2）铣床夹具定位方案设计

根据工序图给定的定位基准，选用带小轴肩刚性长心轴间隙配合定位的定位方案，由工件内孔直径，选用配合ϕ23H7/g6，如图 2-12 所示，由工件长度取定位心轴长度 55mm。定位后实际限制了$\vec{X}\vec{Y}\overset{\frown}{Y}\vec{Z}\overset{\frown}{Z}$5 个自由度，限制了应该限制的自由度，满足加工要求。决不允许出现应该限制的自由度没有被限制的欠定位现象。

3. 定位误差 Δdw 分析计算

（1）定位误差 Δdw 分析

1）工件尺寸精度获得的方法如下：

① 试切法：试切→测量→调刀，反复进行，直至达到尺寸要求。此法在单件加工时用。

② 定尺寸刀具法：由刀具尺寸确定加工要素尺寸的方法。

③ 调整法：事先调整好刀具与工件（夹具）的相对位置，在加工一批工件过程中，刀具位置不变。本门课中涉及尺寸精度获得的方法一般视为调整法。

④ 自动控制法：通过自动控制机床、刀具的运动，达到控制尺寸精度的方法。

2）定位误差及其产生的原因分析如下：

① 举例。如图 2-13 所示，工件以内孔在心轴上固定单边接触（多个工件定位与心轴接触点不变）定位，在外圆面上铣平面，保证图示某项加工要求，试分析加工一批工件时，对工序加工要求产生的定位误差。

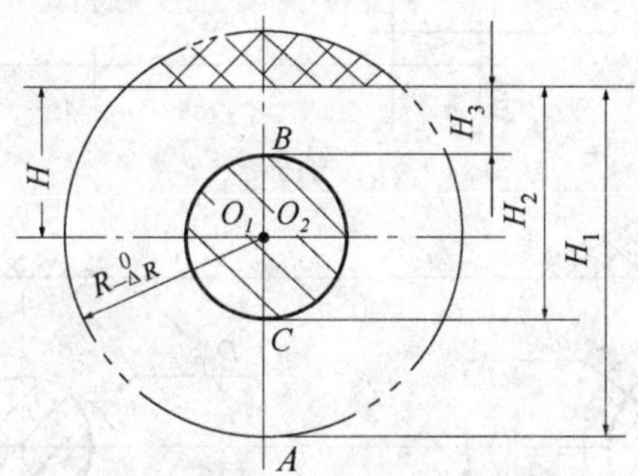

图 2-13　定位误差分析

已知：

O_2——孔中心（定位基准）；

O_1——轴中心（对刀基准），加工一批工件时，位置不变；

d——轴最大直径；

Δd——轴公差；

D——孔最小直径；

ΔD——孔公差；

R、ΔR——工件外圆半径、公差。

分析：本工序加工要求为 H_1 或 H_2 或 H_3 时产生的定位误差。

a．对 H_1：为上下方向的尺寸，定位基准是 O_2，工序基准是 A。由图 2-14（a）可知：

a）当 $d=D$ 时（定位副准确），最小配合间隙为 0，O_1 与 O_2 重合，如图 2-14（a）左图所示。

当工序尺寸为 H_1 时，工序基准 A 与定位基准 O_2 不重合，ΔR 直接影响 H_1。

当工序尺寸为 H 时，工序基准 O_2 与定位基准 O_2 重合，无这项误差。

基准不重合误差（Δjb）：因工序基准与定位基准不重合（原因），用调整法加工一批工件时（条件），引起工序基准相对定位基准在加工尺寸方向上产生的最大变化量（结果）。

工序基准与定位基准之间的联系尺寸称为定位尺寸，Δjb 的值就是该定位尺寸的公差在加工尺寸方向上的投影。

由以上定义知，当 $d\neq D$ 时，工件平移并不影响 Δjb 。

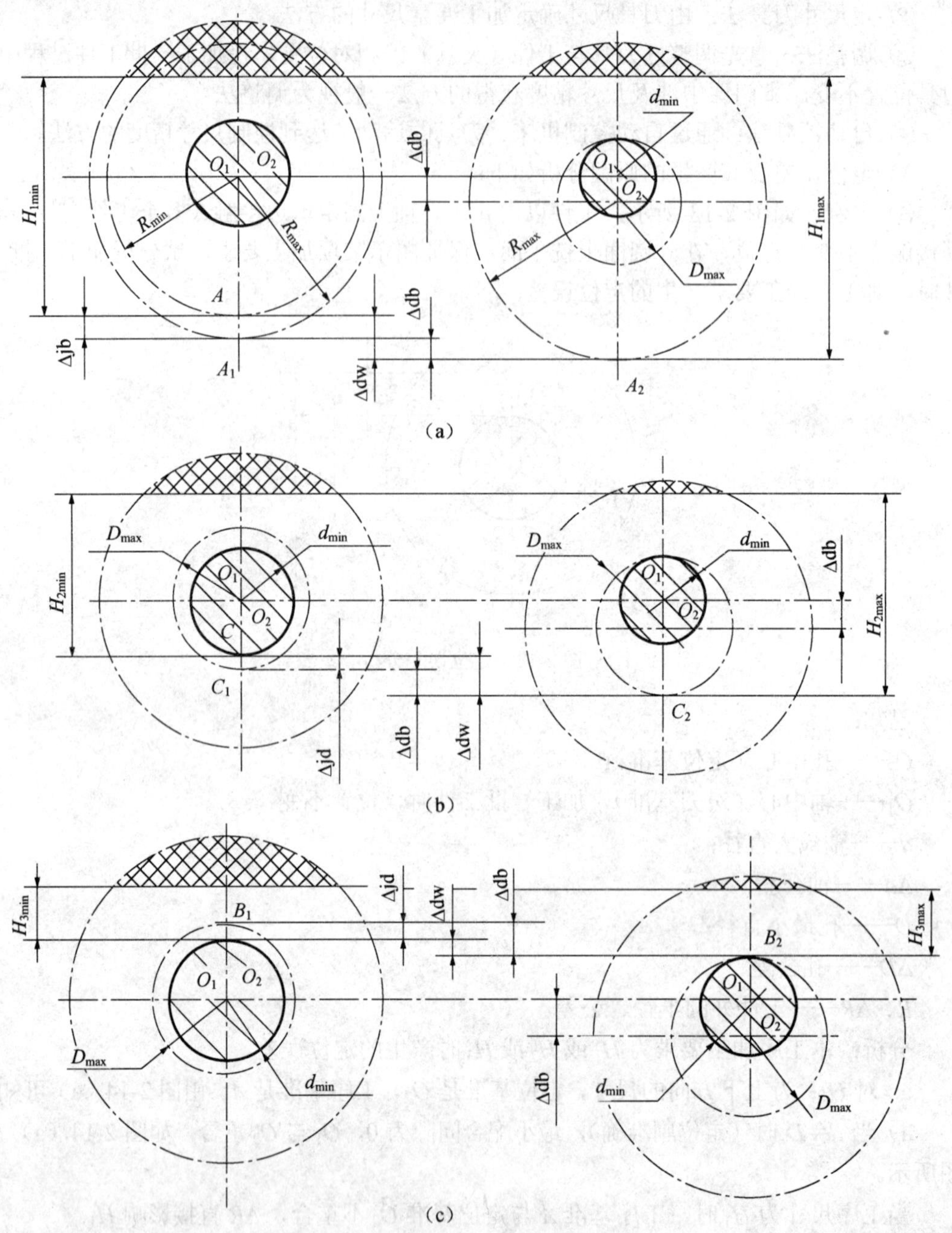

图 2-14　定位误差产生分析

b）当 $d \neq D$ 时（定位副不准确），O_2 与 O_1 不重合，如图 2-14（a）右图所示。

工件向下产生最大平移，即 O_2 相对 O_1 在加工尺寸方向上向下产生的最大变化量 1/2（$D_{max} - d_{min}$），也影响 H_1 产生误差。

基准位移误差（Δdb）：因定位副不准确（原因），用调整法加工一批工件时（条件），引起定位基准在加工尺寸方向上相对产生的最大变化量（结果）。

Δjb 、Δdb 均影响 H_1，把综合影响称为定位误差 Δdw ，由图 2-14（a）可知：

$$\Delta dw = \Delta jb + \Delta db$$

定位误差（Δdw）：因工序基准与定位基准不重合和定位副不准确（原因），用调整法加工一批工件时（条件），引起工序基准在加工尺寸方向上相对产生的最大变化量（结果），即工序基准两极限位置之差。

由此可见，定位误差值是一批工件可能产生的最大定位误差范围，它是一个界限值，并非某个工件的定位误差值。

b．对 H_2：为上下方向尺寸，定位基准是 O_2，工序基准是 C。由图 2-14（b）知：

$$\Delta jb = \Delta D/2$$

$$\Delta db = 1/2（D_{max} - d_{min}）$$

$$\Delta dw = \Delta jb + \Delta db \text{ 工序基准两极限位置之差}$$

c．对 H_3：为上下方向的尺寸，定位基准是 O_2，工序基准是 B。由图 2-14（c）知：

$$\Delta jb = \Delta D/2$$

$$\Delta db = 1/2（D_{max} - d_{min}）$$

$$\Delta dw = \Delta db - \Delta jb \text{ 工序基准两极限位置之差}$$

可见 Δdb 与工序基准变化无关。

② 工件定位的任务分析如下。

a．确定：限制了应该限制的自由度。

b．正确：Δdw ≤1/3T。

③ Δdw 产生的原因分析如下。

a．基准不重合。

b．定位副不准确。

④ 定位≠限制自由度。

定位：指一批工件的定位基准先后和夹具上的定位元件相接触，限制了满足该工序加工要求应该限制的自由度，同时使该工序的工序基准在加工尺寸方向上相对产生的最大变化量小于等于三分之一工序位置尺寸的公差。

3）Δjb 与 Δdb 的合成规律。由上分析可知：

① 当 Δjb 与 Δdb 无共同变量因素时，称其“独立”（当工序基准不在定位基面上时，一定“独立”），合成“＋”。

② 当 Δjb 与 Δdb 有共同变量因素时，称其“相关”（当工序基准在定位基面上时，一定“相关”），合成。

同“－”异“＋”——在加工尺寸方向上，工件的工序基准和工件与定位元件的定位接触点位于工件定位基准同侧时，合成“－”；异侧时，合成“＋”。

4）定位误差 Δdw 计算如下。

① Δjb 的计算。首先找到加工尺寸方向上的工序基准和定位基准，其次找到定位尺寸（工序基准与定位基准之间的联系尺寸），最后把定位尺寸公差向加工尺寸方向上投影即得 Δjb 。

【例 2-1】如图 2-15（a）所示，工件以 A 面定位加工孔，计算 Δjb。

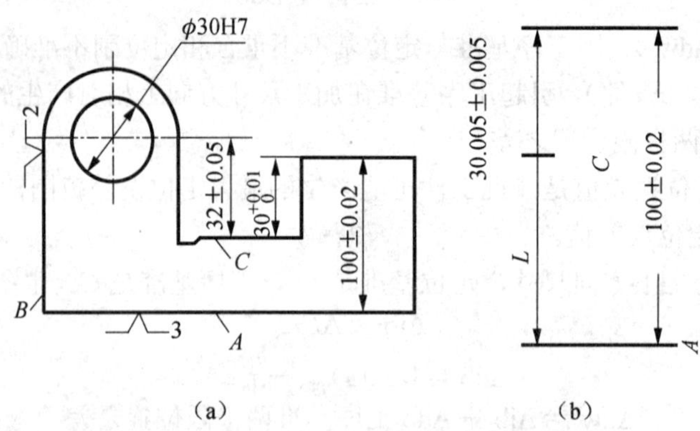

图 2-15　镗孔Δjb 分析

【解】1）工序基准为 C、定位基准为 A，其联系尺寸 L 为定位尺寸。

2）计算定位尺寸：解如图 2-15（b）所示，L 尺寸为封闭环的尺寸链得

$$L \pm \Delta L = 69.995 \pm 0.025$$

3）因定位尺寸方向与工序位置尺寸方向一致，即有

$$\Delta jb = 2\Delta L = 0.05$$

【例 2-2】如图 2-16（a）所示，工件以 A、B 面定位加工平面，计算 Δjb。

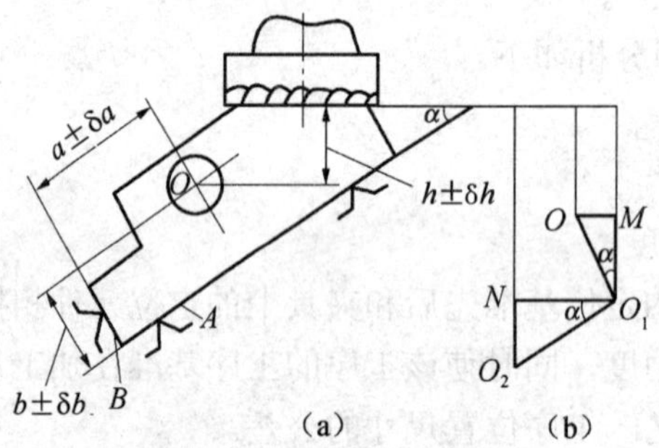

图 2-16　铣平面Δ jb 分析

【解】工序尺寸为 h，工序基准为孔中心线，定位基准为 A、B 面，定位尺寸为 a、b 两个尺寸，a、b 的变化均产生 Δjb，但方向与 h 不一致，需投影。

如图 2-16（b）所示，a 的影响：$\Delta jb_a = 2\delta a \sin\alpha$。

如图 2-16（b）所示，b 的影响：$\Delta jb_b = 2\delta b \cos\alpha$。

$$\Delta jb = \Delta jb_a + \Delta jb_b = 2\delta a \sin\alpha + 2\delta b \cos\alpha$$

② 工件以圆孔面定位时 Δdb 的计算。

一般定位基准为孔中心线。

已知：D、ΔD——孔径、孔公差；

d、Δd——轴径、轴公差；

Δ_{min}——最小配合间隙。

a．过盈配合定位：

$$\Delta db = 0$$

b．间隙配合定位：

固定单边接触（一批工件定位，工件与轴的接触点位置固定不变）。

在位移方向：

$$\Delta db = 1/2(\Delta D + \Delta d + \Delta_{min})$$

在垂直位移方向：

$$\Delta db = 0$$

任意边接触（一批工件定位，工件与轴的接触点位置不确定）。

在任何方向有：

$$\Delta db = \pm 1/2(\Delta D + \Delta d + \Delta_{min})$$

③ 工件以圆孔面定位时 Δdw 的计算。

【例 2-3】 如图 2-17 所示，工件以内孔 $D^{+\Delta D}$ 在心轴 $d_{-\Delta d}$ 上固定单边接触或任意边接触定位加工平面，试分析工序尺寸分别为 h_1、h_2、h_3（工序基准为外圆中心线）、h_4、h_5 时的定位误差。

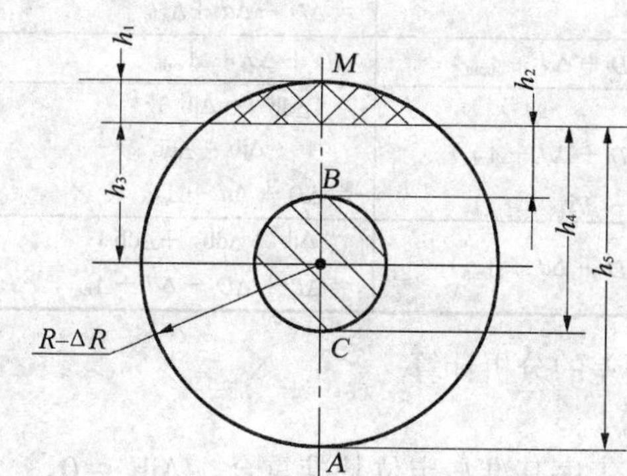

图 2-17　圆孔定位误差分析

【解】 若工件外圆和内孔的同轴度误差为 Δb。

1）固定单边接触，接触点为 B，不考虑内孔与外圆的同轴度误差 Δb，结果如表 2-4 所示。

表 2-4　固定单边接触定位误差分析（不考虑内孔与外圆的同轴度误差）

工序尺寸	Δjb	Δdb	Δdw	备注
h_1	ΔR	$1/2(\Delta D + \Delta d + \Delta_{min})$	$1/2(\Delta D + \Delta d + \Delta_{min}) + \Delta R$	独立“＋”
h_2	$1/2\,\Delta D$	$1/2(\Delta D + \Delta d + \Delta_{min})$	$1/2(\Delta d + \Delta_{min})$	相关同“－”
h_3	0	$1/2(\Delta D + \Delta d + \Delta_{min})$	$1/2(\Delta D + \Delta d + \Delta_{min})$	
h_4	$1/2\,\Delta D$	$1/2(\Delta D + \Delta d + \Delta_{min})$	$\Delta D + 1/2(\Delta d + \Delta_{min})$	相关异“＋”
h_5	ΔR	$1/2(\Delta D + \Delta d + \Delta_{min})$	$1/2(\Delta D + \Delta d + \Delta_{min}) + \Delta R$	独立“＋”

2）固定单边接触，接触点为 B，考虑内孔与外圆的同轴度误差 Δb，结果如表 2-5 所示。

表 2-5　固定单边接触定位误差分析（考虑内孔与外圆的同轴度误差）

工序尺寸	Δjb	Δdb	Δdw	备注
h_1	$\Delta R+\Delta b$	$1/2(\Delta D+\Delta d+\varDelta_{min})$	$1/2(\Delta D+\Delta d+\varDelta_{min})\ \Delta R+\Delta b$	独立“+”
h_2	$1/2\ \Delta D$	$1/2(\Delta D+\Delta d+\varDelta_{min})$	$1/2(\Delta d+\varDelta_{min})$	相关同“−”
h_3	$0+\Delta b$	$1/2(\Delta D+\Delta d+\varDelta_{min})$	$1/2(\Delta D+\Delta d+\varDelta_{min})+\Delta b$	
h_4	$1/2\ \Delta D$	$1/2(\Delta D+\Delta d+\varDelta_{min})$	$\Delta D+1/2(\Delta d+\varDelta_{min})$	相关异“+”
h_5	$\Delta R+\Delta b$	$1/2(\Delta D+\Delta d+\varDelta_{min})$	$1/2(\Delta D+\Delta d+\varDelta_{min})\ \Delta R+\Delta b$	独立“+”

3）任意边接触，不考虑内孔与外圆的同轴度误差 Δb，结果如表 2-6 所示。

表 2-6　任意边接触定位误差分析（不考虑内孔与外圆的同轴度误差）

工序尺寸	Δjb	$\Delta db_{上}=\Delta db_{下}$	Δdw	备注
h_1	ΔR	$1/2(\Delta D+\Delta d+\varDelta_{min})$	$\Delta jb+\Delta db_{上}+\Delta db_{下}$ $=\Delta R+\Delta D+\Delta d+\varDelta_{min}$	独立“+”
h_2	$1/2\ \Delta D$	$1/2(\Delta D+\Delta d+\varDelta_{min})$	$(\Delta db_{上}+\Delta jb)$ $+(\Delta db_{下}-\Delta jb)$ $=\Delta D+\Delta d+\Delta_{min}$	上移：Δjb 与$\Delta db_{上}$异“+” 下移：Δjb 与$\Delta db_{下}$同“−”
h_3	0	$1/2(\Delta D+\Delta d+\varDelta_{min})$	$\Delta D+\Delta d+\Delta_{min}$	
h_4	$1/2\ \Delta D$	$1/2(\Delta D+\Delta d+\varDelta_{min})$	$(\Delta db_{上}-\Delta jb)$ $+(\Delta jb+\Delta db_{下})$ $=\Delta D+\Delta d+\varDelta_{min}$	上移：Δjb 与$\Delta db_{上}$同“−” 下移：Δjb 与$\Delta db_{下}$异“+”
h_5	ΔR	$1/2(\Delta D+\Delta d+\varDelta_{min})$	$\Delta jb+\Delta db_{上}+\Delta db_{下}$ $=\Delta R+\Delta D+\Delta d+\varDelta_{min}$	独立“+”

（2）铣床夹具定位误差的分析计算

1）铣床夹具 Δjb 计算。

① 对于对称度 0.2：工序基准与定位基准重合，$\Delta jb_1=0$。

② 对于 $70_{-0.3}^{\ 0}$：工序基准为工件外圆下母线，定位基准为工件内孔中心线，基准不重合，工序尺寸为外圆半径，$\Delta jb_2=0.037$。

2）铣床夹具 Δdb 计算。

工件以内孔在心轴上任意边接触定位，在任何方向上有$\Delta db=\pm 1/2(\Delta D+\Delta d+\varDelta_{min})$，所以，对于对称度 0.2、尺寸 $70_{-0.3}^{\ 0}$ 均有 $\Delta db_1=\Delta db_2=0.021+0.013+0.007=0.041$。

3）铣床夹具 Δdw 计算。

① 对于对称度 0.2：$\Delta dw_1=\Delta jb_1+\Delta db_1=0.041<0.2/3$，满足加工要求。

② 对于尺寸 $70_{-0.3}^{\ 0}$：$\Delta dw_2=\Delta jb_2+\Delta db_2=0.037+0.041=0.078<0.3/3$，满足加工要求。

③ 结论：铣床夹具定位方案设计可行。

2.3.3　夹紧方案设计

1. 夹具常用夹紧方案

（1）夹紧装置的组成

夹紧装置：把工件压紧夹牢的装置。如图 2-18 所示，气缸 1 推动斜楔 2 左右运动，通过滚子 3 驱使压板 4 绕着铰链转动，从而压紧和松开工件。

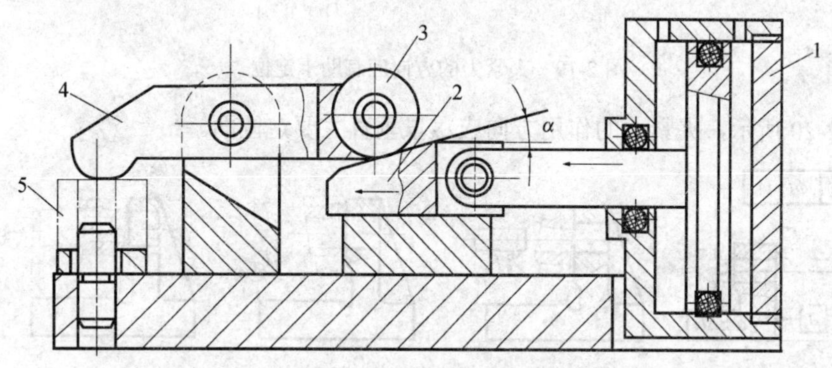

图 2-18　夹紧装置的组成

1—气缸；2—斜楔；3—滚子；4—压板；5—工件

夹紧装置的组成如下：

1）力源装置：产生夹紧力的装置。

2）夹紧元件：压紧工件的元件。

3）中间递力机构：介于 1）、2）之间的机构。其作用如下：

① 改变夹紧作用力的方向：上例变水平力为垂直力。

② 改变夹紧作用力的大小：上例斜楔具有增力作用。

③ 保证安全自锁（在夹紧作用力去除后，仍不松开工件）：上例斜楔具有自锁性。

（2）设计夹紧装置的基本要求

1）工件不移动原则。

2）工件不变形原则。

3）工件不振动原则。

4）安全、方便、省力。

5）自动化、复杂化程度与生产纲领相一致。

要求 1）主要在粗加工时考虑，要求 2）、3）主要在精加工时考虑。

（3）设计夹紧装置的基本准则

设计和选用夹紧装置的关键是如何正确施加夹紧力 F_W，也就是如何确定夹紧力的大小、方向、作用点。

1）与夹紧力方向有关的准则。

用箭头“↿”表示夹紧力的方向，箭头指向处为夹紧力作用点，详细标注形式见附表 1。

① 不能破坏定位精度。如图 2-19 所示，夹紧力的方向应有助于定位。

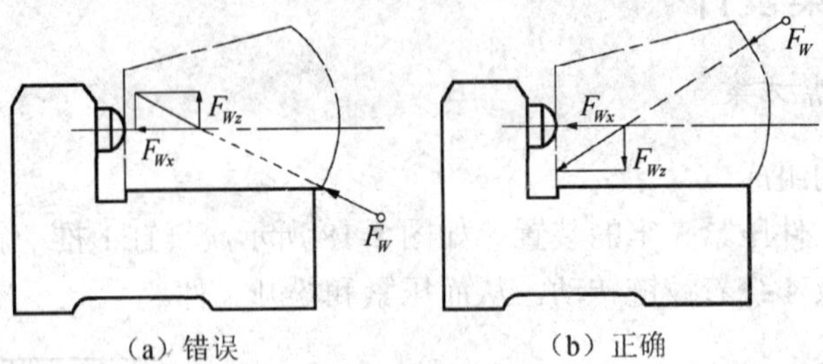

图 2-19 夹紧力的方向应有助于定位

如图 2-20 所示，夹紧力的作用方向应尽量垂直主要定位面。

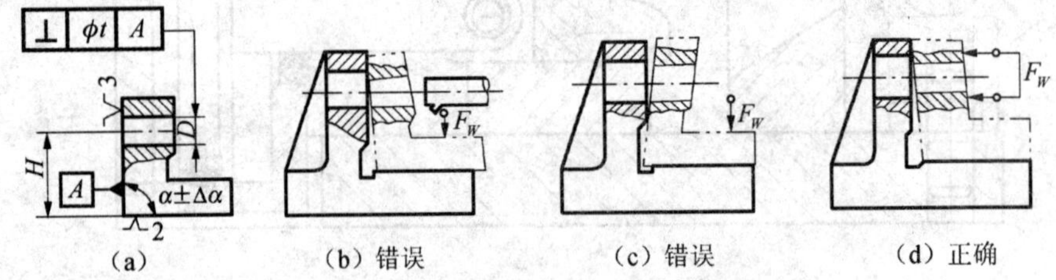

图 2-20 夹紧力应垂直主要定位基面

② 有利于减小夹紧力。图 2-21（a）～（f）所示为夹紧力方向与夹紧力大小的关系。图中 F 为切削力，F_W 为夹紧力，G 为工件自重。

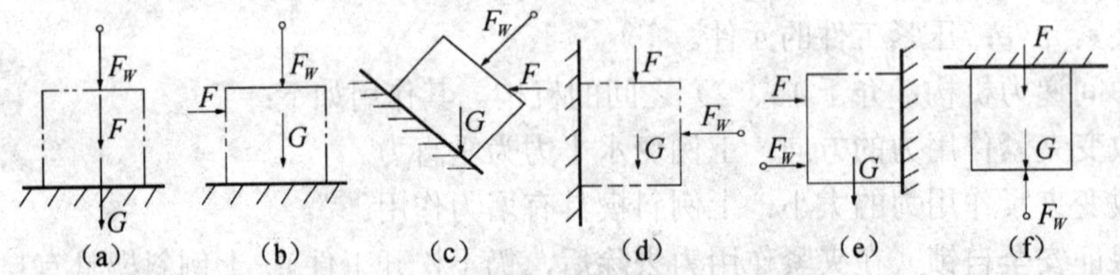

图 2-21 夹紧力方向与夹紧力大小的关系

图 2-21（a）中，F、F_W、G 三力同向，且指向夹具体，F_W 最小。

图 2-21（b）中

$$F=(F_W+G)\ f\ (f \text{为摩擦因数})$$

则

$$F_W=F\ /\ f-G\approx 6.67F-G\ (\text{假设}\ f=0.15\ \text{下同})$$

图 2-21（c）中

$$F_1-G_1=(F_W+G_2+F_2)\ f$$（假设 $G_2=G_1=0.5G$、$F_1=F_2=0.5F$，G_1、G_2、F_1、F_2 为与 F_W 平行、垂直二分量，下同）

则

$$F_W=(F_1-G_1)\ /f-G_2-F_2$$

$$=(0.5F-0.5G)/f-0.5G-0.5F$$
$$=3.33F-3.33G-0.5G-0.5F=2.83F-3.83G$$

图 2-21（d）中

$$F_W f=F+G$$

则

$$F_W=(F+G)/f=6.67F+6.67G$$

此时 F_W 最大。

图 2-21（e）中

$$(F+F_W)f=G$$

则

$$F_W=G/f-F=6.67G-F$$

图 2-21（f）中

$$F_W=F+G$$

结论：夹紧力方向尽量应与切削力、工件重力同向，夹紧力才能最小。另切削力应尽量传给夹具体。

③ 有利于减小工件变形。图 2-22 所示为夹紧力方向与工件刚性的关系。

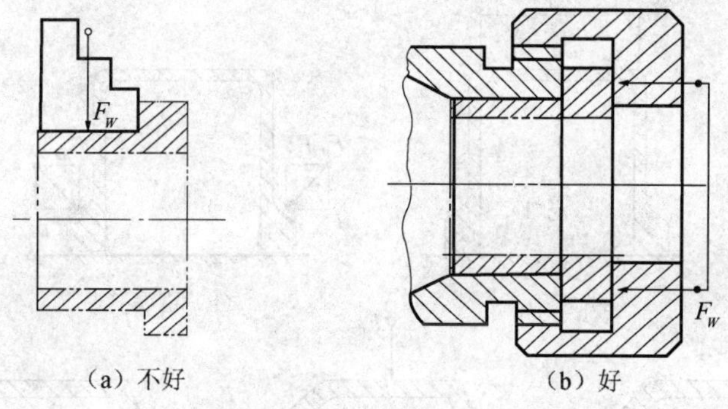

图 2-22　夹紧力方向与工件刚性的关系

结论：夹紧力的方向应是工件刚度较高的方向。

2）与夹紧力作用点有关的准则。

① 保证定位稳定可靠。图 2-23 所示为夹紧力作用点与定位支承点的关系。

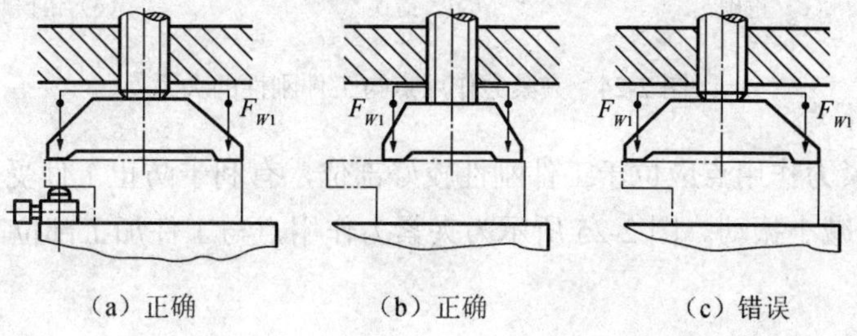

图 2-23　夹紧力作用点与定位支承点的关系

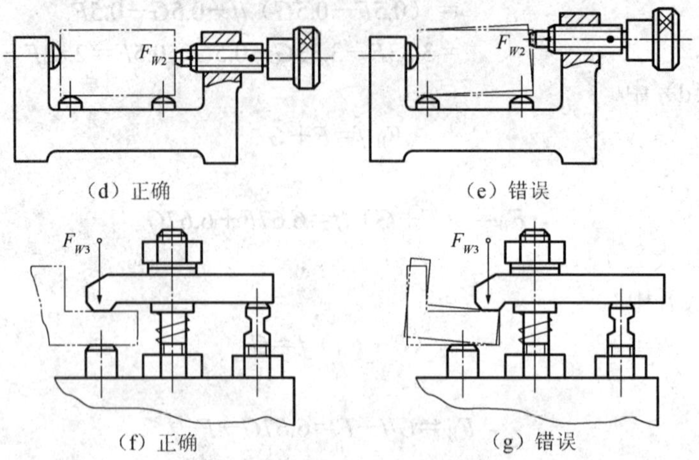

图 2-23　夹紧力作用点与定位支承点的关系（续）

结论：夹紧力作用点应落在定位元件支承范围内，避免夹紧力与支承反力构成力偶。

② 有利于减小变形。图 2-24 所示为夹紧力作用点与工件刚性的关系。

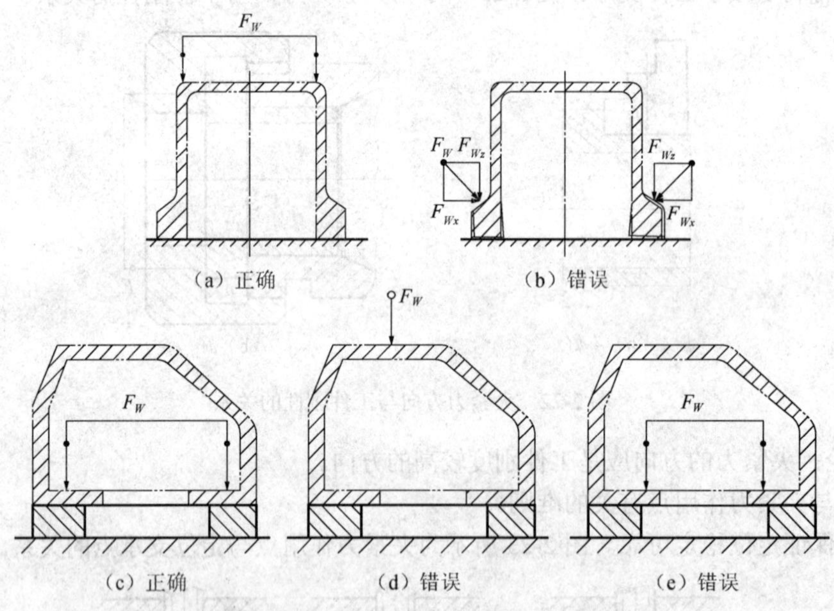

图 2-24　夹紧力作用点与工件刚性的关系

结论：夹紧力作用点应位于工件刚性较好部位，有利于防止工件受力变形。

③ 有利于减小振动。图 2-25 所示为夹紧力作用点与工件加工部位的关系。

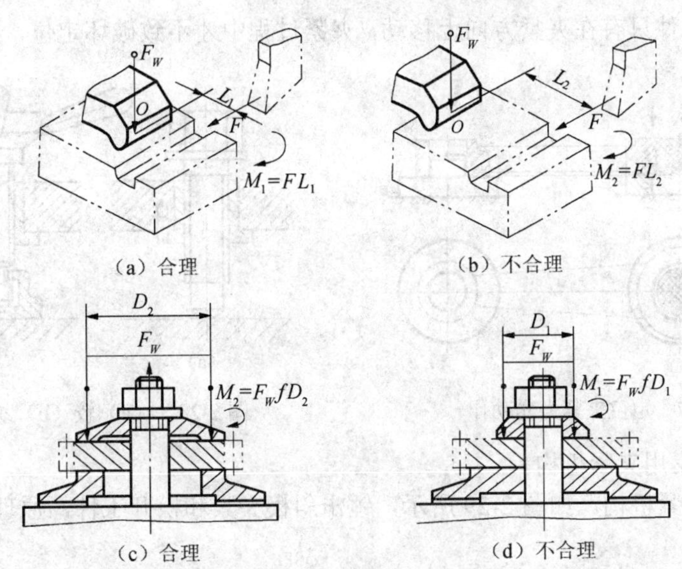

图 2-25　夹紧力作用点与工件加工部位的关系

结论：夹紧力作用点应靠近加工面，这样有利于减小振动。

如图 2-26 所示，当作用点只能远离加工面时，可增设辅助支承。

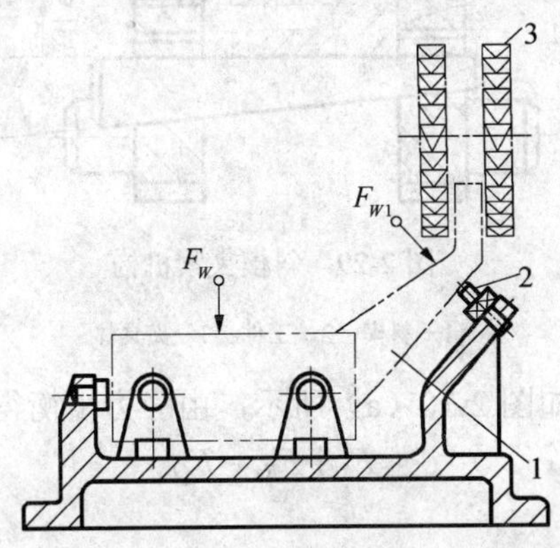

图 2-26　增设辅助支承和辅助夹紧力

1—工件；2—辅助支承；3—刀具

3）与夹紧力大小有关的准则。夹紧力过小，夹紧不可靠，工件产生移动，则破坏定位；夹紧力过大，工件变形增大，则Δjj 增大。

夹紧力大小确定：理论夹紧力 F_W 根据切削力 F（刀具课讲）大小，按静力平衡（力学课讲）求出；实际夹紧力（F_{WK}）为 $F_{WK}=KF_W$（K 的取值，粗加工为 2.5～3；精加工为 1.5～2）。

4）其他准则。

① 定位的夹紧力先动作，夹紧的夹紧力后动作，如图 2-27 所示，P 力先动作，F 力后动作。

② 夹紧元件只有在夹紧方向上移动，夹紧过程中才不致破坏定位，如图 2-28 所示。

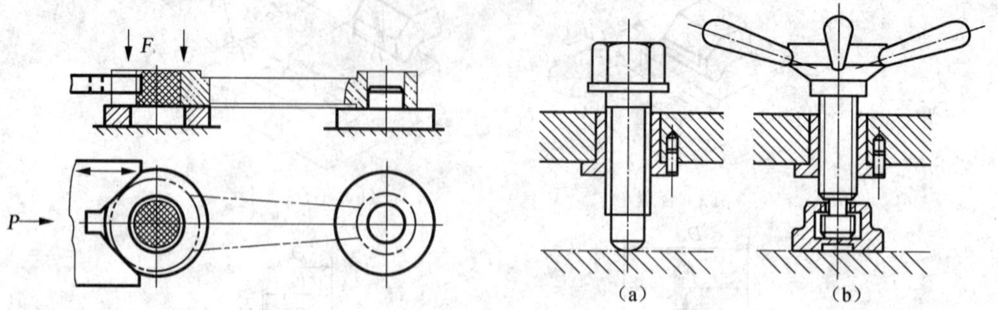

图 2-27 定位夹紧力先动作

图 2-28 （a）较（b）易破坏定位

（4）夹具常用夹紧机构

1）斜楔夹紧机构。如图 2-29 所示，锤击斜楔夹紧和松开工件，原理是楔紧作用。

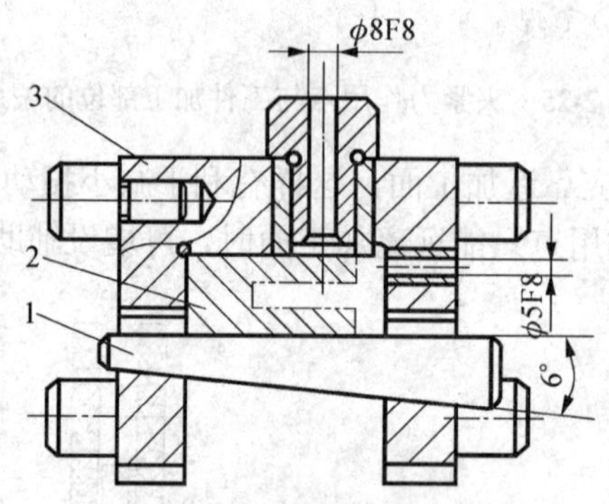

图 2-29 斜楔夹紧机构

1—斜楔；2—工件；3—夹具体

① 夹紧力 F_W 计算。如图 2-30（a）所示，由静力平衡得

$$F_1+F_{Rx}=F_Q$$

而

$$F_1=F_W\tan\varphi_1，F_{Rx}=F_W\tan（\alpha+\varphi_2）$$

所以

$$F_W=F_Q/［\tan\varphi_1+\tan（\alpha+\varphi_2）］$$

② 结构特点如下。

a. 具有自锁性。如图 2-30（b）所示受力分析，当夹紧作用力取掉后，在纯摩擦力作用下，仍能保持夹紧的现象。

自锁条件

$$F_1>F_{Rx}$$

即

$$F_W\tan\varphi_1>F_W\tan（\alpha-\varphi_2）$$

$$\tan\varphi_1>\tan（\alpha-\varphi_2）$$

当角度较小时有

$$\varphi_1 > \alpha - \varphi_2$$

因此$\alpha < \varphi_1 + \varphi_2$为自锁条件。一般$\varphi_1$、$\varphi_2$为 6°，所以$\alpha_{max}$=12°，一般取 6°～8°。

b．改变夹紧作用力的方向。

c．可增力。

$$i_F = F_W/F_Q = 1/[\tan\varphi_1 + \tan(\alpha + \varphi_2)] = 2.5$$

d．夹紧行程 h 小。如图 2-30（c）所示：$\tan\alpha = h/s = \tan 6° \approx 0.1$，所以，当 s=10 时，h=1。

③ 应用。主要用于机动夹紧，且工件精度较高。

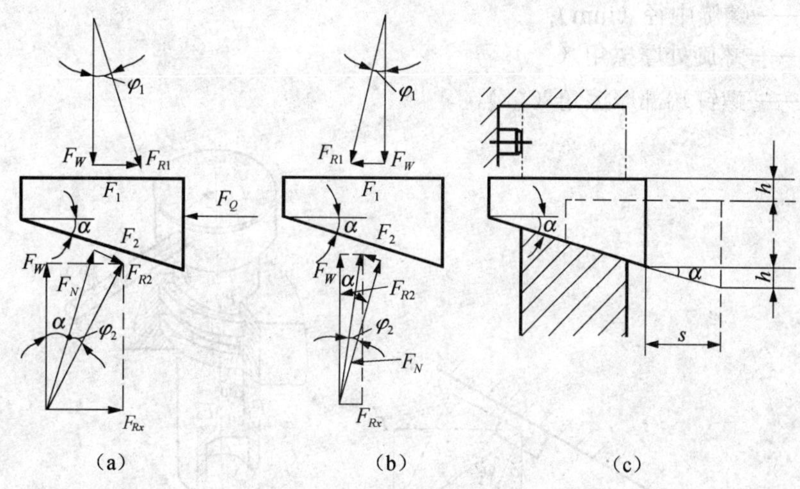

图 2-30　斜楔的受力分析

2）螺旋夹紧机构。螺旋相当于斜楔绕在圆柱体上形成，如图 2-31 所示，所以螺旋夹紧机构夹紧工件仍是楔紧作用。

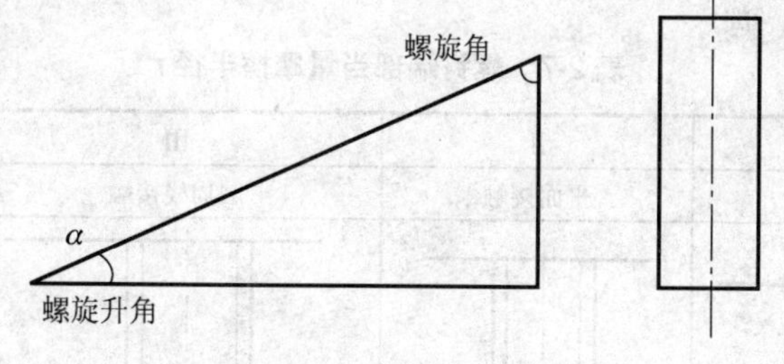

图 2-31　螺旋的形成

① 夹紧力计算。受力分析如图 2-32 所示。设 M_Q 为原始力矩，M_1 为螺母阻止螺钉转动的力矩，M_2 为工件阻止螺钉转动的力矩，则

$$M_Q - M_1 - M_2 = 0$$

而

$$M_Q = F_Q \cdot L$$

$$M_1 = d_2/2 \cdot F_W \tan(\alpha + \varphi_1)$$

$$M_2 = r' F_W \tan \varphi_2$$

则

$$F_W = F_Q L / [d_2/2 \tan(\alpha + \varphi_1) + r' \tan \varphi_2]$$

式中：F_W——夹紧力（N）；

r'——螺钉端部当量摩擦半径（mm），如表 2-7 所示；

L——作用力臂（mm）；

F_Q——原始作用力（N）；

α——螺旋升角（°）；

d_2——螺旋中径（mm）；

φ_1——螺旋处摩擦角（°）；

φ_2——螺钉端部摩擦角（°）。

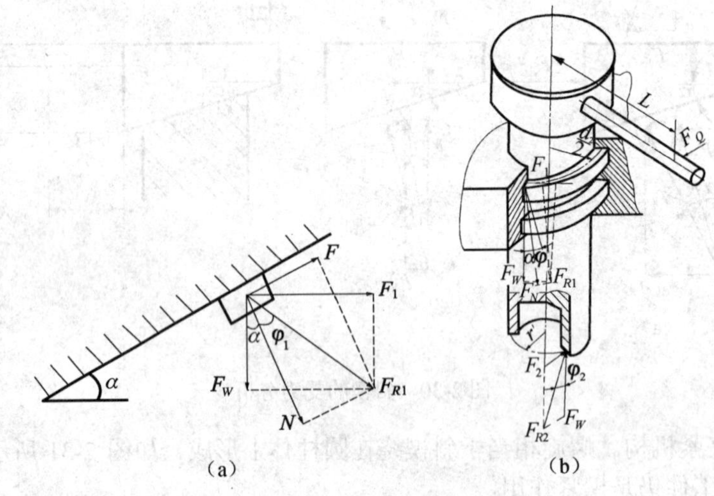

图 2-32　螺旋夹紧受力分析

表 2-7　螺钉端部当量摩擦半径 r'

形式	I 点接触	II 平面接触	III 圆周线接触	IV 圆环面接触
简图		d_0	R, O, β_1	D_0, D
r'	0	$\frac{1}{3}d_0$	$R\cot\frac{\beta_1}{2}$	$\frac{1}{3}\frac{D^3-D_0^3}{D^2-D_0^2}$

② 结构特点。螺旋夹紧机构具有斜楔的结构特点，而且螺旋升角$\alpha \leqslant 4°$，自锁性能更好，耐振；夹紧行程不受限制，但夹紧行程大时，操作时间长。

单个螺旋夹紧机构如图 2-33 所示。图 2-33（a）结构简单，但易压伤工件表面，易带动工件旋转；图 2-33（b）带有摆动压块，克服了上述不足。

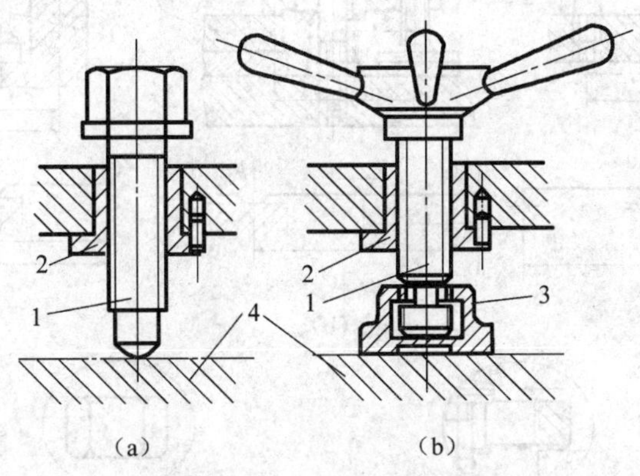

图 2-33　单个螺旋夹紧机构

1—螺钉；2—螺母；3—压块；4—工件

图 2-34 所示为常用的几种摆动压块，受压面是光面用图 2-34（a），毛面用图 2-34（b）。

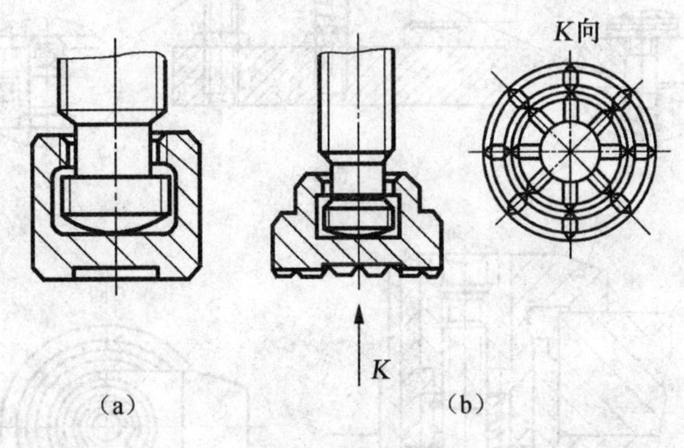

图 2-34　摆动压块

③ 应用。螺旋夹紧机构广泛用在手动夹紧中。

图 2-35 所示为典型螺旋压板夹紧机构，图 2-35（a）、（b）、（c）为普通螺栓压板机构。图 2-35（a）减力增大行程；图 2-35（b）改变力向；图 2-35（c）增力减小行程，其压板 2 左下端做成斜面，控制压板翻转角度，压板 2 右下端做成斜面，以免伤人。普通螺栓压板机构结构特点如图 2-35（d）所示：压板前端与工件接触处做成圆弧面，以免压伤工件；采用球面垫圈，以适应夹紧尺寸变化，否则产生变形，如图 2-36 所示；压板上开长圆孔，可左右移动，便于装卸工件；压板下面装有弹簧可保证压板处于最上位；螺杆有效高度可调节，并用锁紧螺母锁紧，以适用不同高度尺寸的工件；使用厚螺母夹紧工件可延长夹具寿命。图 2-35（e）为螺旋钩形压板，空间尺寸受限时用。

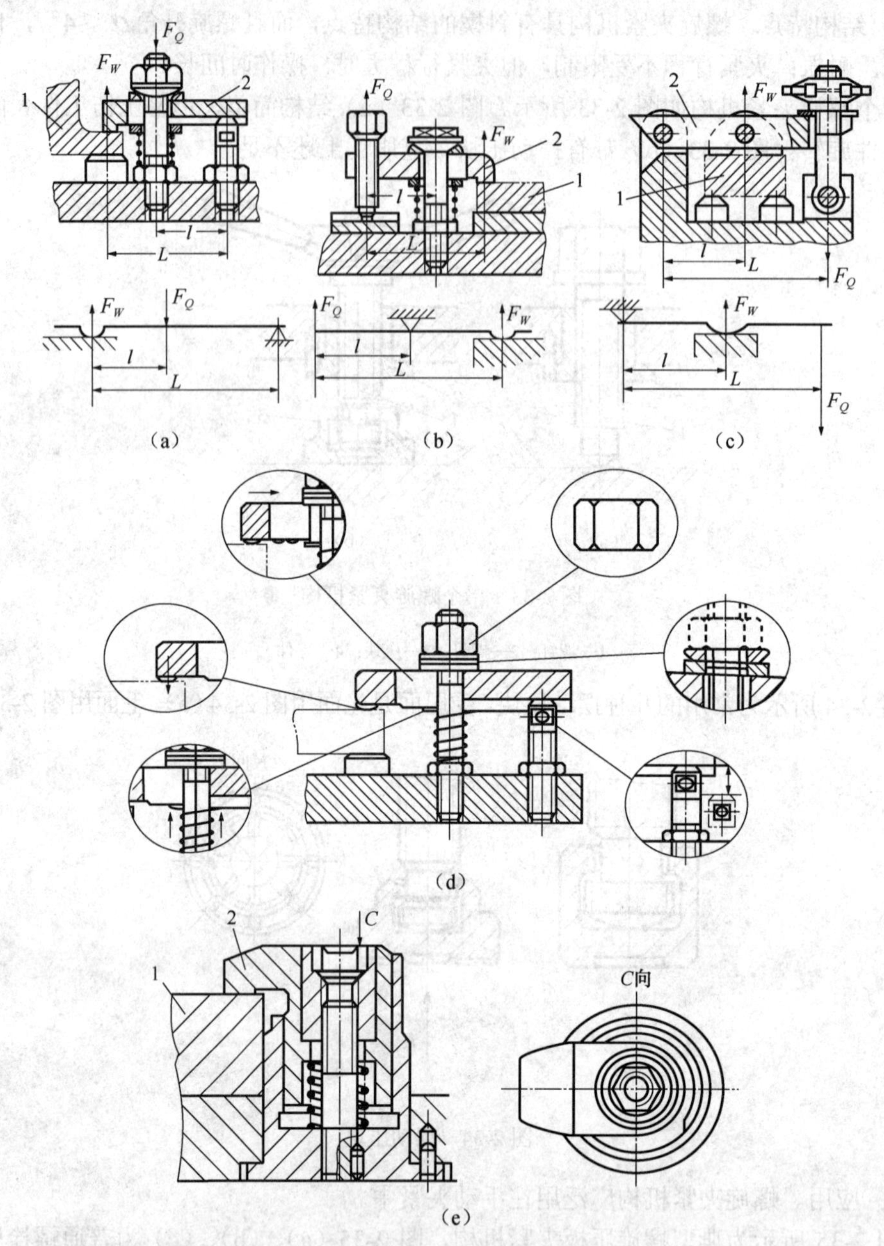

图 2-35　典型螺旋压板机构

1—工件；2—压板

图 2-37 所示为万能调节压板，工作原理：转轴 3 中开有孔让双头螺栓 1 通过，转轴 3 和压板 4 通过套盖 6 装成整体，可相对双头螺栓 1 上下移动，同时压板 4 相对转轴 3 可转动，夹紧工件时转动螺母 2 压转轴 3 传压压板 4 而压工件，夹紧工件的高度可在 0 到某一极限值之间无级变化。

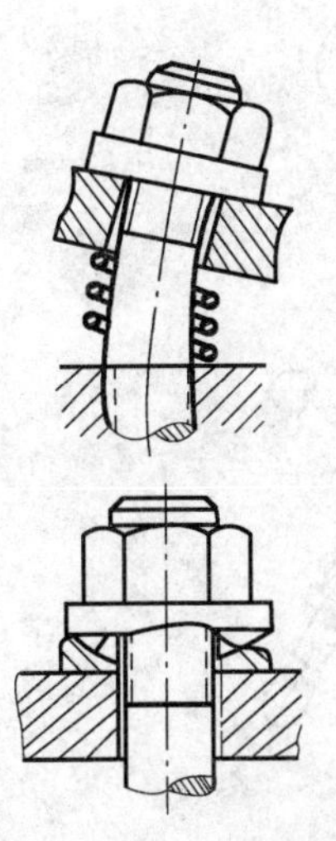

图 2-36　球面垫圈的作用

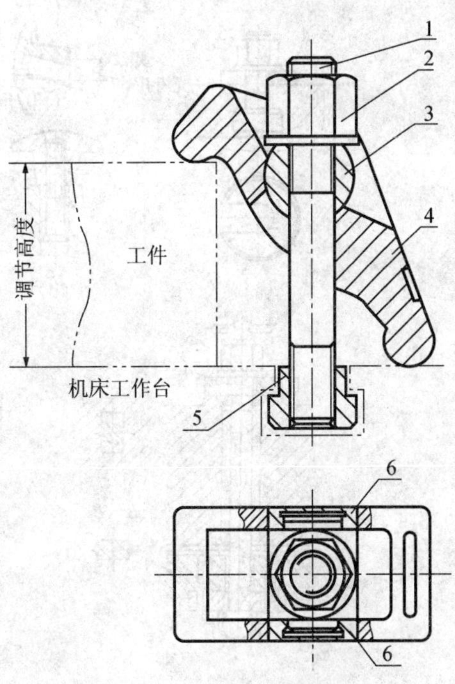

图 2-37　万能调节压板

1—双头螺栓；2—螺母；3—转轴；4—压板；5—T 形槽螺母；6—套盖

图 2-38 所示为快速装卸螺旋夹紧机构。图 2-38（a）中螺母 5 外径小于工件内孔，当松动螺母 5 时，可取下开口垫圈 4 可快速装卸工件；图 2-38（b）中快卸螺母 5 中钻有光滑斜孔，其直径略大于螺纹公称直径，螺母旋转出一段距离后，就可倾斜取下螺母；图 2-38（c）中松动螺钉 7 可转动回转压板 6 而装卸工件；图 2-38（d）中螺杆 1 下端做成 T 形扁舌，松开螺母 5，手柄 2 转动 90°，可抽出螺杆 1 而装卸工件；图 2-38（e）中，螺杆 1 上开有直槽连着螺旋槽，向左快进手柄 2 并转动，可夹紧工件。

3）联动夹紧机构：利用一个原始作用力实现单件或多件的多点、多向同时夹紧的机构。

联动夹紧机构的主要形式及其特点如下。

① 单件联动夹紧机构。

a. 单件同向联动夹紧机构如图 2-39 所示。在图 2-39（a）中，通过浮动柱 2 的水平滑动协调浮动压头 1、3 实现对工件的夹紧。在图 2-39（b）中，通过薄膜气缸 9 的活塞杆 8 带动浮动盘 7 和三个钩形压板 5 松、夹工件。

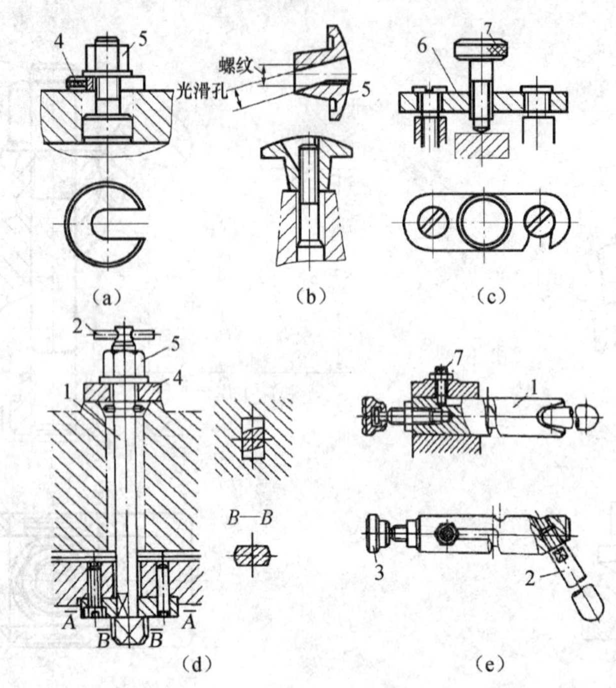

图 2-38　快速装卸螺旋夹紧机构

1—螺杆；2—手柄；3—摆动压块；4—垫圈；5—螺母；6—回转压板；7—螺钉

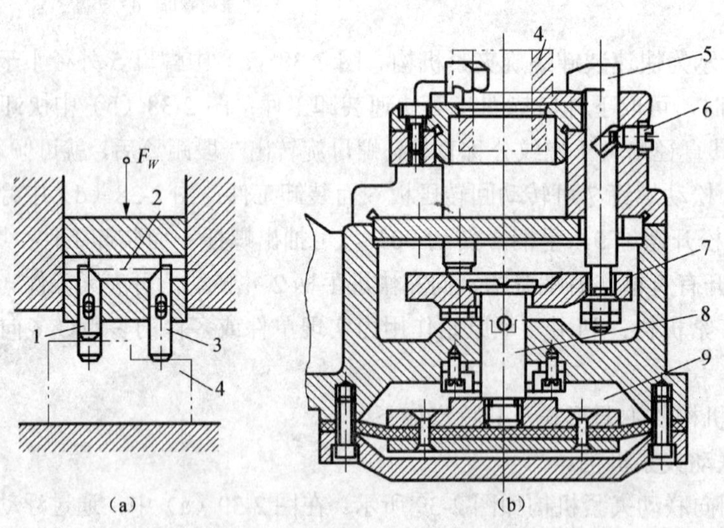

图 2-39　单件同向联动夹紧机构

1、3—浮动压头；2—浮动柱；4—工件；5—钩形压板；6—螺钉；7—浮动盘；8—活塞杆；9—气缸

特点：在夹紧点之间，必须设计有浮动元件 2、7。

b．单件对向联动夹紧机构如图 2-40 所示。当液压缸中的活塞杆 3 向下移动时，通过双臂铰链使两浮动压板 2 绕铰链相对转动而夹紧工件。

c．单件互垂力或斜交力联动夹紧机构如图 2-41 所示。在图 2-41（a）中，拧紧螺母 4 压铰链压板，从而使摇臂 2 转动带动摆动压块 1、3 实现相互垂直两个方向四点联动夹紧工件。在图 2-41（b）中，通过摆动压块 1 实现斜交力两点联动夹紧工件。

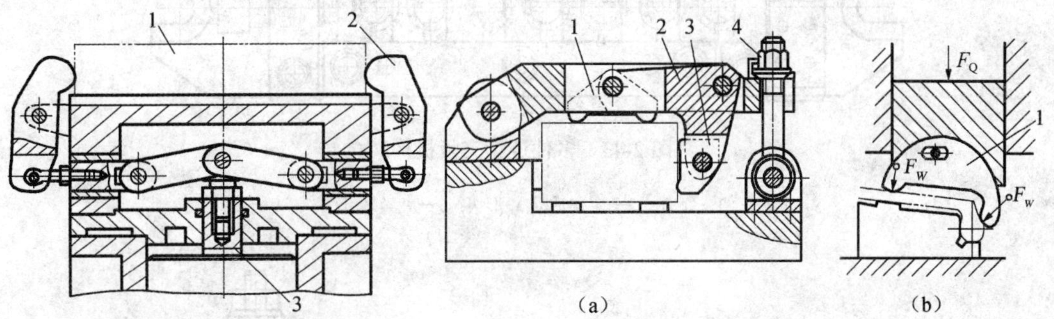

图 2-40　单件对向联动夹紧机构

1—工件；2—浮动压板；3—活塞杆

图 2-41　单件互垂力或斜交力联动夹紧机构

1、3—摆动压块；2—摇臂；4—螺母

② 多件联动夹紧机构。

a．多件平行联动夹紧机构如图 2-42 所示，在图 2-42（a）中，由于球面垫圈 4 和摆动压块 3 的作用，拧紧螺母 5 可实现同时平行夹紧四个工件。在图 2-42（b）中，拧紧螺母 5，使铰链压板 2 转动，在液性介质 8 作用下，五个滑柱同时平行夹紧工件。特点：夹紧元件必须做成浮动的。

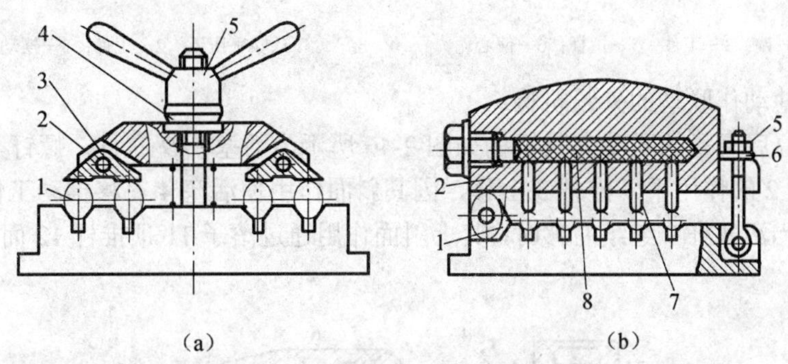

图 2-42　多件平行联动夹紧机构

1—工件；2—压板；3—摆动压块；4—球面垫圈；5—螺母；6—垫圈；7—柱塞；8—液性介质

b．多件连续夹紧机构如图 2-43 所示。夹紧螺钉 3 压定位活动 V 形块面依次夹紧工件。特点：定位夹紧元件合二为一；工件直径变化引起工件的移动，不要影响加工精度，故只能用在工件加工面与夹紧力方向平行的场合。

c．对向式多件联动夹紧机构如图 2-44 所示。旋转偏心轮 6，迫使压板 1、4 同时对向夹紧两工件。

d．复合式多件联动夹紧机构是将上述多件夹紧机构组合构成的夹紧机构。图 2-45 所示为平行式和对向式组合的复合夹紧机构。

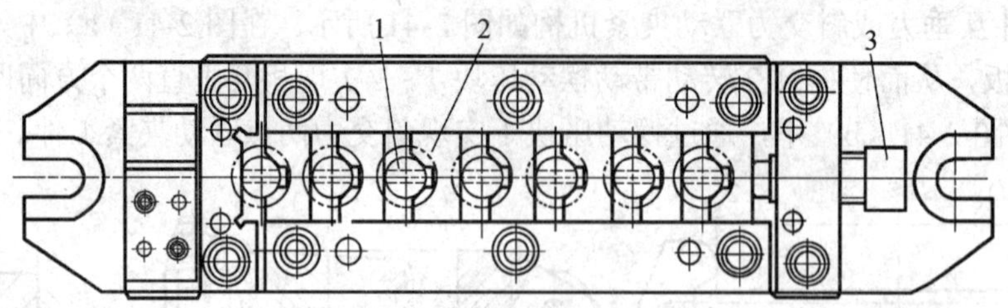

图 2-43　多件连续夹紧机构

1—工件；2—定位活动 V 形块；3—夹紧螺钉

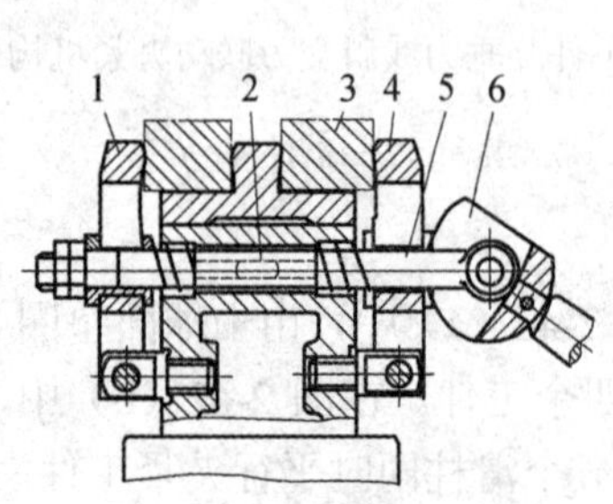

图 2-44　对向式多件联动夹紧机构

1、4—压板；2—键；3—工件；5—拉杆；6—偏心轮

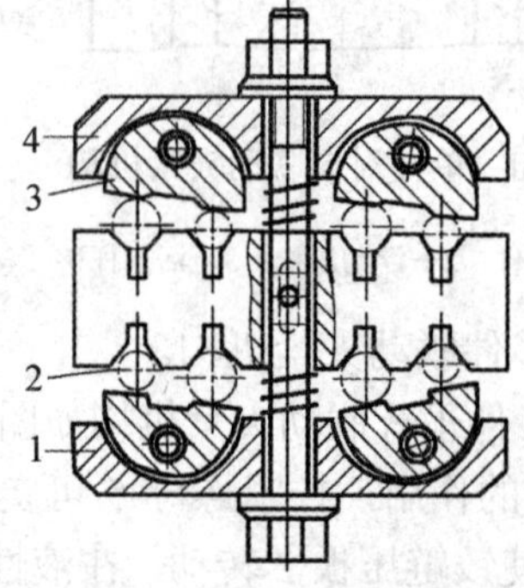

图 2-45　复合式多件联动夹紧机构

1、4—压板；2—工件；3—摆动压块

③ 与其他动作联动的夹紧机构。

a．先定位后夹紧的联动夹紧机构如图 2-46 所示，活塞杆 9 右移，螺钉 10 与拨杆 1 脱开，在弹簧 2 的作用下，推杆 3 上移，因其斜面作用使活塞 4 右移推动工件与 V 形块 7 接触定位，当活塞杆 9 继续右移时，其上斜面作用通过滚子 11 顶推杆 12 而顶压板 5 夹紧工件。

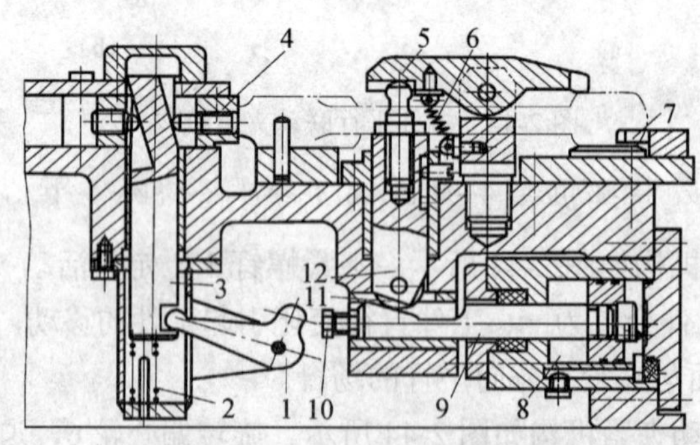

图 2-46　先定位后夹紧的联动夹紧机构

1—拨杆；2、6—弹簧；3、12—推杆；4—活塞；5—压板；7—V 形块；

8—液压缸；9—活塞杆；10—螺钉；11—滚子；12—推杆

b．夹紧与移动压板联动夹紧机构如图2-47所示，逆时针扳动手柄，先是拨销1拨动压板2上的螺钉3使压板左移到夹紧位置，继续逆时针扳动手柄，偏心轮5顶起压板夹紧工件。松开时，顺时针扳动手柄，偏心轮5的作用先松开工件，继而拨销1拨动螺钉4使压板右移。

c．夹紧与辅助支承联动夹紧机构如图2-48所示，转动螺母3压压板2，夹紧工件的同时通过锁销4锁紧辅助支承1。

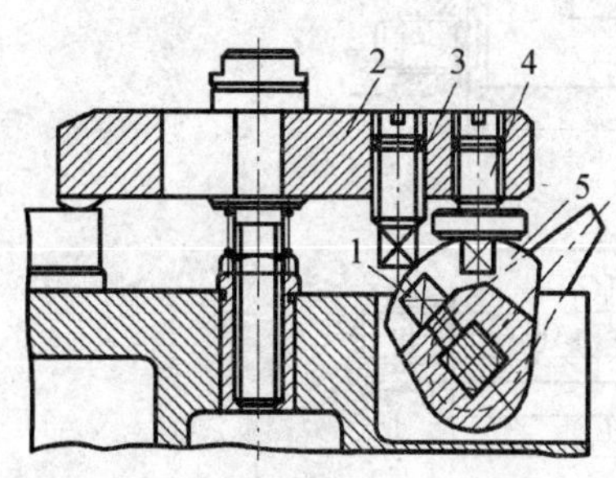

图2-47　夹紧与移动压板联动夹紧机构

1—拨销；2—压板；3、4—螺钉；5—偏心轮

图2-48　夹紧与辅助支承联动夹紧机构

1—辅助支承；2—压板；3—螺母；4—锁销

4）定心夹紧机构：定位和夹紧同时实现的夹紧机构。采用定心夹紧机构可减少Δdw。

① 定心夹紧机构的工作原理：利用“定位—夹紧”元件的等速移动或均匀弹性变形来实现定心或对中。

【例2-4】 如图2-49（a）所示，工件以外圆定位加工内孔，保证同轴度。

【解】 若在套筒中间隙配合定位：$\Delta jb=0$，$\Delta db\neq 0$，$\Delta dw=\Delta db$。

若在三爪自定心卡盘中定位，因三爪等速向中心的移动，使定位基准没有位移，$\Delta db=0$，$\Delta dw=0$。

【例2-5】 如图2-49（b）所示，在工件上加工槽，保证对工件中心面的对称度。

【解】 若采用固定双支承平面定位：$\Delta jb\neq 0$，$\Delta db=0$，$\Delta dw=\Delta jb$。

若左右侧面采用等速内、外移动定位元件，使定位基准为中心面，$\Delta jb=0$，$\Delta dw=0$。

② 定心夹紧机构的特点。

a．“定位—夹紧”元件合二为一。

b．始终有$\Delta db=0$。

c．主要用在要求定心和对中的场合。

③ 常见的定心夹紧机构。

a．螺栓式定心夹紧机构如图2-50所示，转动有左、右螺纹的双向螺杆6，V形虎钳2、4可等速靠拢中心或等速远离中心而实现工件定心装夹。定心精度可借助调节杆3实现。

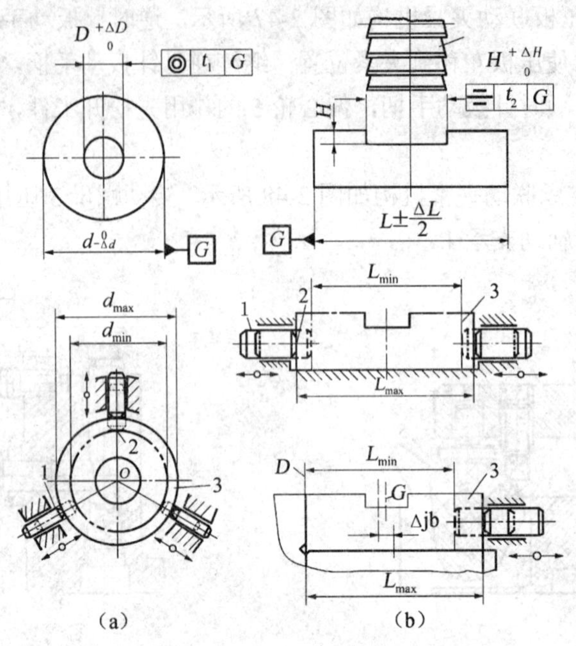

图 2-49　定心夹紧机构

1、2—定位元件；3—工件；4—铣刀

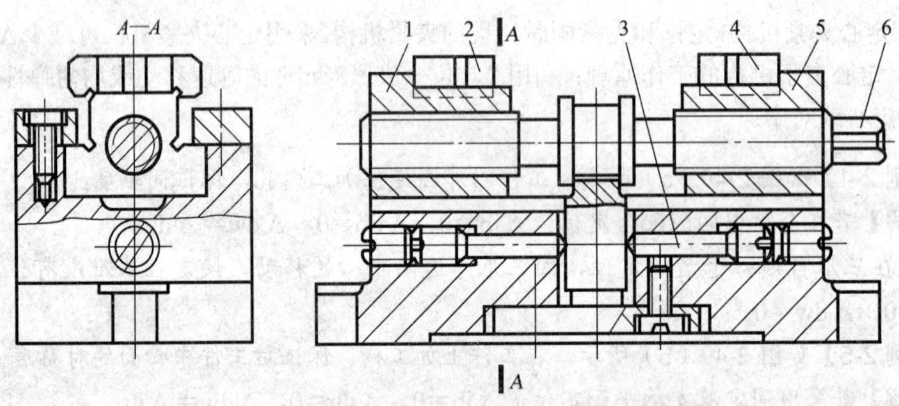

图 2-50　螺旋式定心夹紧机构

1、5—滑座；2、4—V 形块钳口；3—调节杆；6—双向螺杆

b．楔式定心夹紧机构如图 2-51 所示，拉杆 4 带动本体 2 右移，因斜面的作用使夹爪 1 向外胀开而定心夹紧工件，反之拉杆 4 左移，在弹簧卡圈 3 作用下使夹爪收拢松开工件。

c．杠杆式定心夹紧机构如图 2-52 所示，拉杆 1 左移带动滑套 2 移动而拨动钩形杠杆 3 绕轴销 4 顺时针转动使夹爪 5 收拢而定心夹紧工件。夹爪的张开靠拉杆右移时装在滑套 2 上的斜面推动。

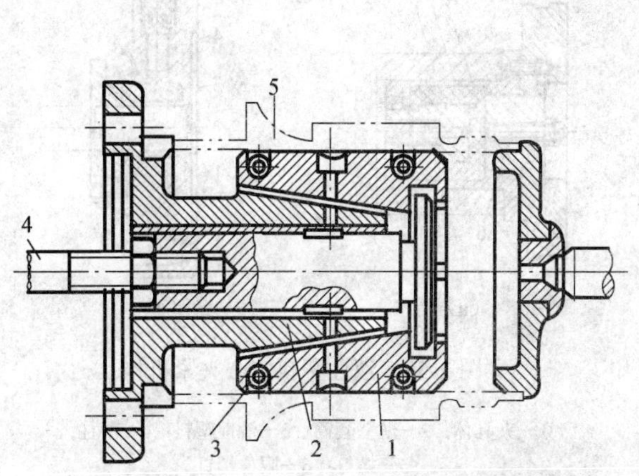

图 2-51　机动楔式夹爪自动定心夹紧机构

1—夹爪；2—本体；3—弹簧卡圈；4—拉杆；5—工件

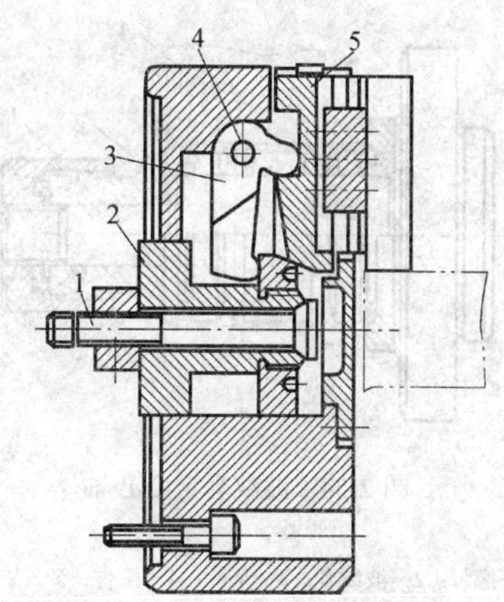

图 2-52　杠杆式定心夹紧机构

1—拉杆；2—滑套；3—钩形杠杆；4—轴销；5—夹爪

d．弹簧筒夹式定心夹紧机构如图 2-53 所示。在图 2-53（a）中，旋转螺母 4 迫使弹性筒夹 2 左右移动的同时，因弹性筒夹 2 上外锥面和锥套 3 上内锥面的作用，使弹性筒夹 2 缩、胀而定心夹紧和松开工件。在图 2-53（b）中，旋转螺母 4 迫使锥套 3 左右移动的同时，因锥套 3 上外锥体与弹性筒夹 2 内锥体的作用，使弹性筒夹 2 胀、缩而定心夹紧和松开工件。

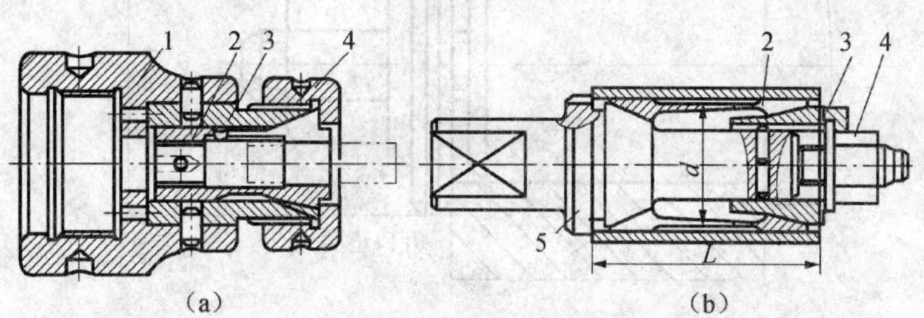

图 2-53　弹簧筒夹式定心夹紧机构

1—夹具体；2—弹性筒夹；3—锥套；4—螺母；5—心轴

e．波纹套定心夹紧机构如图 2-54 所示，旋转螺母 1 带动垫圈 3 左右移动压紧和松开波纹套 2，使其胀、缩而定心夹紧和松开工件。

f．液性塑料定心夹紧机构如图 2-55 所示，旋转螺钉 5 使滑柱 4 移动而在液性塑料 3 内产生压力，迫使薄壁套筒 2 弹性变形而定心夹紧工件，反之松开工件。

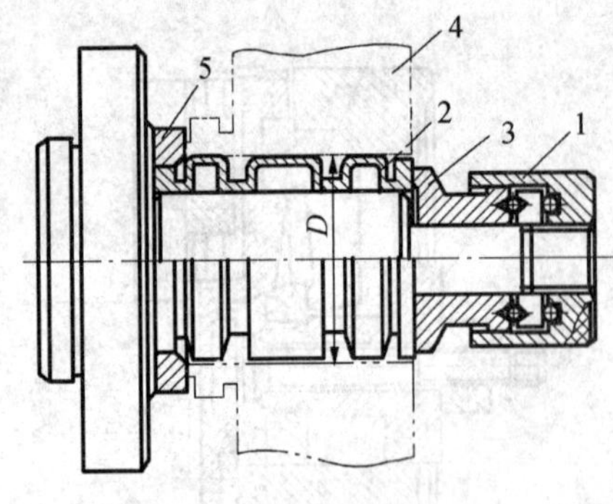

图 2-54　波纹套定心心轴

1—螺母；2—波纹套；3—垫圈；4—工件；5—支承圈

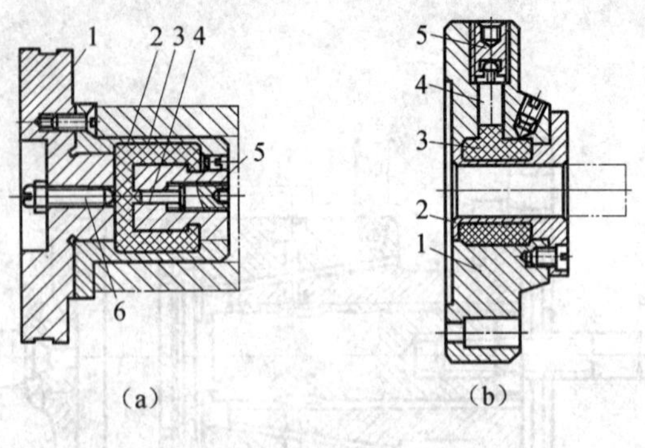

图 2-55　液性塑料定心夹紧机构

1—夹具体；2—薄壁套筒；3—液性塑料；4—滑柱；5—螺钉；6—限位螺钉

2. 铣床夹具夹紧方案设计

根据工序图给定的夹紧力作用点、方向，由于工件加工槽尺寸较小，又在卧式铣床上加工，切削力主要传递给了夹具体，故需夹紧力不大，根据工厂经验类比，选 M10 的螺栓螺母夹紧装置，如图 2-56 所示。开口垫圈外径为$\phi 50$，不会与刀具发生碰撞。

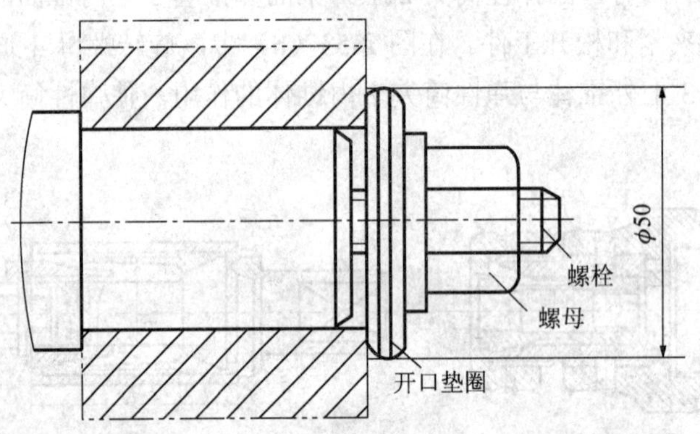

图 2-56　夹紧装置

2.3.4　连接方案设计

1. 铣床夹具常用连接方案

（1）铣床夹具与机床的连接形式

铣床夹具与机床的连接如图 2-57 所示。铣床夹具以夹具体底面、定位键侧面与铣床工作台面、T 形槽（机床 T 形槽尺寸见附表 2）侧面接触定位，然后把夹具固定在铣床工作台面上。

1）定位键。一般情况下，每个铣床夹具装有两个定位键，标准结构如图 2-57 所示（定位键尺寸查附表 6）。

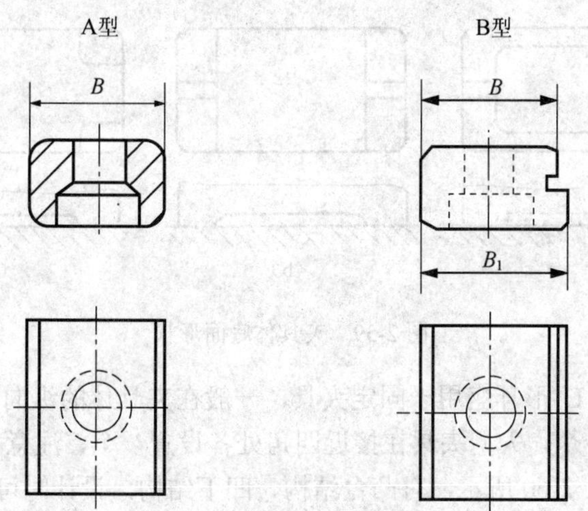

图 2-57　定位键

① 定位键用螺钉紧固在夹具体上。

A 型　键与 T 形槽：B＝T 形槽名义宽度，h6 或 h8。

键与夹具体：$B\frac{H7}{h6、h8}$、$B\frac{JS6}{h6、h8}$。

B 型　键与夹具体：$B\frac{H7}{h6、h8}$、$B\frac{JS6}{h6、h8}$，B 取 T 形槽名义宽度。

键与 T 形槽：$B_1=B+0.5$，按 T 形槽实际宽度配作。

注意：一般工作台中间 T 形槽精度较高，为 H8、H9，常与键配合，应靠同侧接触，且两键尽量相互远离。

② 找正基准。对于位置精度要求高的夹具，在夹具体侧面设找正基准，用百分表找正夹具位置，精确定位，如图 2-58 所示。

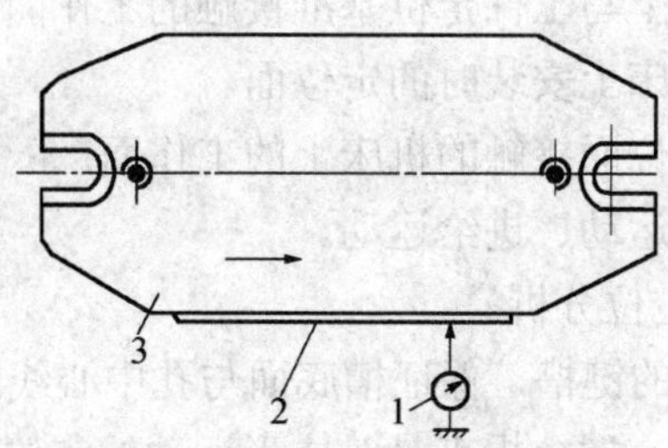

图 2-58　找正基面

1—百分表；2—找正基面；3—夹具体

2）夹具体底面。夹具体底面形状如图 2-59（a）为四周接触，图 2-59（b）为两边接触，以上两形状用于铣床夹具安装定位键时用，图 2-59（c）为四角接触，其他夹具用。

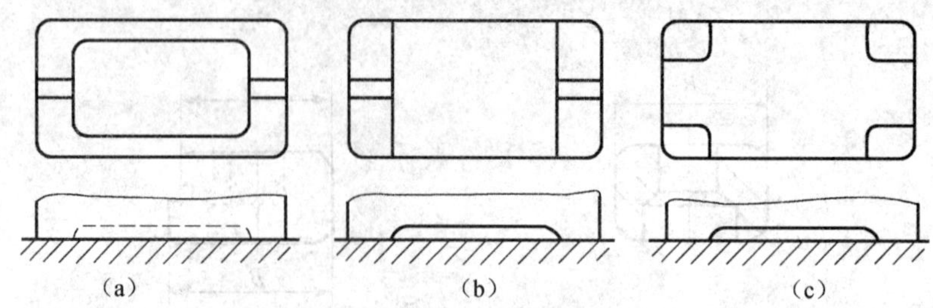

图 2-59　夹具体底面形状

3）U 形耳座。U 形耳座用于固定夹具，一般在夹具体的纵向中线（即定位键中心线）处两边各设置一个，大型夹具在接近四角处各设置一个，注意其前后间距与 T 形槽间距相同。结构如图 2-60 所示，有凸台结构、凹下结构，设计时可查阅夹具设计手册。也有不设计 U 形耳座的，直接用螺栓压板压紧夹具。

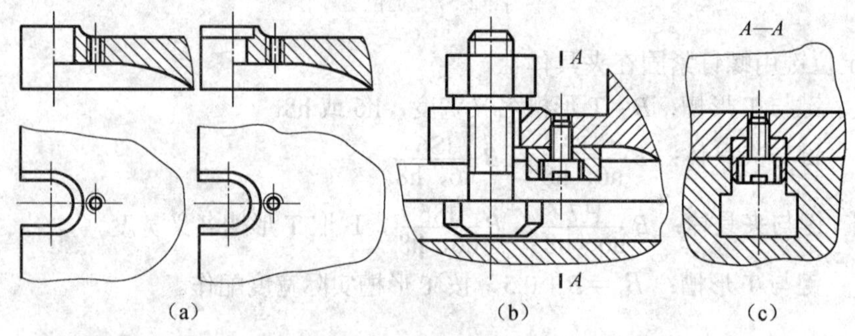

图 2-60　U 形耳座

（2）定位元件对连接元件位置要求分析（即夹具对切削成形运动的定位分析）

1）几个概念。

元件定位面：定位元件上与工件定位基准接触的工作面。

夹具定位面：夹具在机床上安装时的定位面。

机床定位面：与夹具定位面接触的机床上的工作面。

成形运动：机床的旋转运动、进给运动。

2）夹具对成形运动的定位分析。

如图 1-5 所示铣工件上的键槽，保证槽底面与孔中心线的平行度 0.2mm，保证键槽对孔中心线的对称度 0.2mm，试分析夹具对成形运动的定位。

对键槽底面对孔中心线的平行度 0.2mm：

工件孔中心线 // 心轴中心线 // 夹具底面 // 工作台面 // 进给运动 // 键槽底面

则

键槽底面 // 工件孔中心线

对键槽对孔中心线的对称度 0.2mm：

工件孔中心线 // 心轴中心线 // 夹具定位键侧面 // T 形槽侧面 // 进给运动 // 键槽侧面

则

键槽侧面∥工件孔中心线

在对刀尺寸（2.3.5 节）正确的情况下，保证了键槽对孔中心线的对称度 0.2mm。

结论：影响夹具对成形运动的定位因素有以下几方面。

① 元件定位面对夹具定位面的位置误差。

② 夹具定位面与机床定位面的连接配合误差。

③ 机床定位面对成形运动的位置误差。

上述①、②条属于设计夹具解决的问题，③条属于设计机床解决的问题。

所以夹具在机床上安装主要是保证元件定位面对机床定位面的位置要求，它是通过元件定位面对夹具定位面的位置要求和夹具定位面与机床定位面的连接配合要求而达到的。

3）定位元件对夹具定位面的位置要求。

定位元件对夹具定位面的位置要求直接取工件上相应要求的 1/5～1/3。

例如，如图 1-5 所示，心轴∥夹具底面＝（1/5～1/3）×0.2，心轴∥定位键侧面＝（1/5～1/3）×0.2。

几种特例如下：

① 如图 2-61 所示直接找正元件定位面与成形运动的位置要求。

② 如图 2-62 所示对元件定位面临床加工，用成形运动形成元件定位面。

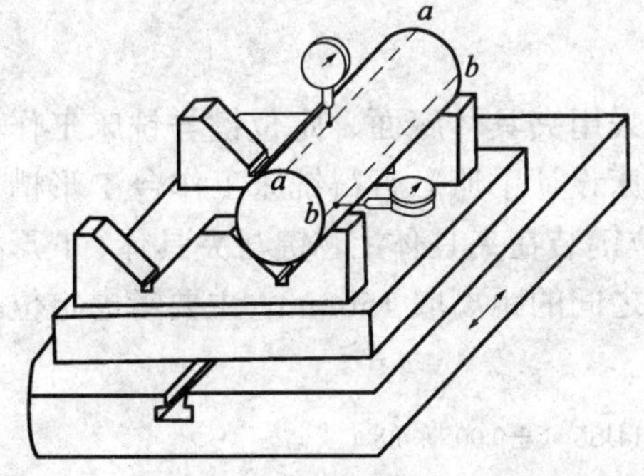

图 2-61　夹具位置的找正

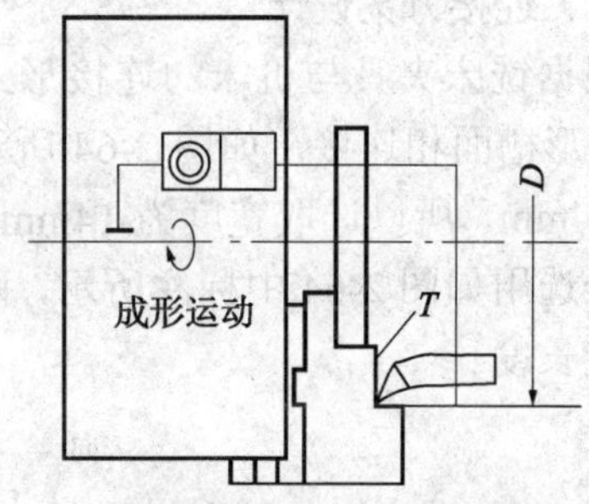

图 2-62　对定位元件定位面进行临床加工

③ 如图 2-63 所示成形运动由夹具两镗套确定，此时元件定位面对夹具定位面、夹具定位面对机床定位面的位置要求就不会影响夹具对成形运动的定位。

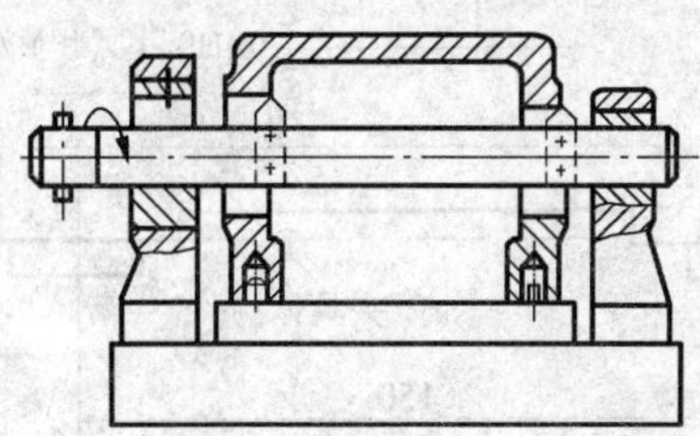

图 2-63　采用镗模镗孔

4）夹具位置误差的分析。

【例 2-6】在图 1-5 中，已知心轴与夹具体底面的平行度 0.08mm、与键侧面的平行度 0.1mm，键与 T 形槽的配合 $18\frac{H7}{h6}$，两键间距 80，加工工件长度 40，分析 Δjw。

【解】1）键槽底面对孔中心线的平行度 0.2mm:

元件定位面对夹具定位面的位置误差 $\Delta jw_1 = 0.08$（心轴与工件长度相等）;

夹具定位面与机床定位面的连接配合误差 $\Delta jw_2 = 0$

则
$$\Delta jw = 0.08$$

2）键槽对孔中心线的对称度 0.2mm:

元件定位面对夹具定位面的位置误差 $\Delta jw_1 = 0.1$（心轴与工件长度相等）;

夹具定位面与机床定位面的连接配合误差 Δjw_2：

因 $18H7^{+0.018}_{0}$、$18h6^{-0}_{-0.011}$，所以键与 T 形槽最大配合间隙 $\Delta_{max} = 0.029$，得

$$0.029/80 = \Delta jw_2/40$$

$$\Delta jw_2 = 0.029 \times 40/80 = 0.0145$$

则

$$\Delta jw = \Delta jw_1 + \Delta jw_2 = 0.1 + 0.0145 = 0.1145$$

2. 铣床夹具连接方案设计

（1）连接方案设计

根据铣床夹具与机床的连接形式，本夹具采用夹具体底面、定位键与铣床工作台面、T 形槽面相连接，如图 2-64 所示。由《机床设计手册》查得铣床工作台 T 形槽宽度为 14mm，所以选取宽度为 14mm 的两个定位键装在夹具体上，键与夹具体、T 形槽的配合选用如图 2-64 中标注所示，两个定位键之间的距离取 150mm，主要考虑定位心轴可能长度。

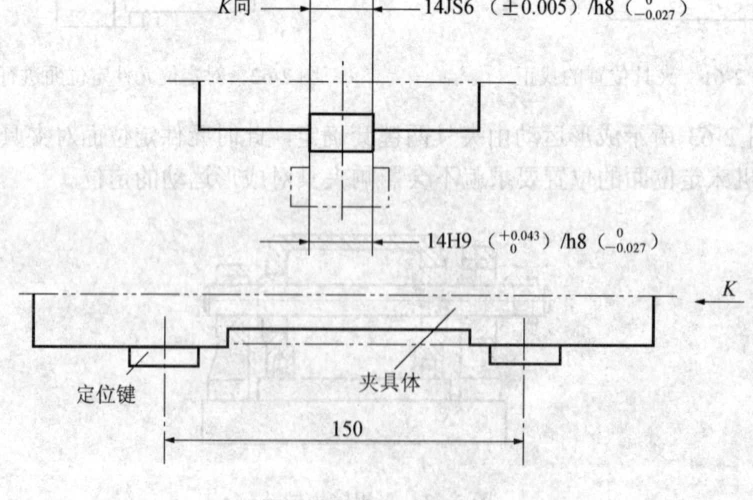

图 2-64　夹具连接方案

（2）定位元件对夹具定位面的位置要求

取：心轴∥夹具底面＝1/5×0.2＝0.04（取工件相应尺寸公差的五分之一）

心轴∥定位键侧面＝1/4×0.2＝0.05（取工件相应位置公差的四分之一）

（3）Δjw 分析

1）对于对称度 0.2：

元件定位面对夹具定位面的位置误差 $\Delta jw_{1a}=0.05/55\times60=0.055$。

夹具定位面与机床定位面的连接配合误差 Δjw_{1b}：

因 $14H9^{+0.043}_{0}$、$14h8^{-0}_{-0.027}$，所以键与T形槽最大配合间隙 $\Delta_{max}=0.070$，得

$$0.070/150=\Delta jw_{1b}/60$$

$$\Delta jw_{1b}=0.070\times60/150=0.028$$

则

$$\Delta jw_1=\Delta jw_{1a}+\Delta jw_{1b}=0.055+0.028=0.083$$

2）对于尺寸 $70^{\ 0}_{-0.3}$：

$$\Delta jw_2=0.04/55\times60=0.044$$

2.3.5　对刀方案设计

1. 铣床夹具常用的对刀方案

（1）夹具的对刀方法

夹具常用的对刀方法有三种：试切法、调整法、用样件或对刀装置对刀。

1）试切法对刀。试切法对刀是试切→测量→调刀，反复进行，直至达到尺寸要求。此法在工件单件加工时用。

2）调整法对刀。调整法对刀是试切多个工件，调整好刀具与工件（夹具）的相对位置（工序尺寸趋于平均尺寸的位置），在加工一批工件过程中，刀具位置不变。

3）样件或对刀装置对刀。样件或对刀装置对刀是用原来加工好的样件或在夹具上设置的对刀装置对刀。

（2）铣床夹具的对刀装置

1）铣床夹具对刀装置的组成。铣床夹具的对刀装置如图2-65所示。图2-65（a）所示为高度对刀，图2-65（b）所示为直角对刀，图2-65（c）、（d）所示为成形刀具对刀。可见，对刀装置由塞尺和对刀块组成，均已标准化。使用塞尺以免损坏刀刃或造成对刀块过早磨损。

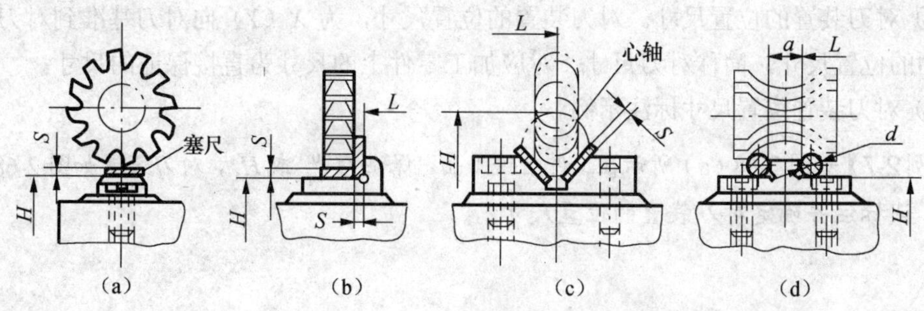

图2-65　铣床夹具的对刀装置

图 2-66（a）所示为高度对刀块，图 2-66（b）所示为组合对刀块，图 2-66（c）、（d）所示为正装、侧装直角对刀块。

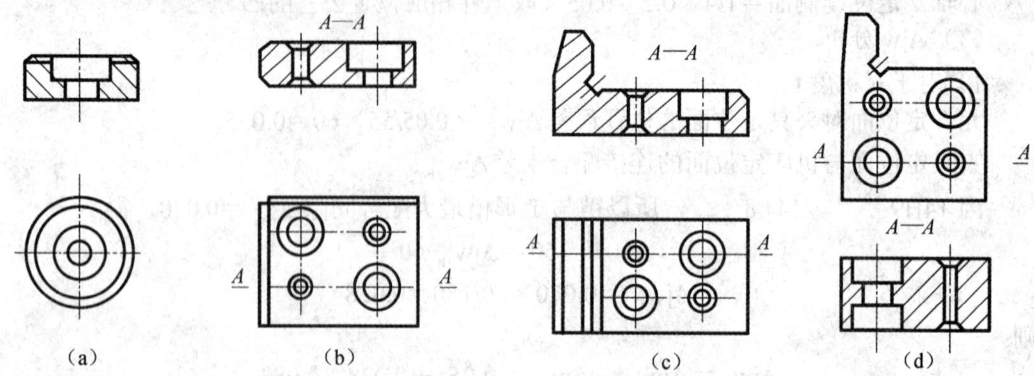

图 2-66　对刀块

图 2-67（a）为平面塞尺，厚度 S 常用 1mm、3mm、5mm；图 2-67（b）为圆柱塞尺，d 常用 3mm、5mm。塞尺尺寸公差均为 h8。

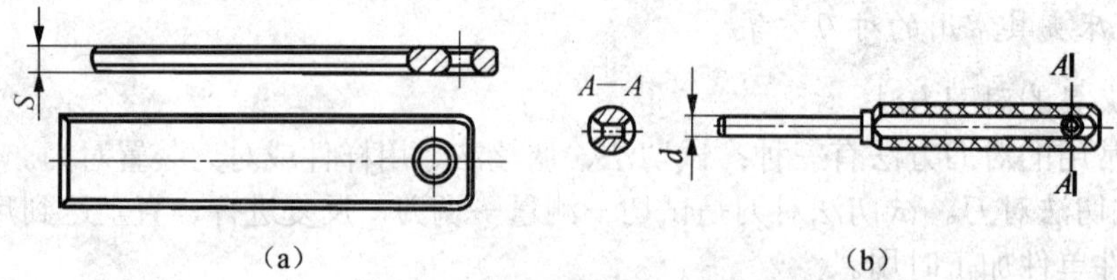

图 2-67　塞尺

铣床对刀装置的位置一般安排在刀具加工进给方向一侧。

特点：对刀方便、迅速，但对准精度一般比试切法低。

2）铣床夹具对刀装置位置尺寸确定。

① 对刀基准。对刀基准是确定刀具相对夹具（工件）位置的夹具上的基准，一般选与工件定位基准重合的夹具定位元件上的要素为对刀基准，即为确定对刀装置位置的尺寸基准。

② 对刀装置的位置尺寸。对刀装置的位置尺寸，为 X（Y）向对刀基准到对刀块工作表面的位置尺寸，简称对刀尺寸。对应加工零件上的尺寸为直接保证的尺寸。

③ 对刀装置位置尺寸标注示例。

【例 2-7】如图 2-68（a）所示在工件上铣平面，保证 $H_{-\delta H}^{\ 0}$ 或 H_1，对刀装置如图 2-68（b）所示，试标注并确定对刀装置的位置尺寸。

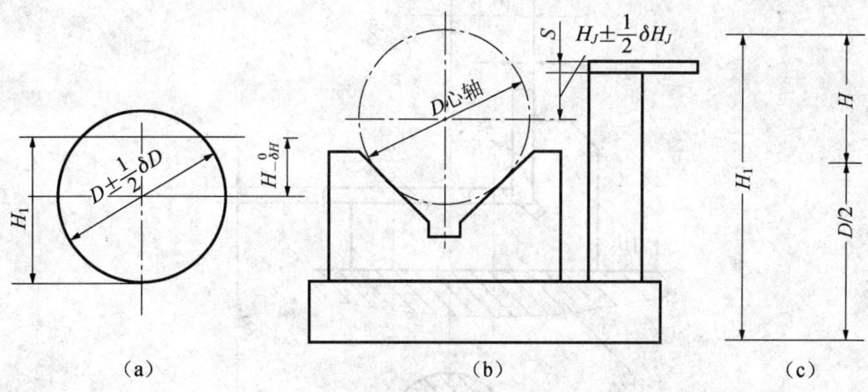

图2-68　对刀装置尺寸标注

【解】 1）对刀基准：为V形块的中心线（工件平均直径定位后的中心线），也即标准量棒的中心线。

2）对刀装置的位置尺寸：V形块中心线到对刀块工作面之间的位置尺寸。

3）对刀装置位置尺寸确定：

① 当工序尺寸为 $H_{-\delta H}$ 时，是对刀加工直接保证的尺寸。

a. 把工序尺寸 $H_{-\delta H}$ 换算成平均尺寸、对称偏差：$\overline{H}\pm\delta H/2$。

b. 对刀装置位置尺寸 H_J

$$H_J=\overline{H}-S\text{（塞尺厚度）}$$

$$\delta H_J=(1/5\sim1/3)\ \delta H\text{，并对称分布}\pm\delta H_J/2$$

② 当工序尺寸为 H_1 时，是加工间接保证的尺寸，先解工序尺寸 H_1 为封闭环的尺寸链，如图2-68（c）所示：计算出 $\overline{H}\pm\delta H/2$，再按上述步骤计算 $H_J\pm\delta H_J$。

3）铣床夹具对刀误差Δjd的计算。

对铣床夹具，产生对刀误差的因素有：δH_J、δS、塞尺测量松紧误差。若增加首件检验调整，有

$$\Delta\text{jd}\approx\delta H_J+\delta S$$

2. 铣床夹具对刀方案设计

根据工序加工的键槽和铣床夹具对刀装置的结构，设计的对刀装置如图2-69所示，由正装直角对刀块、$S=3\text{h}8\ (_{-0.014}^{\ \ 0})$ 的塞尺等组成。对刀基准选与定位基准重合的定位心轴中心线，对刀块的位置尺寸 H_{J1}、H_{J2} 如图2-68中标注所示。

（1）对刀尺寸计算

建立尺寸链如图2-70所示。

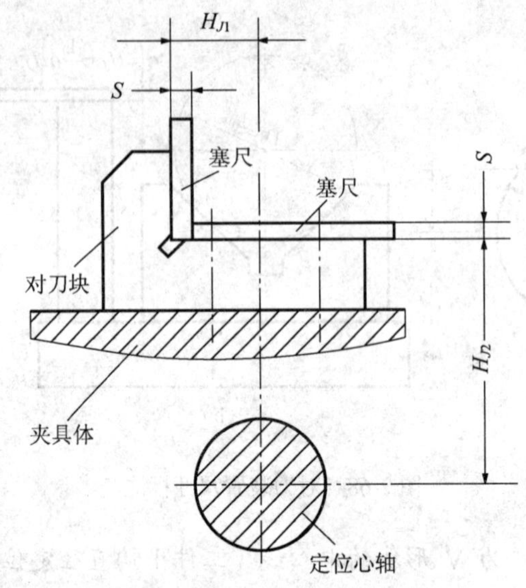

图 2-69　对刀装置

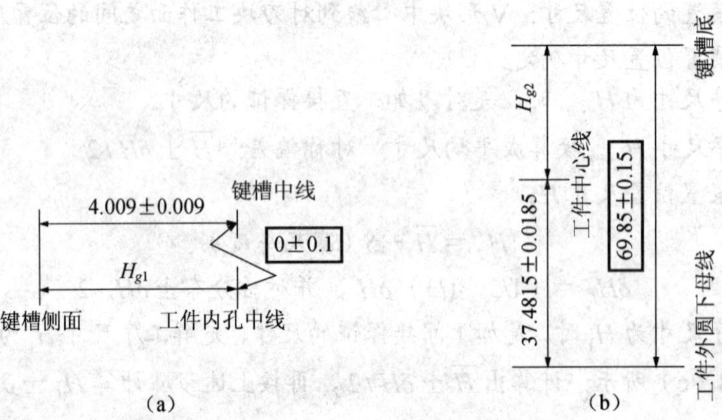

图 2-70　尺寸链

1）H_{J1} 计算。在图 2-70（a）中，$4^{+0.018}_{0}=4.009\pm0.009$，$H_{g1}$ 为对刀直接保证的尺寸，对称度 0±0.1 为间接保证的尺寸，即封闭环。解图 2-70（a）尺寸链：

$$H_{g1}=4.009\pm0.091$$

所以

$$H_{J1}=（3+4.009）\pm1/4\times0.091=7.009\pm0.024$$

2）H_{J2} 计算。在图 2-70（b）中，H_{g2} 为对刀直接保证的尺寸，$70^{0}_{-0.3}=69.85\pm0.15$，为间接保证的尺寸，即封闭环。解图 2-70（b）尺寸链：

$$H_{g2}=32.3685\pm0.1315$$

所以

$$H_{J2}=（32.3685-3）\pm1/4\times0.1315=29.3685\pm0.033$$

（2）对刀误差计算

由 $\Delta jd\approx\delta H_J+\delta S$ 得：

1）对于对称度 0.2：

$$\Delta jd_1 \approx \delta H_{J1} + \delta S = 0.048 + 0.014 = 0.062$$

2）对于尺寸 $70_{-0.3}^{\ 0}$：

$$\Delta jd_2 \approx \delta H_{J2} + \delta S = 0.066 + 0.014 = 0.08$$

2.3.6 夹具精度分析

1. 机床夹具精度分析

由机床夹具认知介绍知，工件加工误差分三大类，即装夹误差（ΔZJ）、对定误差（ΔDD）和过程误差（ΔGC）。在装夹误差（ΔZJ）中，在夹紧力方向、作用点和大小合理的前提下，忽略夹紧误差（Δjj），只剩下定位误差Δdw，又考虑过程误差无法计量，给其预留三分之一工件工序尺寸公差量，其他误差如图 2-71 分析。

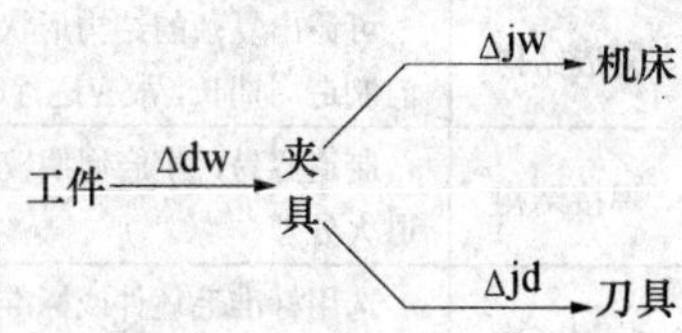

图 2-71　夹具误差分析

考虑产生误差的因素较多，又各项误差不可能同时达到最大，故按概率法表达夹具精度误差不等式为

$$\sqrt{\Delta dw^2 + \Delta jw^2 + \Delta jd^2} \leqslant 2/3T$$

式中：T——工件工序尺寸公差。

满足上述不等式，夹具设计方案可行。

2. 铣床夹具精度分析

1）对于对称度 0.2：

$$\sqrt{0.041^2 + 0.083^2 + 0.062^2} = 0.110 \leqslant 2/3 \times 0.2 = 0.1$$

满足加工要求。

2）对于尺寸 $70_{-0.3}^{\ 0}$：

$$\sqrt{0.078^2 + 0.044^2 + 0.08^2} = 0.12 \leqslant 2/3 \times 0.3 = 0.2$$

满足加工要求。

3）结论：本夹具设计方案可行。

2.3.7 夹具体设计

1. 机床夹具夹具体设计

（1）基本要求

夹具体是夹具的基础件，在夹具体上，要安装各种元件和装置，设计时应满足：

1）应有足够的强度和刚度。保证在加工过程中，夹具体在夹紧力、切削力等外力作用下，不致产生不允许的变形和振动。

2）结构简单，具有良好的工艺性。在保证强度和刚度的条件下，力求结构简单，体积小，重量轻，特别是对于移动或翻转夹具，其重量不应太大，以便于操作。

3）尺寸要稳定。对于铸造夹具体，要进行时效处理；对焊接夹具体，要进行退火处理，以消除内应力，以保证夹具体加工尺寸的稳定。

4）便于排屑。为防止加工中切屑聚积在定位元件工作表面或其他装置中，而影响工件的正确定位和夹具的正常工作，在设计夹具时，要考虑切屑的排除问题。

（2）夹具体的毛坯结构

在选择夹具体的毛坯结构时，应以结构合理性、工艺性、经济性、标准化的可能性以及工厂的具体条件为依据综合考虑。表 2-8 所示为夹具体的毛坯结构。

表 2-8 夹具体的毛坯结构

结构类型	特　点	应用场合
铸造结构	可铸出复杂的结构形状，抗压强度大，抗振性好，易于加工，但制造周期长，故应进行时效处理。材料多采用 HT150 或 HT200	适用于切屑负荷大、振动大的场合或批量生产
焊接结构	制造容易，生产周期较短，成本较低。热变形较大，焊接后需退火处理	适用于新产品试制或单件小批量生产
装配结构	选用标准毛坯件或标准零部件组合而成，如圆棒、圆盘、工字钢、角铁、U 形槽钢等标准型材。可缩短制造周期	适用于标准化

（3）夹具体外形尺寸的确定

夹具制造属单件生产性质，为缩短设计和制造周期，减少费用，一般夹具体不作复杂计算，通常采用经验类比估计确定。实际设计时，根据工件、定位元件、夹紧装置、连接元件、对刀装置以及其他辅助机构的配置，夹具体的结构、尺寸已大体确定。表 2-9 所示夹具体结构尺寸的经验数据。

表 2-9 夹具体结构尺寸的经验数据

夹具体结构部位	经验数据	
	铸造结构	焊接结构
夹具体壁厚 h	8～25mm	6～10mm
夹具体加强筋厚度	（0.7～0.9）h	
夹具体加强筋高度	不大于 $5h$	
夹具体上不加工的毛面与工件表面之间的间隙	夹具体是毛面，工件也是毛面时，取 8～15mm 夹具体是毛面，工件是光面时，取 4～10mm	

（4）夹具体的排屑结构

为便于排屑，一般设计夹具体时，应采取必要措施，如表 2-10 所示。

表 2-10 夹具体上的排屑措施

排屑措施	结构举例	结构说明和适应场合
增加容纳铁屑的空间	容屑沟 增加容屑空间	在夹具体上增设容屑沟或增大定位元件工作表面与夹具体之间的距离。适用于加工时产生的切屑不多的场合

续表

排屑措施	结构举例	结构说明和适应场合
采用铁屑自动排除结构	排屑用斜弧面 （a） α （b）	在夹具体上专门设计排屑用的斜面和缺口，使铁屑自动由斜面处滑下而排至夹具体外。(a) 图是在夹具体上开出排屑用的斜弧面，使钻孔的铁屑沿斜弧面排出。(b) 图是在铣床夹具的夹具体内设计排屑腔，切屑落入腔内后，沿斜面排出。适用于铁屑较多的场合

（5）夹具体的吊装装置

设计大型夹具时，在夹具体上需设置供起吊用的装置，一般采用吊环螺钉或起重螺栓，可查阅国标选用。

2. 铣床夹具夹具体设计

根据以上设计的定位元件、夹紧装置、连接元件、对刀装置的结构、形状及尺寸，合理配置它们的相对位置，并用夹具体这个“骨架”把它们连接起来，如图2-72所示。此时夹具体的基本结构就已确定，如图2-73所示。

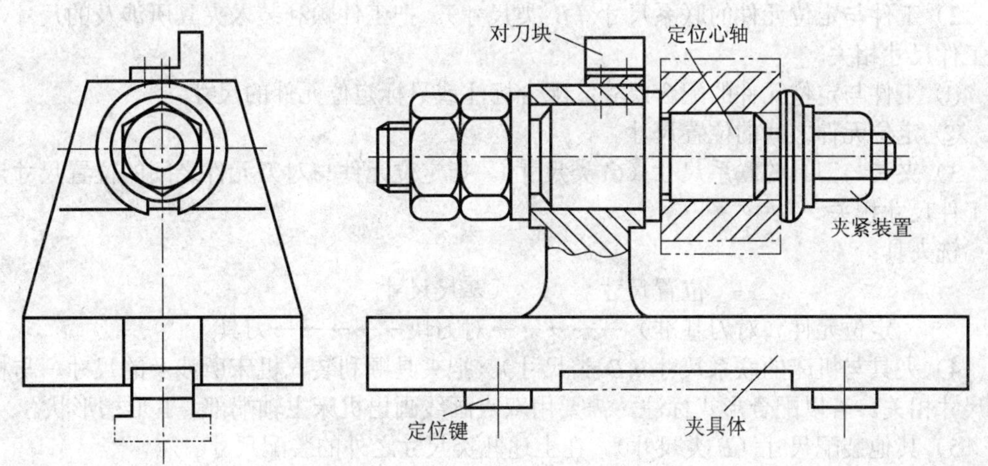

图2-72　夹具部件位置配置

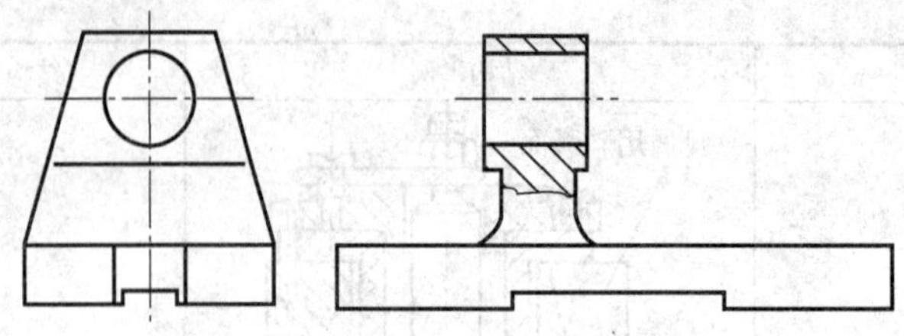

图 2-73　夹具体

2.4　绘 图 阶 段

绘图阶段的主要任务是绘制夹具装配图和夹具非标准零件图。

2.4.1　绘制夹具装配图

1. 绘制机床夹具装配图

（1）夹具装配图的绘制规范

按机械制图规范绘制夹具装配图，但要注意以下特殊规范：

1）主视图尽量选与操作者正对的位置。

2）绘图比例尽量取 1∶1。

3）被加工工件可视为透明体，双点画线画出外形轮廓和主要表面（定位面、夹紧面、加工面），可对其剖视表示，其加工余量用网纹线表示。

4）在夹具体显眼位置画出“◆”标记，表示该处打夹具编号。

（2）夹具装配图上尺寸标注

应标注五类尺寸：

1）外形轮廓尺寸（*A* 类尺寸）。长、宽、高（不包含被加工工件、定位键），当夹具结构中有可动部分时，应包括可动部分处于极限位置时在空间所占的尺寸。

2）工件与定位元件的联系尺寸（*B* 类尺寸）。把工件顺利装入夹具所涉及的尺寸，与工件尺寸相关。

① 工件与定位元件的配合尺寸：配合标注或只标定位元件的尺寸。

② 定位元件之间的位置尺寸。

3）夹具与刀具的联系尺寸（*C* 类尺寸）。指定位元件与对刀元件之间的位置尺寸，与工件尺寸相关。

铣夹具：

位置尺寸　　　　　塞尺尺寸

定位元件（对刀基准）→→→→→对刀块→→→→→刀具

4）夹具与机床的联系尺寸（*D* 类尺寸）。把夹具顺利装入机床所涉及的尺寸，与机床尺寸相关。若以配合形式标注，需要用双点画线画出机床主轴端部、T 形槽形状。

5）其他装配尺寸（*E* 类尺寸）。在上述几类尺寸之外的装配尺寸。

① 夹具内部的配合尺寸。

② 其他有相互位置要求的装配尺寸。

归纳铣床夹具应标注的尺寸如表 2-11 所示。

表 2-11　铣床夹具装配图上尺寸标注

尺寸 夹具	夹具轮廓 尺寸 A	夹具与工件联系 尺寸 B	夹具与刀具联系 尺寸 C	夹具与机床联系 尺寸 D	其他装配 尺寸 E
铣床夹具	最大外形轮廓尺寸（包括可动件处于极限位置时）——长、宽、高	包容定位副的配合尺寸，包容定位副之间定位元件的联系尺寸	定位元件 ←位置尺寸→ 对刀块 ←塞尺尺寸→ 刀具	定位键 ←键宽尺寸→ T形槽	夹具内部的配合尺寸和其他有相互位置要求的装配尺寸
备注	与加工件尺寸有关			与机床尺寸有关	

【例 2-8】 给图 1-5 铣床夹具标注尺寸。

【解】 标注的五类尺寸如图 2-74 所示。

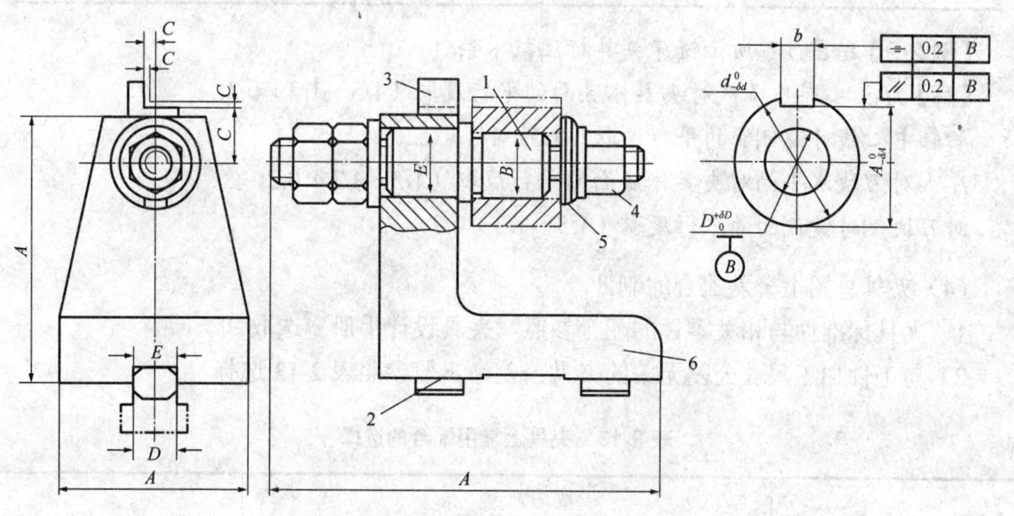

图 2-74　铣床夹具尺寸标注示例

1—定位心轴；2—定位键；3—对刀块；4—螺母；5—开口垫圈；6—夹具体

（3）夹具装配图上技术条件标注

1）夹具装配图上应标注的技术条件。夹具装配图上的技术条件包括：装配过程中的注意事项；装配后应满足的位置精度要求；操作要求等。

铣床夹具装配后应满足的位置精度要求主要归纳为图 2-75 所示框图。框与框之间有连线，表明有相互位置要求，箭头指向框为相互位置的基准。

图 2-75　铣床夹具总图上应标注的位置精度要求

H_1：①多件装夹时，相同定位元件之间的位置要求。②组合定位（工件以两个及以上定位基准的定位）时，多个定位元件之间次要定位元件对主要定位元件的位置要求。

H_2：铣夹具　定位元件→→夹具体底面；定位元件→→定位键侧面。

H_3：铣夹具　对刀块　水平面→→夹具体底面；侧平面→→定位键侧面。

2）夹具总图上技术条件大小的确定。

① 与工件上技术条件 δH 相关，则 δH_J =（1/5～1/3）δH 。

② 与工件上技术条件无关，参照表 2-12 确定。

表 2-12　夹具技术条件数值

技术条件	参考数值
定位元件工作表面对定位键槽侧面的平行度和垂直度	≯0.02：100 mm
定位元件工作表面对夹具体底面的平行度和垂直度	≯0.02：100 mm
对刀块工作表面对定位键槽侧面的平行度和垂直度	≯0.03：100 mm
对刀块工作表面对夹具体底面的平行度和垂直度	≯0.03：100 mm

【例 2-9】给图 1-5 所示铣床夹具标注技术条件。

【解】H_2：心轴中心线对夹具体底面的平行度取（1/5～1/3）0.2;

心轴中心线对键侧面的平行度取（1/5～1/3）0.2。

H_3：对刀块水平面对夹具体底面的平行度取（1/5～1/3）0.2;

对刀块侧对键侧面的平行度取（1/5～1/3）0.2。

（4）夹具总图上公差配合的制订

1）夹具标准件与相关零件的配合参照《夹具设计手册》选取。

2）与工件加工尺寸公差无关的夹具公差，一般参照表 2-13 选择。

表 2-13　夹具上常用配合的选择

工作形式	精度要求		示例
	一般精度	较高精度	
定位元件与工件定位基准间	$\frac{H7}{h6},\frac{H7}{g6},\frac{H7}{f7}$	$\frac{H6}{h5},\frac{H6}{g5},\frac{H6}{f5}$	定位销与工件基准孔
有引导作用并有相对运动的元件间	$\frac{H7}{h6},\frac{H7}{g6},\frac{H7}{f7}$ $\frac{H7}{h6},\frac{G7}{h6},\frac{F7}{h6}$	$\frac{H6}{h5},\frac{H6}{g5},\frac{H6}{f5}$ $\frac{H6}{h5},\frac{G6}{h5},\frac{F6}{h5}$	滑动定位件 刀具与导套
无引导作用但有相对运动的元件间	$\frac{H7}{f9},\frac{H9}{d9}$	$\frac{H7}{d8}$	滑动夹具底座板
没有相对运动的元件间	$\frac{H7}{n6},\frac{H7}{p6},\frac{H7}{r7},\frac{H7}{s6},\frac{H7}{u6},\frac{H8}{t7}$（无紧固件） $\frac{H7}{m6},\frac{H7}{k6},\frac{H7}{js6},\frac{H7}{m7},\frac{H8}{k7}$（有紧固件）		固定支承钉 定位销

3）与工件加工尺寸公差 δH 有关的夹具公差 δH_J，参考表 2-14、表 2-15 选择。

表 2-14　按照工件的直线尺寸公差确定夹具相应尺寸公差的参考数据　　单位：mm

工件尺寸公差		夹具尺寸公差	工件尺寸公差		夹具尺寸公差
由	至		由	至	
0.008	0.01	0.005	0.20	0.24	0.08
0.01	0.02	0.006	0.24	0.28	0.09
0.02	0.03	0.010	0.28	0.34	0.10
0.03	0.05	0.015	0.34	0.45	0.15
0.05	0.06	0.025	0.45	0.65	0.20
0.06	0.07	0.030	0.65	0.90	0.30
0.07	0.08	0.035	0.90	1.30	0.40
0.08	0.09	0.040	1.30	1.50	0.50
0.09	0.10	0.045	1.50	1.80	0.60
0.10	0.12	0.050	1.80	2.00	0.70
0.12	0.16	0.060	2.00	2.50	.080
0.16	0.20	0.070	2.50	3.00	1.00

表 2-15　按照工件的角度尺寸公差确定夹具相应尺寸公差的参考数据

工件角度公差		夹具角度公差	工件角度公差		夹具角度公差
由	至		由	至	
0° 00′ 50″	0° 01′ 30″	0° 00′ 30″	0° 20′	0° 25′	0° 10′
0° 01′ 30″	0° 02′ 30″	0° 01′ 00″	0° 25′	0° 35′	0° 12′
0° 02′ 30″	0° 03′ 30″	0° 01′ 30″	0° 35′	0° 50′	0° 15′
0° 03′ 30″	0° 04′ 30″	0° 02′ 00″	0° 50′	1° 00′	0° 20′
0° 04′ 30″	0° 06′ 00″	0° 02′ 30″	1° 00′	1° 30′	0° 30′
0° 06′ 00″	0° 08′ 00″	0° 03′ 00″	1° 30′	2° 00′	0° 40′
0° 08′ 00″	0° 10′ 00″	0° 04′ 00″	2° 00′	3° 00′	1° 00′
0° 10′ 00″	0° 15′ 00″	0° 05′ 00″	3° 00′	4° 00′	1° 20′
0° 15′ 00″	0° 20′ 00″	0° 08′ 00″	4° 00′	5° 00′	1° 40′

把公差标注成偏差时，按“±”标注。大小确定时，在制造满足经济精度前提下，δH_J尽可能小，以延长夹具寿命。

【例 2-10】给图 1-5 铣床夹具标注公差配合。

【解】B: 定位轴取 g6，当孔不是基准孔 H7 时，应平移轴公差带，保持配合性质不变。

D: 键＝T 槽宽 h8。

E: 夹具体/心轴取 H7/n6；夹具体/键宽取 T $\frac{H7}{h8}$。

（5）夹具装配图上零件明细表编写

按照国家机械制图标准的规定，对夹具总装图中的各个零件进行编号，并在标题栏上方画出零件明细表及填写具体信息。

2. 绘制铣床夹具装配图

绘制出的铣床夹具装配图如图 2-76 所示。

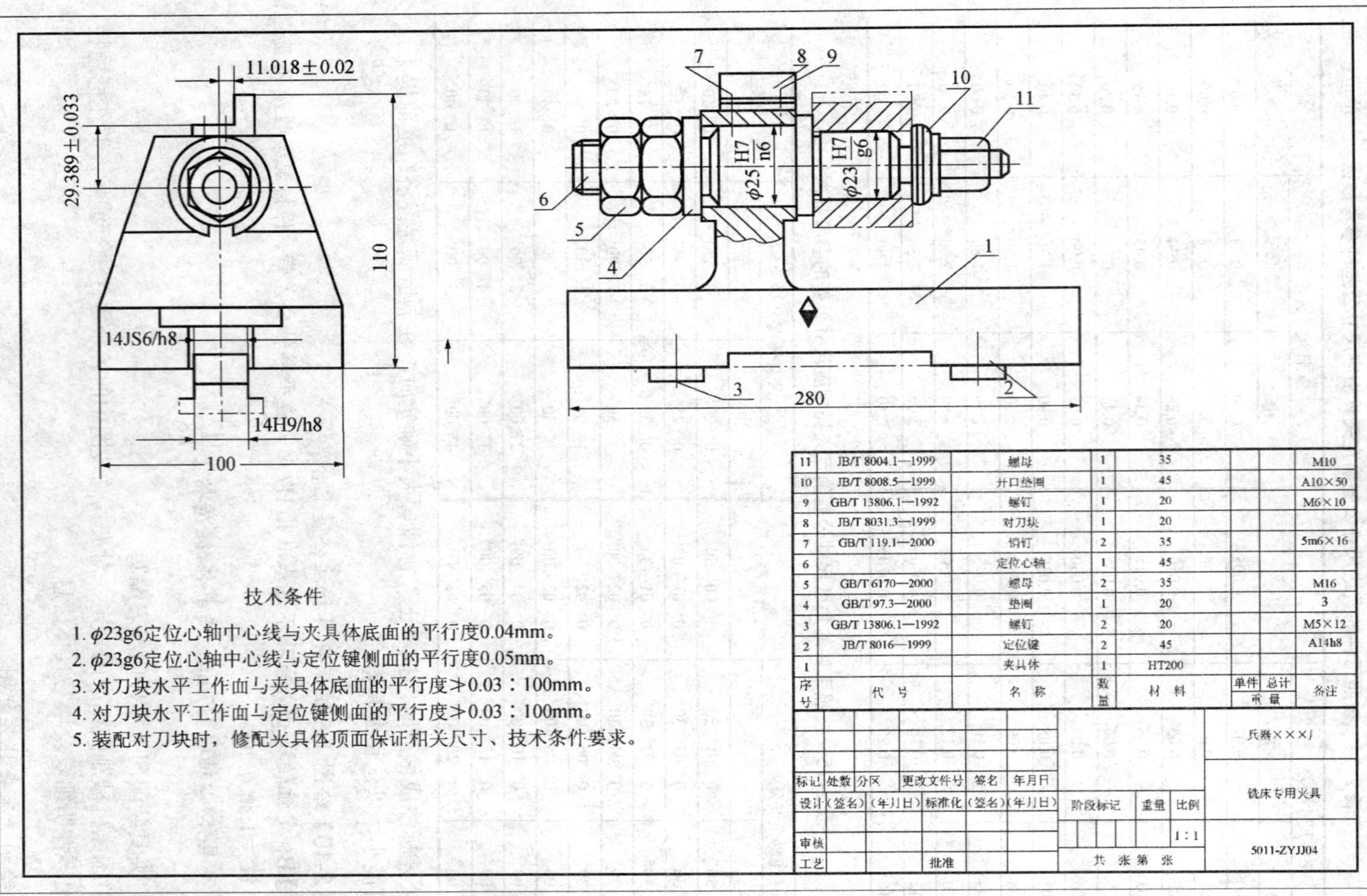

技术条件

1. φ23g6定位心轴中心线与夹具体底面的平行度0.04mm。
2. φ23g6定位心轴中心线与定位键侧面的平行度0.05mm。
3. 对刀块水平工作面与夹具体底面的平行度≯0.03∶100mm。
4. 对刀块水平工作面与定位键侧面的平行度≯0.03∶100mm。
5. 装配对刀块时，修配夹具体顶面保证相关尺寸、技术条件要求。

序号	代号	名称	数量	材料	单件重量	总计重量	备注
11	JB/T 8004.1—1999	螺母	1	35			M10
10	JB/T 8008.5—1999	开口垫圈	1	45			A10×50
9	GB/T 13806.1—1992	螺钉	1	20			M6×10
8	JB/T 8031.3—1999	对刀块	1	20			
7	GB/T 119.1—2000	销钉	2	35			5m6×16
6		定位心轴	1	45			
5	GB/T 6170—2000	螺母	2	35			M16
4	GB/T 97.3—2000	垫圈	1	20			3
3	GB/T 13806.1—1992	螺钉	2	20			M5×12
2	JB/T 8016—1999	定位键	2	45			A14h8
1		夹具体	1	HT200			

标记	处数	分区	更改文件号	签名	年月日				兵器×××厂
设计	(签名)	(年月日)	标准化	(签名)	(年月日)	阶段标记	重量	比例	铣床专用夹具
审核								1∶1	5011-ZYJJ04
工艺			批准			共 张 第 张			

图 2-76　夹具装配

（1）尺寸标注

外形轮廓尺寸（*A* 类尺寸）：280、100、110。

工件与定位元件的联系尺寸（*B* 类尺寸）：ϕ23H7/g6。

夹具与刀具的联系尺寸（*C* 类尺寸）：11.018±0.02、29.368±0.033。

夹具与机床的联系尺寸（*D* 类尺寸）：14H9/h8。

其他装配尺寸（*E* 类尺寸）：ϕ25H7/m6、14JS6/h8。

（2）技术要求标注

ϕ23g6 定位心轴中心线与夹具体底面的平行度 0.04mm。

ϕ23g6 定位心轴中心线与定位键侧面的平行度 0.05mm。

对刀块水平工作面与夹具体底面的平行度≯0.03：100mm。

对刀块垂直工作面与定位键侧面的平行度≯0.03：100mm。

装配对刀块时，修配夹具体顶面保证相关尺寸、技术条件要求。

尺寸、技术条件标注如图 2-76 所示。

2.4.2　绘制非标准夹具零件图

1. 绘制机床夹具非标准夹具零件图

夹具零件图是从夹具装配图中拆画而来，即先有装配图，后有零件图。拆画零件图时要注意零件图与装配图之间的连接关系、尺寸关系、技术条件关系。夹具的制造特点是制造精度高，且属单件小批生产，所以夹具装配时一般都采用调整法、修配法、就地加工法等特殊方法获得高精度的装配要求。当采用完全互换法来达到装配精度要求时，解装配尺寸链确定零件尺寸精度，当采用上述特殊装配方法达到装配精度要求时，夹具零件尺寸精度按机床加工经济精度取。

2. 绘制铣床夹具非标准零件图

由图 2-76 知，非标准夹具零件有：定位心轴和夹具体，只需绘制这两个零件的零件图即可。

1）绘制如图 2-77 所示的定位心轴零件图。

定位心轴与工件、夹具体的配合尺寸按前面设计取，定位心轴ϕ23g6 对ϕ25n67 的同轴度影响定位心轴对夹具体底面、定位键侧面平行度要求，故取它们 1/5～1/2 的值，取为ϕ0.02。

2）绘制如图 2-78 所示的夹具体零件图。

夹具体与定位心轴、定位键的配合尺寸按前面设计取；夹具体ϕ25H7 孔对夹具体底面、键槽侧面的平行度影响定位心轴ϕ23g6 对夹具体底面、定位键侧面平行度要求，故取它们 1/5～1/2 的值，均取为 0.01；夹具装配时，对刀块上下位置尺寸通过刮研夹具体的上平面保证，对刀块前后位置尺寸调整好后配作夹具体销孔；夹具体与对刀块连接销孔、螺孔尺寸按对刀块尺寸确定；夹具体与定位键连接螺孔尺寸按定位键尺寸确定。

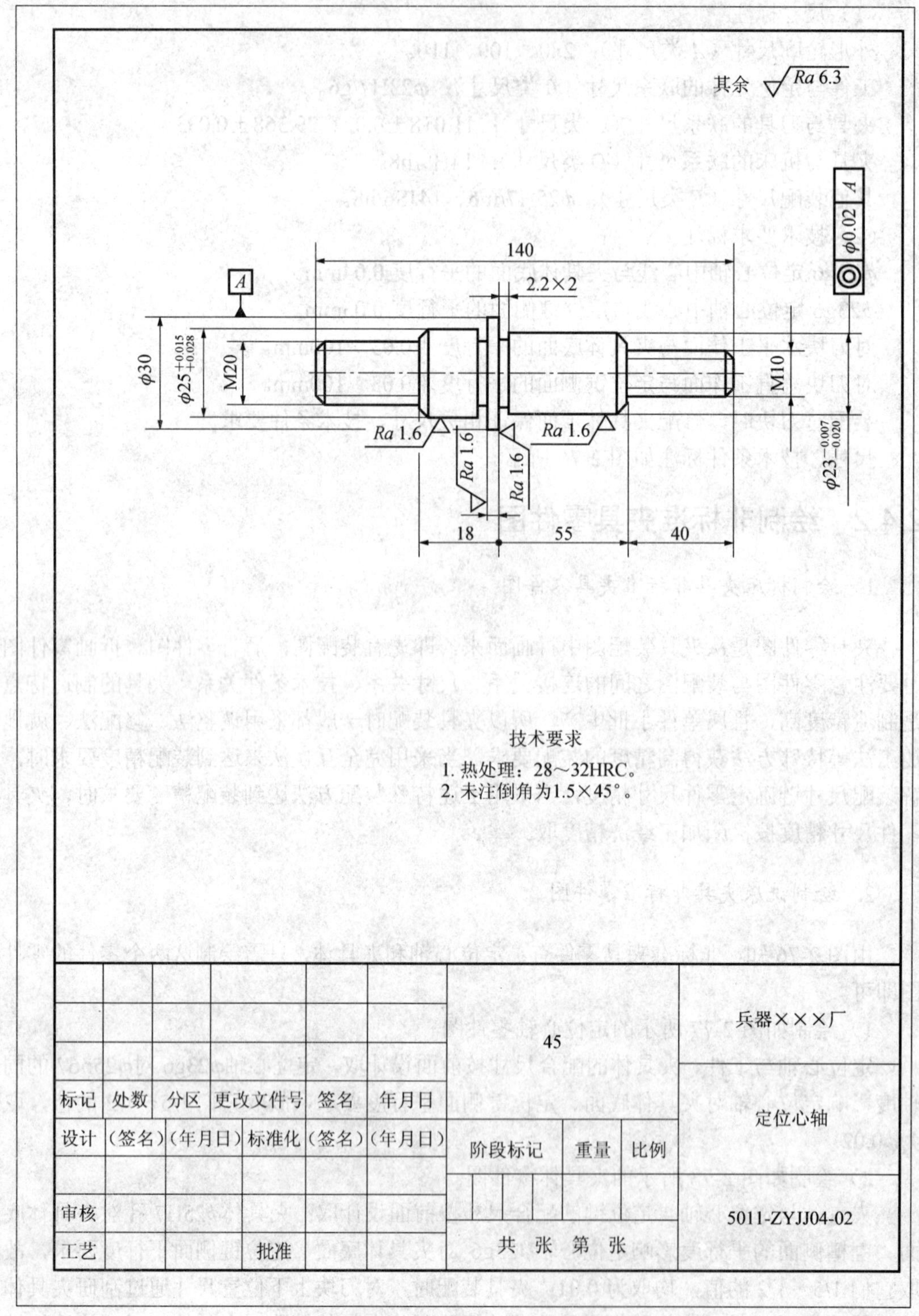

图 2-77 定位心轴零件图

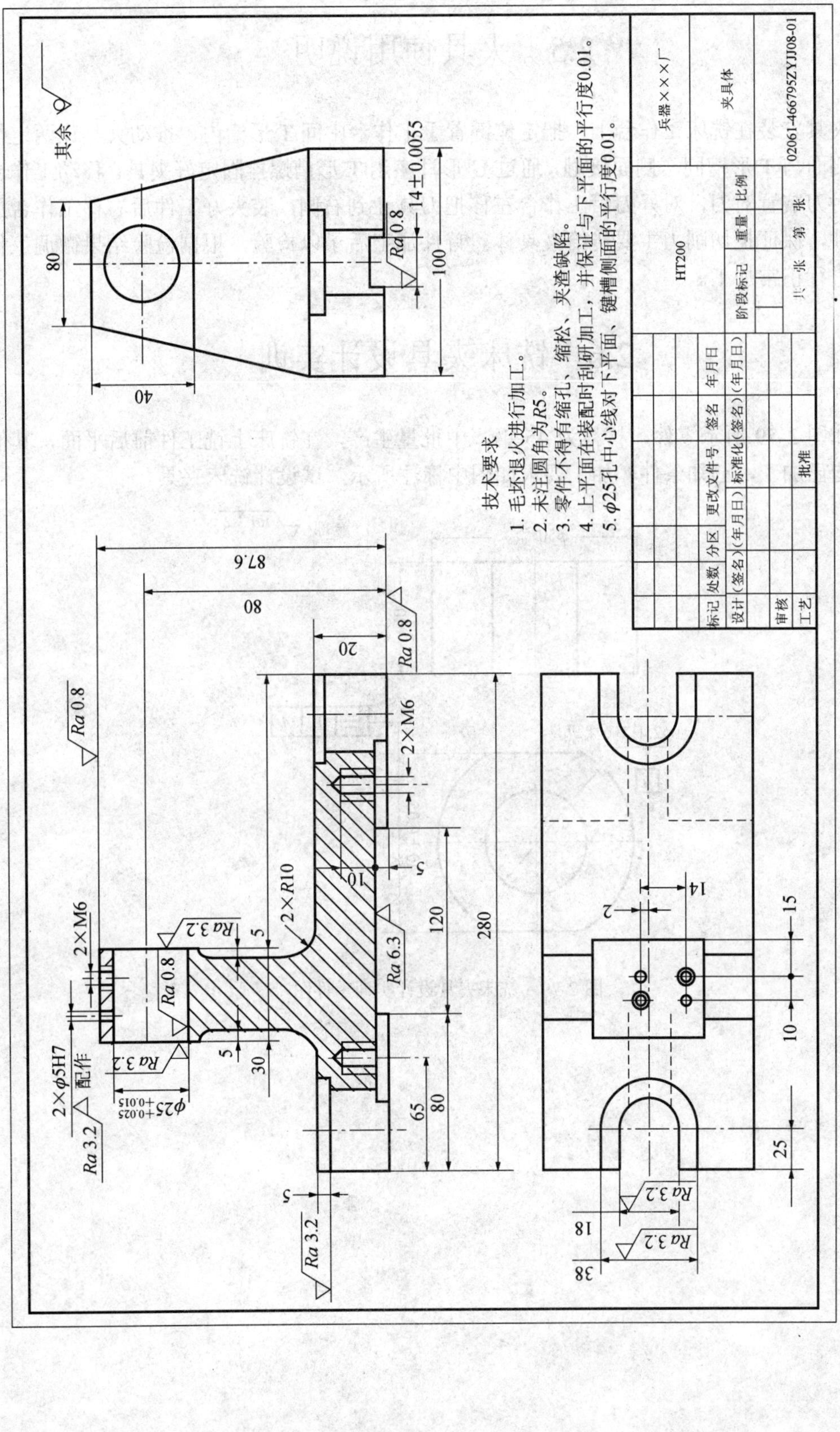

2×φ5H7 配作　Ra 3.2　2×M6　Ra 0.8　$\phi 25^{+0.025}_{+0.015}$　Ra 3.2　Ra 0.8　Ra 3.2　5　30　5　2×R10　80　87.6　Ra 3.2　5　10　20　Ra 6.3　5　2×M6　Ra 0.8　65　80　120　280

80　其余　40　Ra 0.8　14±0.0055　100

38　18　Ra 3.2　Ra 3.2　2　14　25　10　15

技术要求

1. 毛坯退火进行加工。
2. 未注圆角为R5。
3. 零件不得有缩孔、缩松、夹渣缺陷。
4. 上平面在装配时刮研加工，并保证与下平面的平行度0.01。
5. φ25孔中心线对下平面、键槽侧面的平行度0.01。

标记	处数	分区	更改文件号	签名	年月日	HT200			兵器×××厂
设计	（签名）	（年月日）	标准化	（签名）	（年月日）	阶段标记	重量	比例	夹具体
审核									
工艺			批准			共　张	第　张		02061-466795ZYJJ08-01

图 2-78　夹具体零件图

2.5 夹具使用说明

夹具安装在铣床工作台上，把定位键置于工作台中间T形槽内，推动夹具让两定位键同侧面与T形槽同一侧面接触，通过U形耳座用T形槽螺栓固定好夹具。移动工作台通过对刀装置对刀，对好刀后工作台左移把刀具让到右侧，装夹好工件后右移工作台加工工件，保证把切削力主要传给夹具体。首件加工后予以检验，根据检验结果微调工作台后进行正常加工。

2.6 铣床夹具设计实训

如图2-79所示零件，材料为45钢，中批量生产，在铣床上铣工件前后平面，其他表面均已加工，已知条件、加工要求如图中标注所示，试设计铣床夹具。

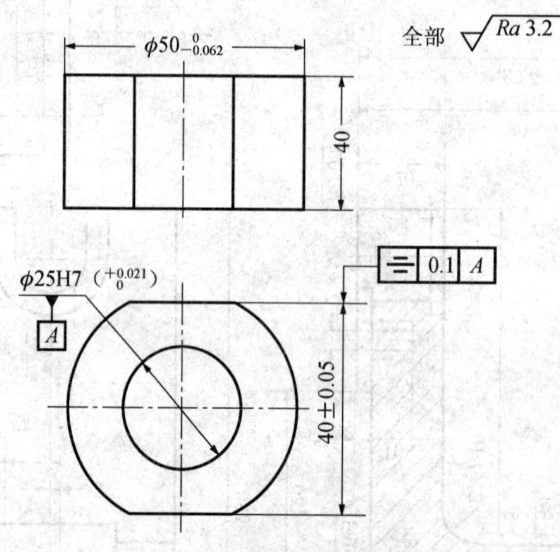

图2-79 铣床夹具设计实训零件图

项目 3　工件以一面两孔定位机床夹具（钻床夹具）设计

学习目标

1. 了解钻床夹具的结构类型、结构特点。
2. 掌握工件以平面定位、一面两孔定位方案的设计。
3. 学会设计钻床夹具。

3.1　设计准备阶段

明确设计要求、掌握第一手资料。

3.1.1　设计任务书

夹具设计任务书如表 3-1 所示，由工艺设计人员给出。

3.1.2　设计资料收集

1）收集零件图如图 3-1 所示、工艺过程卡片如表 3-2 所示、工序卡片如表 3-3 所示。

2）收集《机床设计手册》等资料。本工序使用机床为 Z512 钻床，钻床工作台参数查阅《机床夹具设计手册》、Z512 钻床档案技术资料。

3）收集《金属切削刀具设计手册》等资料。本工序使用刀具为钻头$\phi5$ 标准麻花钻（W18Cr4V），由《金属切削刀具设计手册》查得，钻头公差为 h8（$_{-0.018}^{\ 0}$）。

4）收集《机床夹具零件及部件标准汇编》行业标准和企业标准等资料。

5）收集《机床夹具零件及部件标准汇编》国家标准、《机床夹具设计手册》、《机械零件设计手册》、《机械加工工艺手册》等资料。

6）根据工件零件图和第 11 道工序的机械加工工序卡片，了解本单位同类零件的铣床专用夹具的制造与使用情况。

7）了解国内外同类夹具设计、使用的情况。

表 3-1　夹具设计任务书

工装制造任务书

											XJZB-09-005		
项目编号或通知号		XJZB-GZ-2011-001					共 1 页　第 1 页		任务书编号		GZXJ-GYB-2011-001		
产品名称		变速箱	代号			XJSB-BSX-002	零件件数	2000	生产纲领	中批生产		类别	技改
序号	工装编号	工装名称	设计人	制程数量	需求日期	计划完成日期	零件名称	零件图号	工序号	工序名称	设备名称	设备型号	使用单位
1	GZ9603	钻模		1	2010/5/10	2010/4/20	钻孔板	4LG1-5-02	11	钻	钻床	Z512	SCB
2													
3													

备注：1．工装制造任务书的任务书编号由 GZ＋部门代号+-+年份（四位）+-+顺序号（三位）组成。例如：任务书编号为：GZXJGYB-2010-001，表示工装-西安机床工艺部-2010 年-编制的第 1 份工装制造任务书。

2．工装制造任务书与设计的图纸或工装设计任务书一同提交，工装制造任务书一式两份，生产准备部接收人签字接收后，负责向编制人对应的单位返回一份。

3．工装制造任务书的内容要求填写正确、完整，并与设计的工装图纸或工装任务相一致。

4．在类别栏填写“技改”、“技措”、“新产品”、“复制”字样。

编制：　　校对：　　审核：　　接收人：

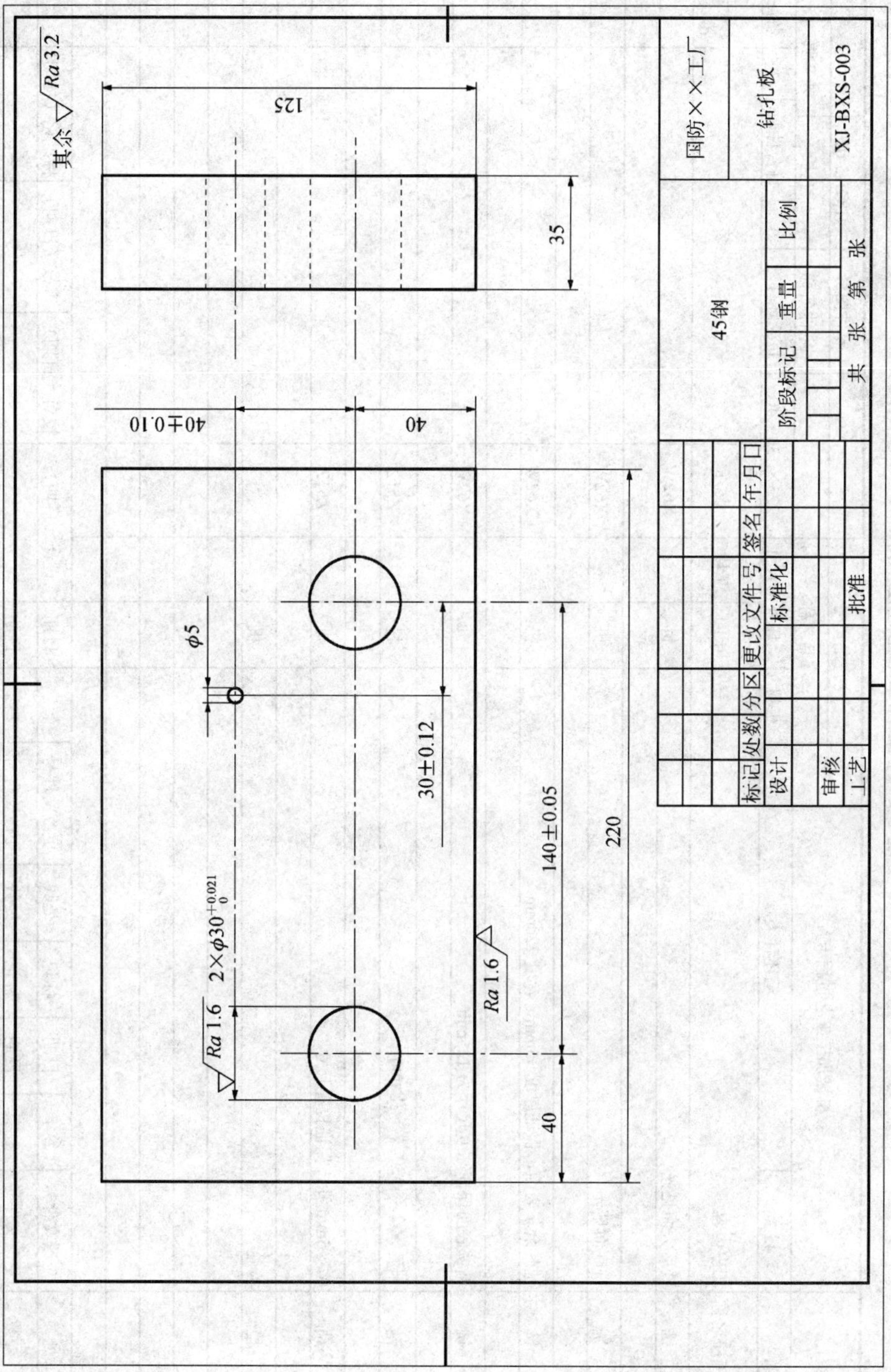

其余 $\sqrt{Ra\ 3.2}$

$Ra\ 1.6$　$2\times\phi30^{+0.021}_{0}$

$\phi5$

40 ± 0.10

125

30 ± 0.12

40

$Ra\ 1.6$

40　140 ± 0.05

220

35

						45钢			国防××工厂
标记	处数	分区	更改文件号	签名	年月日				钻孔板
设计			标准化			阶段标记	重量	比例	
审核									XJ-BXS-003
工艺			批准			共　张　第　张			

图 3-1　零件图

表 3-2　机械加工工艺过程卡片

国防××工厂	机械加工工艺过程卡片		产品型号		零件图号	4LG1-5-02			
			产品名称		零件名称	钻孔板	共2页	第1页	
材料牌号	45钢	毛坯种类	板材	毛坯外形尺寸	225×130×40	每毛坯件数		每台件数	1	备注

工序号	工序名称	工序内容	车间	工段	设备	工艺装备	工时 准终	工时 单件
01	铣	铣后大面见光	机		X62W			
03	铣	铣底面见光	机		X62W			
05	铣	铣其余4表面，保证厚度35mm，宽度220mm	机		X62W			
07	铣	精铣底面保证高度尺寸为125mm	机		X62W			
09	钻	钻、铰 2× $\phi 30^{+0.021}_{0}$ 孔 mm	机		Z512			
11	钻	钻 ϕ5mm 孔，保证位置尺寸	机		Z512			
13	检	检验	机					

标记	处数	更改文件号	签字	日期	标记	处数	更改文件号	签字	日期	设计（日期）	校对（日期）	审核（日期）	标准化（日期）	会签（日期）
标记	处数	更改文件号	签字	日期	标记	处数	更改文件号	签字	日期					

表 3-3　机械加工工序卡片

国防××厂	机械加工工序卡片	产品型号		零件图号	4LG1-5-02		
		产品名称		零件名称	钻孔板	共　页	第　页
		车间	工序号	工序名称			材料牌号
			11	钻 $\phi 5$ 孔			45 钢
		毛坯种类	毛坯外形尺寸	每毛坯可制件数			每台件数
		板材		1			1
		设备名称	设备型号	设备编号			同时加工件数
Ra 3.2　$\phi 5$　40±0.10　30±0.12　1　2　3			Z512				1
		夹具编号		夹具名称			切削液
		专用夹具		GZ9603			冷却液
		工位器具编号		工位器具名称			工序工时（分）
							准终 / 单件

工步号	工步内容	工艺装备	主轴转速 r/min	切削速度 m/min	进给量 mm/r	切削深度 mm	进给次数	工步工时 机动	工步工时 辅助
	装夹								
1	钻 $\phi 5$ 孔，保证尺寸	钻头 $\phi 5$（W18Gr4V） 专用夹具（9502） 游标卡尺（0～125：0.02）	800	18	手动进给	2.5	1		

标记	处数	更改文件号	签字	日期	标记	处数	更改文件号	签字	日期	设计（日期）	校对（日期）	审核（日期）	标准化（日期）	会签（日期）

3.2 设 计 阶 段

3.2.1 工序分析

1）该零件为某箱体内支承板，零件材料为 45 钢，强度较好，结构简单。

2）零件外形尺寸较小，钻$\phi5$ 孔，钻孔切削力较小，夹紧力要求不高。

3）该零件前期各表面已完成加工，本工序孔径要求不高但加工位置尺寸精度有一定要求，设计夹具精度和复杂程度不宜太高，尽可能降低制造成本。

4）该零件为中批生产，本工序完成单一直径钻孔。

3.2.2 定位方案设计

1. 工序加工要求分析

（1）定位基准和加工要求分析

从表 3-2 机械加工工艺过程卡片、表 3-3 机械加工工序卡片知，本工序定位基准为两孔一面，即后侧平面定位限制 3 个自由度、左孔$\phi30^{+0.021}_{0}$定位限制 1 个自由度、右孔$\phi30^{+0.021}_{0}$定位限制 2 个自由度，孔间距为 140±0.05，工件厚度 35。基准选择遵循基准重合原则。

本工序加工要求有 3 项：形状要求$\phi5$；位置尺寸要求 30±0.12、40±0.10。

（2）限制自由度分析

在工序图上建立坐标关系如图 3-2 所示。

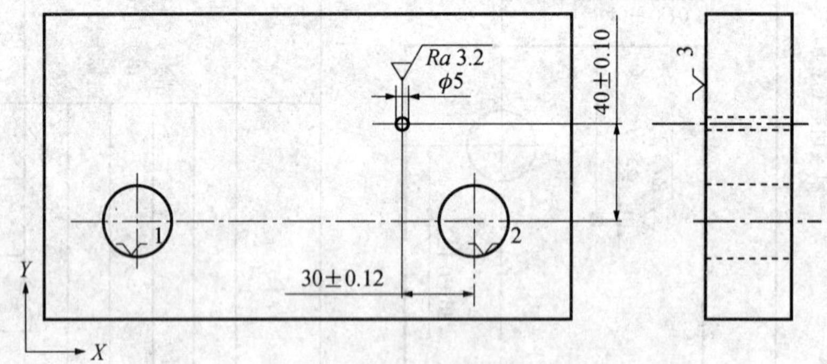

图 3-2 限制自由度分析

1）$\phi5$ 孔由定尺寸刀具保证。

2）保证位置尺寸 30±0.12，需要限制$\vec{Y}\overset{\frown}{Y}\vec{Z}$。

3）保证位置尺寸 40±0.10，需要限制$\overset{\frown}{X}\vec{Y}\overset{\frown}{Z}$。

综合结果应限制$\vec{X}\overset{\frown}{X}\vec{Y}\overset{\frown}{Y}\overset{\frown}{Z}$，工序定位方案合理。

2. 定位方案设计

（1）工件以平面定位时常用定位元件介绍

一般情况下，平面定位时定位基准是平面本身。其常用定位元件如下。

1）标准固定支承钉。几种不同平面定位支承钉如图 3-3 所示。

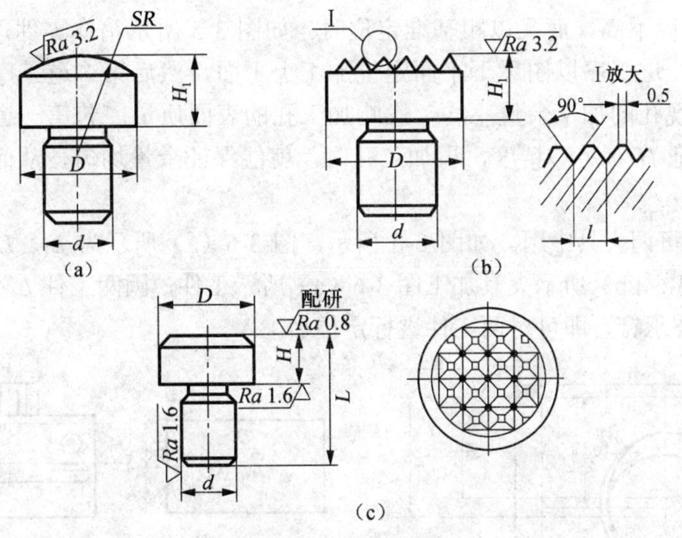

图 3-3　固定支承钉

① 圆头支承钉。图 3-3（a）所示圆头定位支承钉用在水平面粗基准定位，可减小接触面积，定位稳定。

② 锯齿头支承钉。图 3-3（b）所示锯齿头定位支承钉用在侧平面粗基准定位，一可减小接触面积，二可避免水平面应用时清理铁屑的不便。

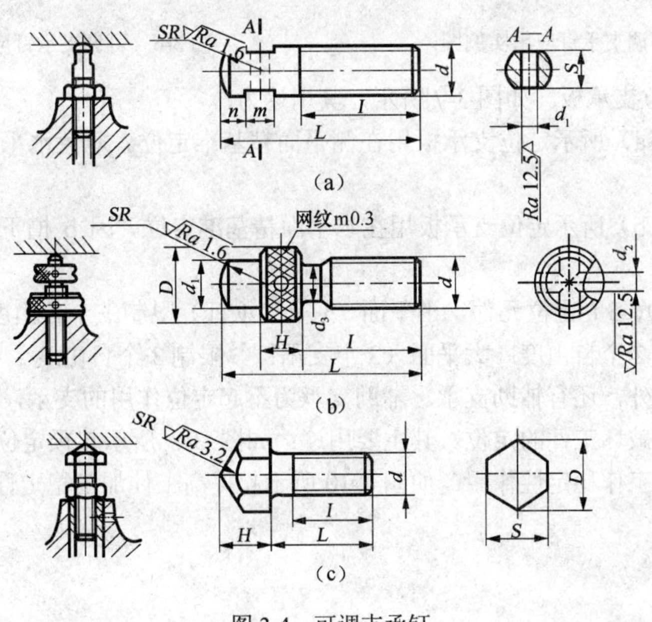

图 3-4　可调支承钉

③ 平头支承钉。图 3-3（c）所示平头定位支承钉用在较小精基准平面定位，适当增大接触面积，减小压强。

2）标准可调支承钉。这种支承钉高度可调节，如图 3-4 所示，从图（a）到图（c），工件的质量从轻到重。

标准可调支承钉用途如下：

① 毛坯精度不高，而又以粗基准定位时。如图 3-5 所示箱体零件，因 H 有 ΔH 误差，当工件第一道工序以图示下平面定位加工上平面，然后第二道工序再以上平面定位加工孔，出现孔的加工余量不均，影响加工孔的表面质量。若第一道工序用可调支承钉定位，保证 H 有足够精度，再加工孔时，就能保证余量均匀，从而可保证加工孔表面的质量。

② 在成组可调夹具中用。如图 3-6 所示，图 3-6（a）所示为 L_1、L_2 尺寸不同的两个工件，用图 3-6（b）所示夹具加工图 3-6（a）所示工件，因两工件 L 不同，定位右侧支承采用可调支承钉，即可对两工件进行定位加工。

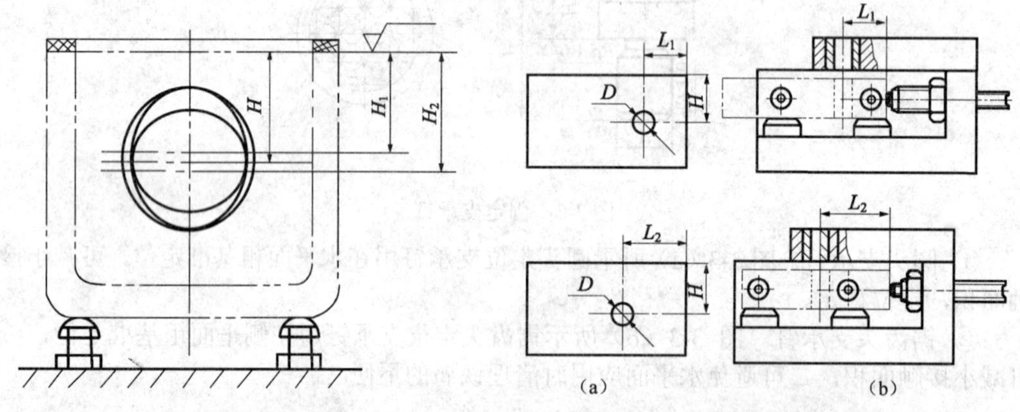

图 3-5　可调支承钉应用实例图

图 3-6　可调支承钉应用实例

3）标准定位支承板。如图 3-7 所示，其用途为：

① 图 3-7（a）所示定位支承板用在侧平面精基准定位。避免水平面应用时清理铁屑的不便。

② 图 3-7（b）所示定位支承板用在水平面精基准定位。因 b 槽下沉，可避免铁屑影响定位。

以上 1）、2）、3）定位元件，小平面（1 个支承钉）限制 1 个自由度；窄长平面（2 个支承钉）限制 2 个自由度；大平面（3 个支承钉）限制 3 个自由度。

除定位支承外，还有辅助支承。辅助支承为不起定位作用的支承，在工件定好位后参与工作，不能破坏工件的定位。其主要用途：如图 3-8 所示起预定位作用；如图 3-9 所示起提高夹具工作稳定性作用；如图 3-10 所示起提高工件加工稳定性作用。

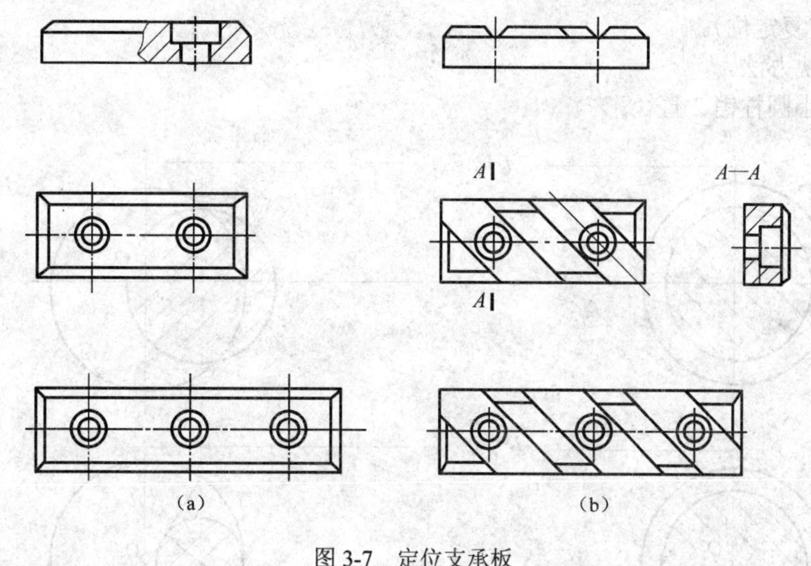

图 3-7　定位支承板

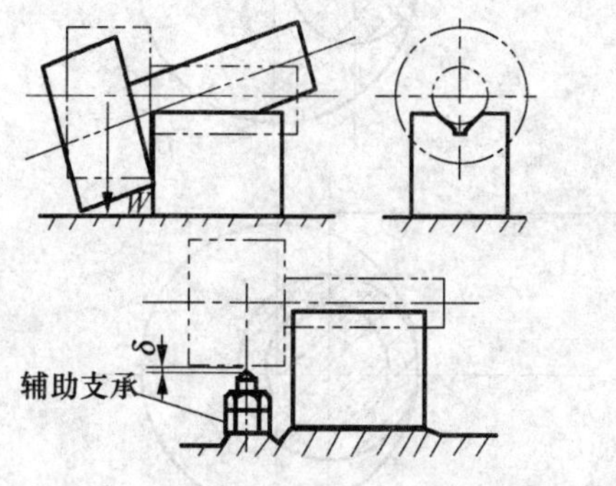

图 3-8　辅助支承应用实例 1

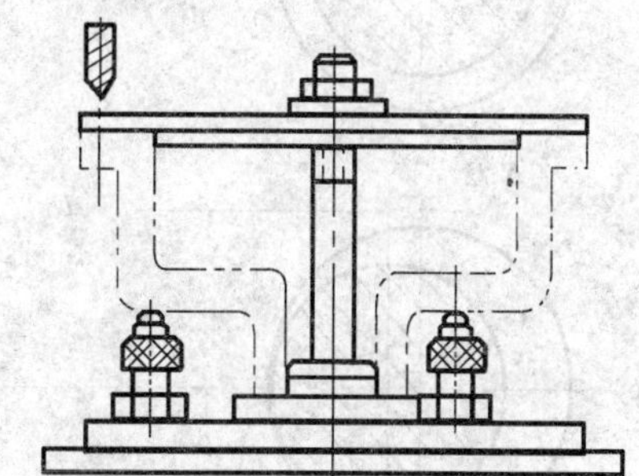

图 3-9　辅助支承应用实例 2

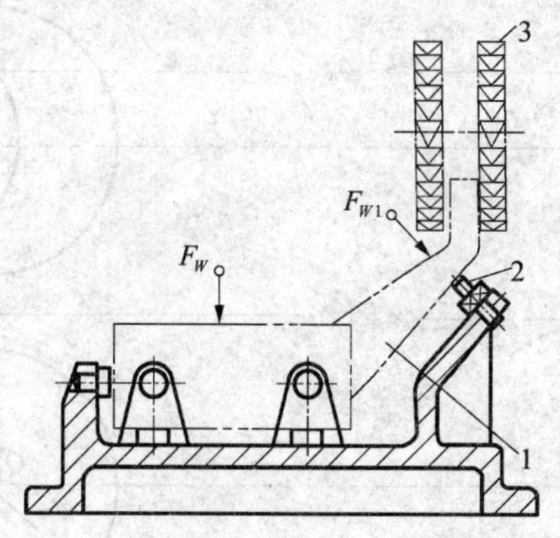

图 3-10　辅助支承应用实例 3

1—工件；2—辅助支承；3—铣刀

（2）工件以一面两孔定位时定位元件的设计

1）定位存在问题。定位元件为一面两销，由图 3-11 分析知，主要问题是$\vec{X}$被重复限制，严重时，工件装不进。把这种几个定位元件重复限制工件同一自由度的定位称为过定位（重复定位）。

2）解决办法。

① 缩小圆柱销 2 直径。

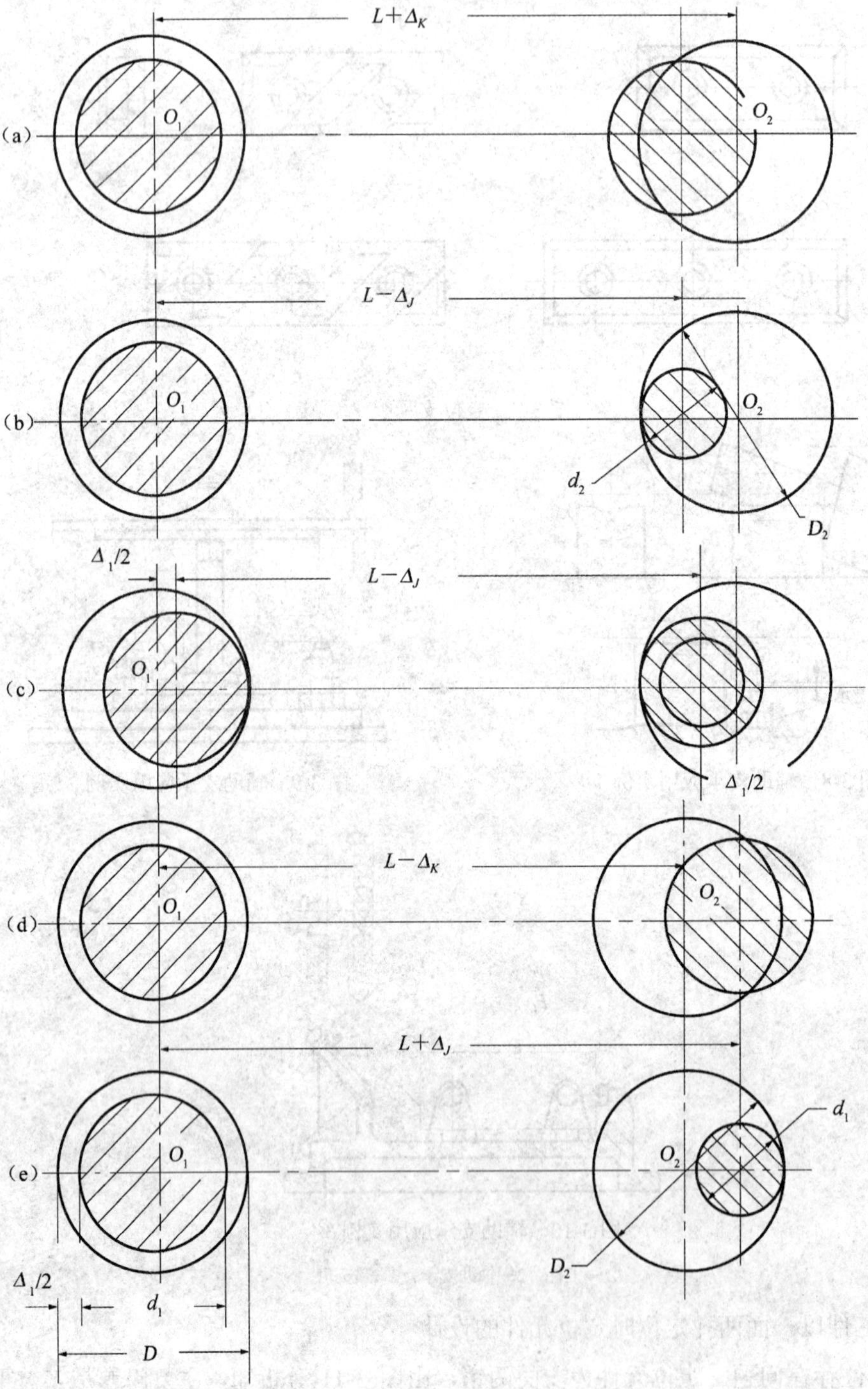

图 3-11　两销设计分析

D_1、D_2 为两孔最小直径；$D_1+\Delta D_1$、$D_2+\Delta D_2$ 为两孔最大直径；d_1、d_2 为两销最大直径；$d_1-\Delta d_1$、$d_2-\Delta d_2$ 为两销最小直径；$\varDelta_1$、$\varDelta_2$ 为两孔、销配合最小配合间隙；$L_K\pm\varDelta_K$ 孔间距及偏差；$L_J\pm\varDelta_J$ 销间距及偏差，公称尺寸 $L_K=L_J=L$。

从图 3-11 分析可知，当 $L_K=L_J$ 时，不会干涉。为分析方便，先假设孔 1 与销 1 中心重合。

图 3-11（a）所示孔间距最大、销间距最小，干涉冲突。图 3-11（b）所示缩小销 2 直径（在孔 2 最小、销 2 最大、缩小最多），则

$$L_K+\varDelta_K=L_J-\varDelta_J+（D_2-d_2）/2$$

得

$$d_2=D_2-2（\varDelta_K+\varDelta_J）$$

图 3-11（c）所示因 $\varDelta_1$ 的补偿作用，得

$$d_2=D_2-2（\varDelta_K+\varDelta_J）+（\varDelta_1/2）\times 2=D_2-2（\varDelta_K+\varDelta_J-\varDelta_1/2）$$

图 3-11（d）孔间距最小、销间距最大，干涉冲突。图 3-11（e）缩小销 2 直径（在孔 2 最小、销 2 最大、缩小最多），则

$$L_K-\varDelta_K=L_J+\varDelta_J-（D_2-d_2）/2$$

得

$$d_2=D_2-2（\varDelta_K+\varDelta_J）$$

因 $\varDelta_1$ 的补偿作用

$$d_2=D_2-2（\varDelta_K+\varDelta_J）+（\varDelta_1/2）\times 2=D_2-2（\varDelta_K+\varDelta_J-\varDelta_1/2）$$

由此可见

$$d_2=D_2-2（\varDelta_K+\varDelta_J-\varDelta_1/2）$$

或

$$\varDelta_{2圆}=D_2-d_2=2（\varDelta_K+\varDelta_J-\varDelta_1/2）$$

采用缩小圆柱销 2 直径不会发生干涉，但此办法引起的转角误差太大，一般不可用。

② 销 2 采用削边（菱形）销。

由图 3-11（a）、（d）知，去掉干涉冲突部分，剩下部分为一椭圆，但其制造困难，所以用削边销代替，如图 3-12 所示，此时不干涉冲突的条件为：销上 E 点与孔上 F 点间距离。

$$a/2=\varDelta_{2圆}/2=（\varDelta_K+\varDelta_J-\varDelta_1/2）\tag{3.1}$$

而 EF 距离又由削边销与孔的最小配合间隙 $\varDelta_{2菱}$ 决定，因此下面来确定 $\varDelta_{2菱}$。由图 3-12 所示可知，在≥O_2CE 中：

$$（O_2C）^2=（O_2E）^2-（CE）^2=（d_2/2）^2-（b/2）^2=[（D_2-\varDelta_{2菱}）/2]^2-（b/2）^2\tag{3.2}$$

在≥O_2CF 中：

$$\begin{aligned}（O_2C）^2&=（O_2F）^2-（CF）^2=（D_2/2）^2-[（b+a）/2]^2\\&=[（d_2+\varDelta_{2菱}）/2]^2-[（b+a）/2]^2\end{aligned}\tag{3.3}$$

式（3.2）=式（3.3），略去更小量 b^2、a^2，得

$$a=（D_2/b）\varDelta_{2菱}\tag{3.4}$$

式（3.1）=式（3.4），得

$$\begin{aligned}\varDelta_{2菱}=\varDelta_2&=（2b/D_2）[\varDelta_K+\varDelta_J-\varDelta_1/2]\\&=[b/D_2]\varDelta_{2圆}\end{aligned}$$

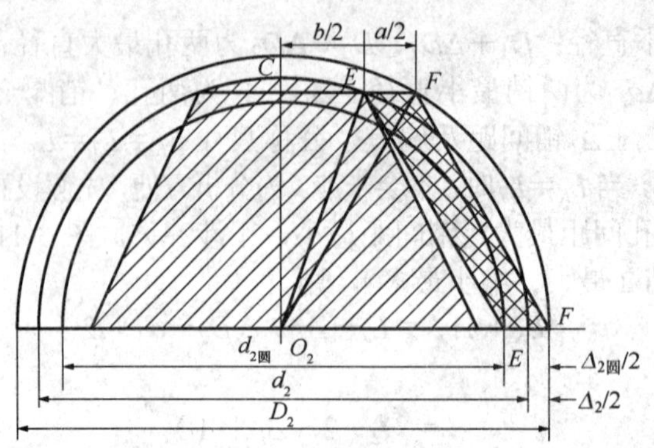

图 3-12　削边销设计分析

可见孔 2 与销 2 最小配合间隙减少了好多，所以常用。此时工件在两孔连线方向上的定位基准为圆柱销所在孔中心线，在垂直两孔连线方向上的定位基准为两孔中心连线。

3）设计步骤。

已知：D_1、D_2、ΔD_1、ΔD_2、L、Δ_K，确定Δ_J、d_1、d_2。

步骤：

① 布置销位：一般把圆柱销布置在工序基准所在的孔，当两孔均为工序基准时，把圆柱销布置在工序尺寸精度高对应的孔上。

② 确定销间距：$L\pm\Delta_J=L\pm$（1/5～1/2）Δ_K。

③ 确定圆柱销直径：$d_1=D_1$g6，所以Δ_1已知（当$D_1\rightarrow\infty$时，孔 1 变成了平面，此时$\Delta_1=0$）。

④ 确定削边销直径：查表 3-4 取 b（由 $d=D_2$ 查表）得

$$\Delta_2=(2b/D_2)(\Delta_K+\Delta_J-\Delta_1/2)$$

$$d_2=(D_2-\Delta_2)\text{h6}$$

表 3-4　削边销的主要结构参数表　　单位：mm

d	>3～6	>6～8	>8～20	>20～25	>25～32	>32～40	>40～50
B	$d-0.5$	$d-1$	$d-2$	$d-3$	$d-4$	$d-5$	$d-5$
b_1	1	2	3	3	3	4	5
b	2	3	4	5	5	6	8

【例 3-1】根据图 3-13（a）、（b）所示加工ϕ20 孔及工序要求，布置圆柱销、削边销位置。

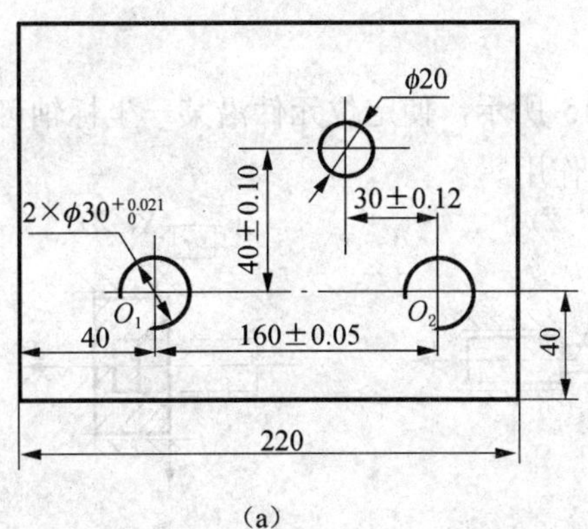

(a)

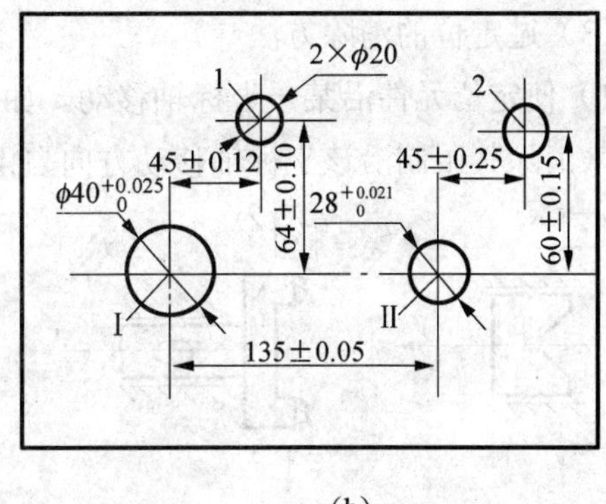

(b)

图 3-13　削边销布位分析

【解】图 3-13（a）圆柱销布右、削边销布左。

图 3-13（b）圆柱销布在工序尺寸精度高对应的左孔、削边销布右孔。

【例 3-2】如图 3-14 所示，工件以两孔一面在两销一面上定位，试设计两销尺寸。

【解】1）布置销位：因无加工要求，圆柱销任意布置，本题圆柱销布在左孔φ12H7（$^{+0.018}_{0}$）位置。

2）确定销间距：$L\pm\varDelta_J=80\pm0.02$。

3）确定圆柱销直径：$d_1=D_1\text{g6}=12^{-0.006}_{-0.017}$，所以$\varDelta_1=0.006$。

4）确定削边销直径：查表 3-4 知 $b=4$，所以

$$\varDelta_2=(2b/D_2)(\varDelta_K+\varDelta_J-\varDelta_1/2)=0.038$$

$$d_2=(D_2-\varDelta_2)\text{h6}=12^{-0.038}_{-0.049}$$

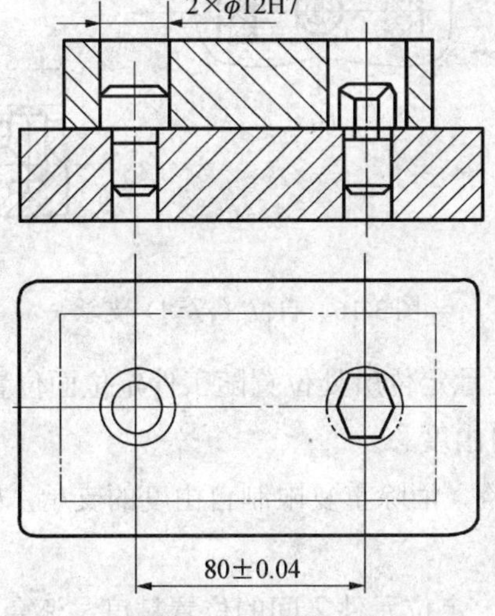

图 3-14　两销设计计算

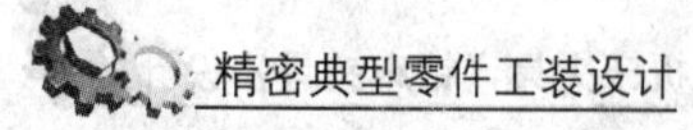

（3）过定位的消除方法

1）使定位元件沿某一坐标轴移动。如图 3-15 所示，使定位元件沿某一坐标轴可移动，来消除其限制沿该坐标轴移动方向自由度的作用。

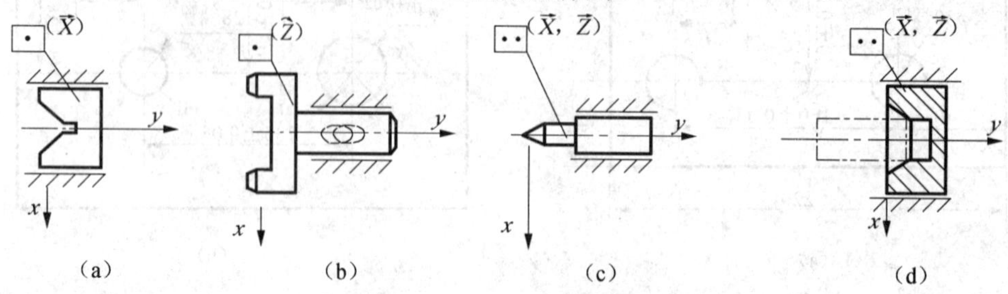

图 3-15　可移动定位元件

2）采用自位（浮动）支承。如图 3-16 所示，采用自位（浮动）支承结构，消除定位元件限制绕某个（或两个）坐标轴转动方向的自由度的作用。图 3-16（a）所示为三点球面式，只限 $\vec{Z}$，不限$\widehat{X}\widehat{Y}$；图 3-16（b）所示为二点摆动式，只限 $\vec{Z}$，不限$\widehat{Y}$；图 3-16（c）所示为二点杠杆式，只限 $\vec{Z}$，不限$\widehat{X}$；图 3-16（d）所示为二点均衡移动式，只限$\widehat{X}$，不限$\widehat{X}$。

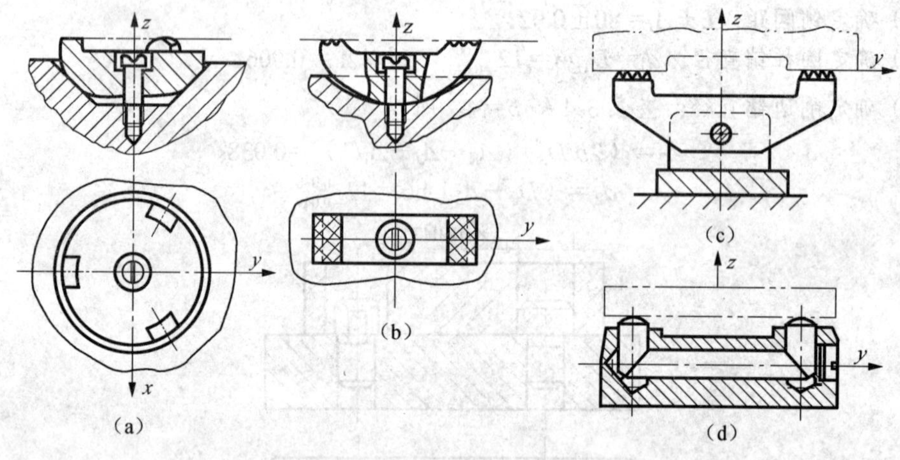

图 3-16　自位（浮动）支承

自位（浮动）支承：支承定位所处位置随工件定位面位置变化而变化，尽管与工件多点接触，只能限制 1 个自由度。

3）改变定位元件的结构，消除重复限制自由度的支承，如例 3-2 中把圆柱销改为削边销就是典型的例子。

4）提高定位基准之间、定位元件之间的位置精度，避免重复定位时的干涉。

5）注意钻孔孔口毛刺的影响，如图 3-17（a）所示，在工件孔钻入钻出面均产生毛刺，设计时应设计避让毛刺的槽子，如图 3-17（b）所示为错误、（c）所示为正确。

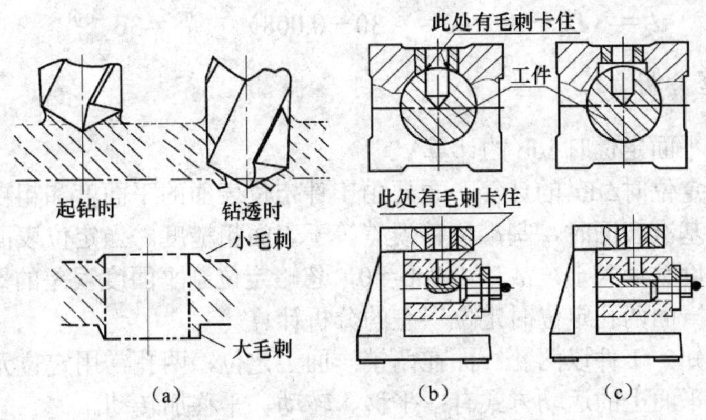

图 3-17　孔口毛刺及影响

（4）本钻模定位元件设计

1）定位元件的布置。根据工序要求，选用一面两销定位方案，即选择三个支承钉与工件后侧面接触定位，限制$\vec{Z}$ $\widehat{X}$ $\widehat{Y}$；选择短圆柱销与工件右孔$\phi 30^{+0.021}_{0}$配合定位，限制$\vec{X}$ $\vec{Y}$；选择短圆柱削边销与工件左孔$\phi 30^{+0.021}_{0}$配合定位，限制$\widehat{Z}$。定位元件布置如图 3-18 所示。综合结果限制了$\widehat{X}\vec{X}\vec{Y}\widehat{Y}\widehat{Z}\vec{Z}$，满足加工要求。

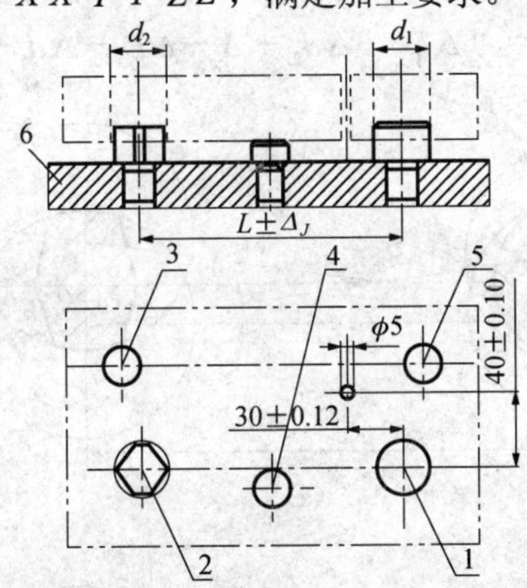

图 3-18　定位元件布置

1—短圆柱定位销；2—短削边定位销；3、4、5—定位支承钉；6—夹具体

2）两销设计。

① 布置销位：如图 3-18 所示。

② 确定销间距：$L\pm\Delta_J=140\pm1/5\times0.05=140\pm0.01$。

③ 确定圆柱销直径：选取配合ϕ30H7/g6（$\phi 30^{+0.021}_{0}/^{-0.007}_{-0.021}$），有$\Delta_1=0.007$。

④ 确定削边销直径：查表 3-4 削边销的主要结构参数表得 $b=5$，则

$$\Delta_2=2\times\frac{b}{D_2}\times(\Delta_K+\Delta_J-\Delta_1/2)=2\times\frac{5}{30}\times\left(0.05+0.01-\frac{0.007}{2}\right)=0.008$$

$$d_2 = (D_2 - \Delta_2)\,\mathrm{h6} = (30 - 0.008)^{-0.007}_{-0.021} = 30^{-0.015}_{-0.029}$$

3. 定位误差分析

（1）工件以平面定位时Δdb 的计算

工件以平面定位时Δdb 的计算，主要由工件定位表面的平面度和粗糙度决定。当工件定位表面是粗基准表面时，基准位移误差等于表面粗糙度。当定位表面为精基准表面时，因表面粗糙度数值太小，故认为Δdb＝0，忽略定位副平面度误差的影响。

（2）工件以一面两孔定位时定位误差的分析计算

由前面分析知，工件以两孔一面在两销一面上定位，两孔常用定位元件为圆柱销和削边销，工件在平面上的运动方式有：平移、转动、平移加转动。

1）在两销连线方向上的平移。

因削边销间隙的增大，在两销连线方向上的平移由圆柱销所在定位副决定：

$$\Delta db_1 = \Delta D_1 + \Delta d_1 + \Delta_1$$

2）在垂直两销连线方向上的转动。

分析如图 3-19（a）所示：

$$\tan\theta_1 = (\Delta D_1 + \Delta d_1 + \Delta_1 + \Delta D_2 + \Delta d_2 + \Delta_2)/2L$$

3）在垂直两销连线方向上平移Δdb_1后转动。

分析如图 3-19（b）所示：

$$\tan\theta_2 = (\Delta D_2 + \Delta d_2 + \Delta_2 - \Delta D_1 - \Delta d_1 - \Delta_1)/2L$$

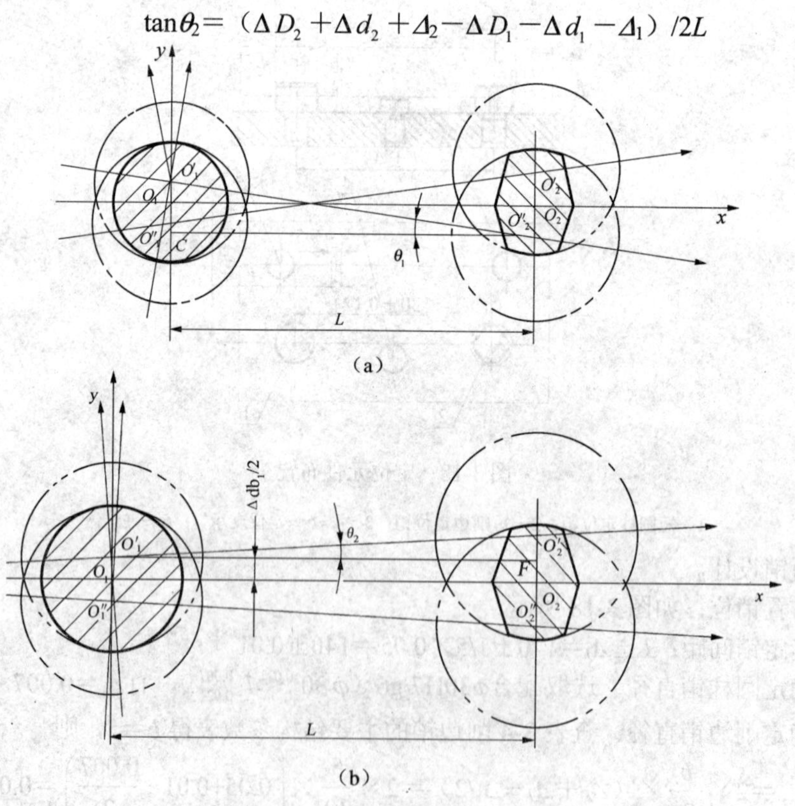

图 3-19　基准相对位置变化分析

4）定位误差的计算要结合具体加工要素的位置来分析，如图 3-20 所示。

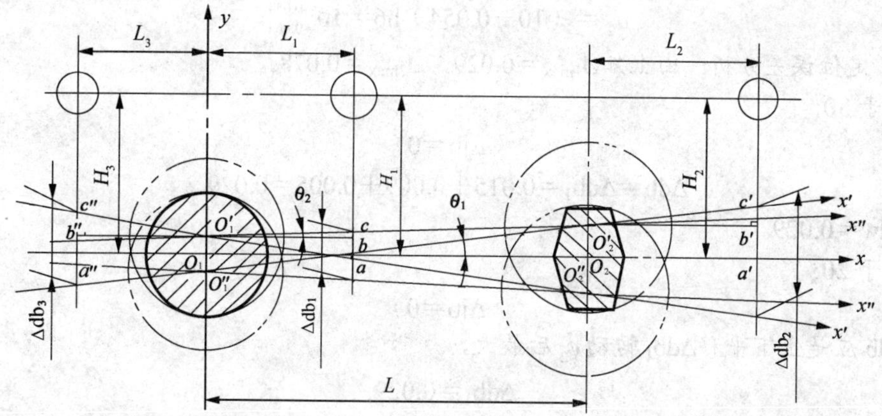

图 3-20　两孔定位时垂直两孔连线方向工序尺寸的定位误差分析

对于垂直两孔连线方向的加工要求如下：

① 当加工要素位于两孔之间时，平移Δdb_1转动θ_2后，基准位移误差最大。

② 当加工要素位于两孔之外时，转动θ_1后误差最大。

对于平行两孔连线方向的加工要求：$\Delta db = \Delta db_1$。

【例 3-3】如图 3-21 所示，工件以两孔一面在两销一面上定位加工孔$\phi 5$，试设计两销直径并进行定位误差分析。

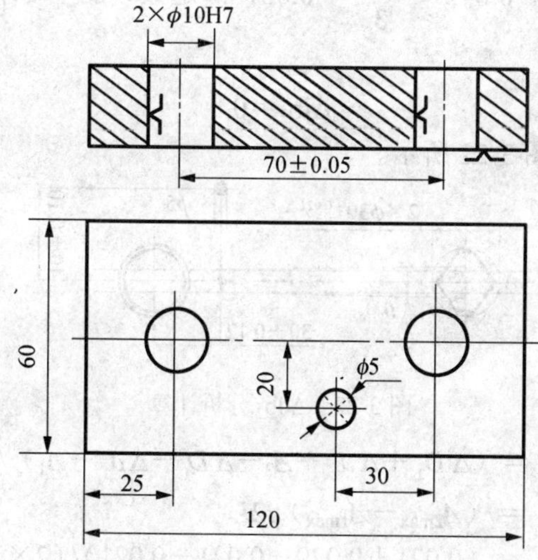

图 3-21　两孔定位误差分析

【解】1）布置销位：销 1 布右孔。

2）确定销间距：取$L_J \pm \Delta_J = 70 \pm 0.02$。

3）确定圆柱销直径：取$d_1 = 10g6 = 10_{-0.014}^{-0.005}$，所以$\Delta_1 = 0.005$。

4）确定削边销直径：查表 3-4 得

$$b = 4$$

$$\varDelta_2 = (2b/D_2)(\Delta K + \Delta J - \varDelta_1/2) = (4/10)(0.1 + 0.04 - 0.005) = 0.054$$

$$d_2 = (10 - 0.054)\ \text{h6} = 10_{-0.063}^{-0.054}$$

5）定位误差分析：由上知$\varDelta_{1max}=0.029$，$\varDelta_{2max}=0.078$。

对于 30:

$$\Delta jb = 0$$

$$\Delta db = \Delta db_1 = 0.015 + 0.009 + 0.005 = 0.029$$

所以$\Delta dw=0.029$

对于 20:

$$\Delta jb = 0$$

Δdb 应是上下平移Δdb_1转动ϕ_2后最大，

$$\Delta db_1 = 0.029$$

$$\pm\tan\theta_2 = \pm(\varDelta_{2max} - \varDelta_{1max})/2\times 70 = \pm 0.00035$$

$$\Delta db = \Delta db_1 + 2\times 30\times 0.00035 = 0.05$$

$$\Delta dw = 0.05$$

（3）本夹具定位误差Δdw 的计算

对于 30±0.12：

$$\Delta jb_1 = 0$$

$$\Delta db_1 = 0.021 - (-0.021) = 0.042$$

$$\Delta dw_1 = 0.042 < \frac{0.24}{3} = 0.08\text{，满足该项加工要求。}$$

对于 40±0.10：

$$\Delta jb_2 = 0$$

Δdb_2 的分析计算如图 3-22 所示。

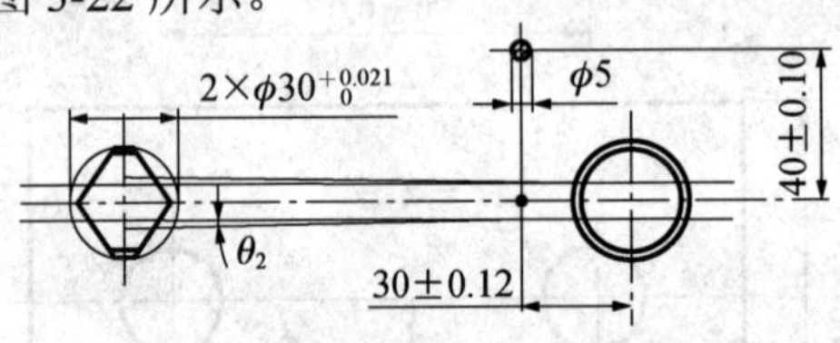

图 3-22　Δdb_2 分析计算

$$\tan\theta_2 = (\Delta D_2 + \Delta d_2 + \varDelta_2 - \Delta D_1 - \Delta d_1 - \varDelta_1)/2L$$

$$= (\varDelta_{2max} - \varDelta_{1max})/2L$$

$$= (0.021 + 0.029 - 0.021 - 0.021)/(2\times 140)$$

$$= 0.008/280$$

$$\Delta db_2 = \Delta db_1 + 2\times 30\times\tan\theta_2 = 0.042 + 2\times 30\times 0.008/280 = 0.044$$

$$\Delta dw_2 = 0.044 < \frac{0.20}{3} = 0.067\text{，满足该项加工要求。}$$

结论：该定位方案可行。

3.2.3　夹紧方案设计

根据零件工序要求，考虑工件不大，钻孔孔径小，加工切削力较小，且切削力主要传给了夹具体。夹紧主要抵消因钻矩产生的工件转动，因两销还能起到防止工件转动的作用，故不需要设置夹紧装置。

3.2.4　结构类型确定

1. 钻模的主要类型

（1）固定式钻模

这种钻模使用时是被固定在钻床工作台上，以保证夹具与机床和刀具的相对位置不变。如图 3-23 所示，工件以两孔一面在两销一面上定位，用快速夹紧螺母夹紧，钻工件上的斜孔。安装夹具时，在钻床主轴上装入标准心棒，移动夹具，让心棒顺利伸入钻套，再通过螺栓、压板或螺栓、U 形耳座固定好夹具。钻孔精度较高，常用在立式钻床上加工较大的单孔或用在摇臂钻床上加工平行孔系。

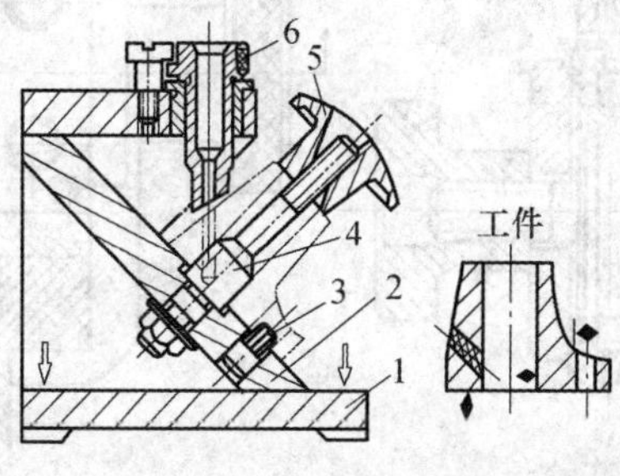

图 3-23　固定钻模

1—夹具体；2—平面支承；3—削边定位销；4—圆柱定位销；5—快速夹紧螺母；6—特殊快换钻套

（2）移动式钻模

这种钻模使用时可沿钻床工作台面移动，让钻头通过钻套进行钻孔加工。钻模靠摩擦力矩与转矩平衡。用在立钻上加工与钻销方向平行的孔系，钻孔 d＜10mm，钻模加工件总质量＜15kg。

（3）翻转式钻模

这种钻模使用时可以翻转。如图 3-24 所示，工件以内孔及端面定位，用开口垫圈、螺母夹紧，加工工件上夹角为 60° 的两组孔系，当加工完一组孔系后，翻转钻模加工另一组孔系。主要用于加工小型工件分布在几个方向上的孔，可提高孔之间的位置精度。一般钻模加工件总质量＜10kg。

（4）回转式钻模

这种钻模是含有分度装置的钻模。如图 3-25 所示，钻工件径向三排均分的孔。工件以端面、内孔在轴 2、分度盘 3 上定位，插上开口垫圈，转动螺母 5 夹紧工件，加工好一排孔后，拔出分度定位销 6，逆转锁紧螺母 4 松开分度盘 3，转动分度盘 3 到下一个定位套孔后插入定位销 6，再顺转锁紧螺母 4 锁紧分度盘 3 加工下一排孔。

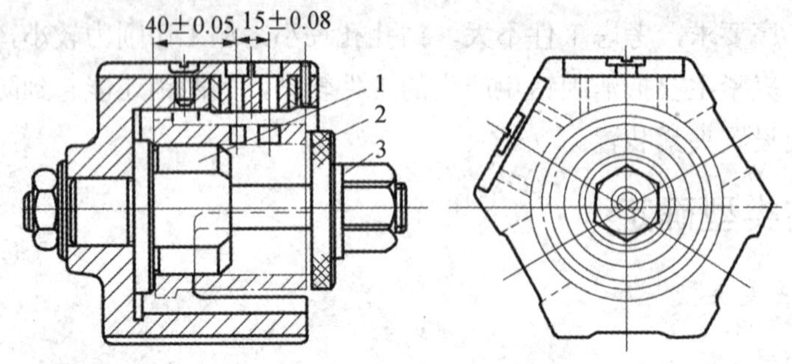

图 3-24　翻转钻模

1—定位销；2—开口垫圈；3—螺母

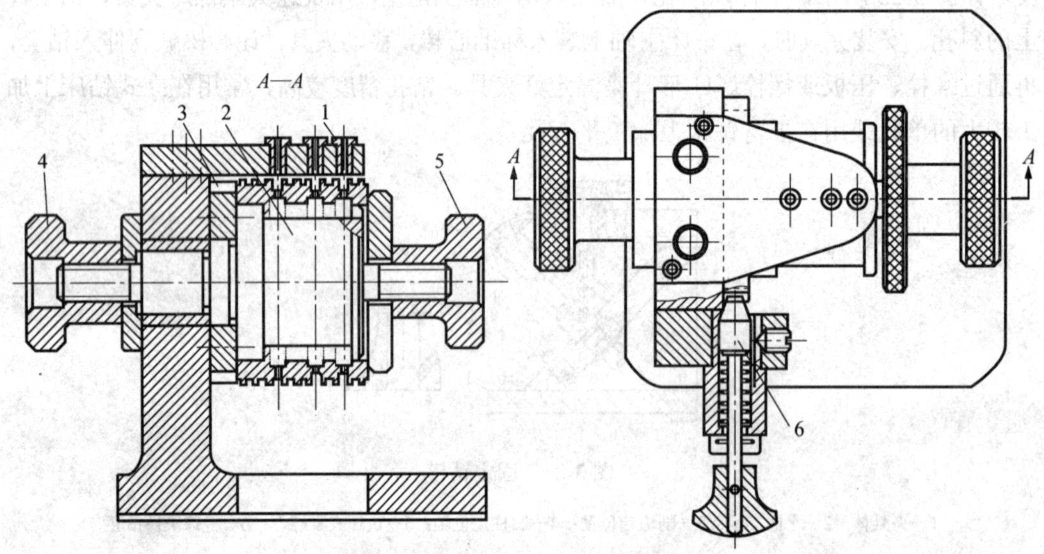

图 3-25　回转式钻模

1—钻套；2—定位心轴；3—分度盘；4—锁紧螺母；5—夹紧螺母；6—定位销

（5）盖板式钻模

这种钻模没有夹具体，使用时钻模像盖子一样盖在工件上，定位元件、夹紧装置都安装在钻模板上。如图 3-26 所示，工件以两孔一面在两销一面上定位，加工垂直方向的孔系。这种钻模用于体积大而笨重的工件或多工步加工的孔。盖板式钻模应设置手柄。

（6）滑柱式钻模

这种钻模是一种带有升降钻模板的通用可调夹具，其结构已标准化和规格化，设计时可按标准选用。图 3-27 所示是典型的手动滑柱式钻模，钻模板与钻模本体通过两导柱确定相互位置，通过圆柱斜齿轮、斜齿条传递运动，圆柱斜齿轮轴上设计有两相反方向圆锥体，用于夹紧、松开工件时钻模板的锁紧，通过垫圈可调整锁紧间隙。

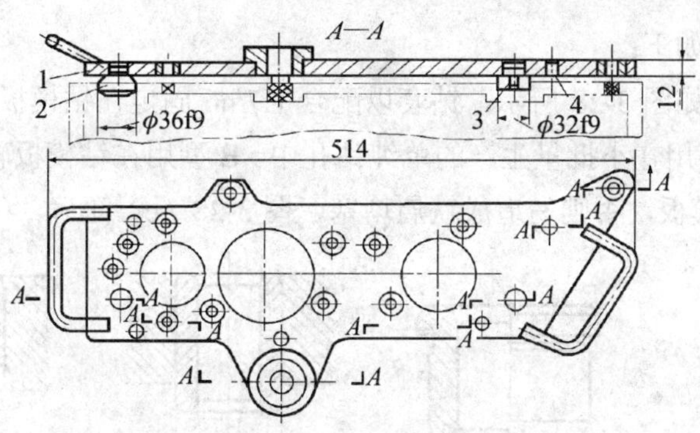

图 3-26 盖板式钻模

1— 钻模盖板；2—圆柱定位销；3—菱形定位销；4—定位支承钉

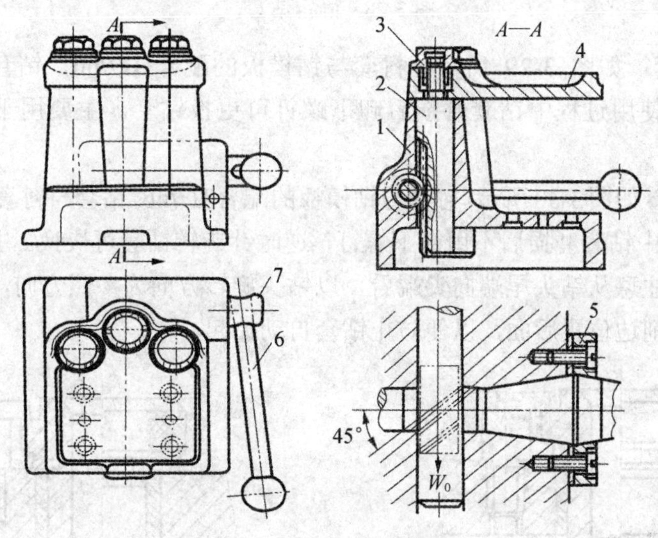

图 3-27 滑柱式钻模

1—夹具体；2—滑柱；3—锁紧螺母；4—钻模板；5—套环；6—手柄；7—螺旋齿轮轴

2. 本钻模结构类型确定

根据零件图、工序图等已知条件，本钻模采用固定钻模结构。

3.2.5 导引方案设计

1. 钻模常见的导引结构

（1）钻套

1）钻套的作用如下：

① 确定尺寸刀具的轴线位置，并导引刀具。

② 保证孔系加工中各孔之间的位置精度。

2）钻套的类型如下：

① 固定钻套：如图 3-28 所示，钻套以配合 H7/n6 固定在钻模板上，使用过程中磨损后不易拆卸，主要用在小批量生产的单纯钻孔中。B 型用在钻模板较薄或铸铁钻模板。钻套下端应超出钻模板，否则易造成铁屑堵塞，图 3-28（c）正确，（d）错误。

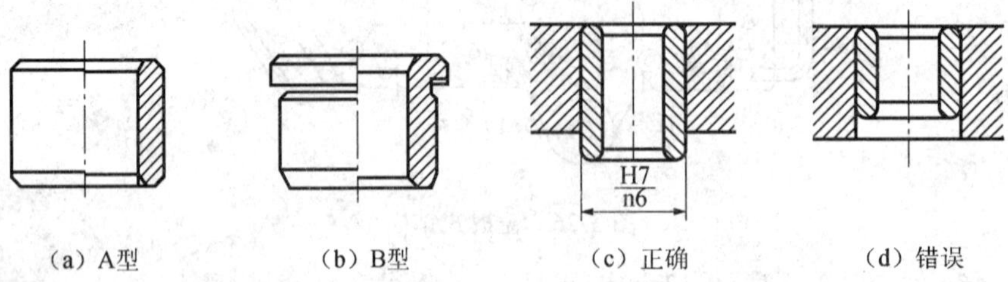

图 3-28　固定钻套

② 可换钻套：如图 3-29 所示，衬套与钻模板的配合 H7/n6，钻套与衬套的配合 F7/m6、F7/k6，使用过程中钻套磨损后卸下螺钉可更换钻套。主要用于批量较大的单纯钻孔中。

③ 快换钻套：如图 3-30 所示，衬套与钻模板的配合 H7/n6，钻套与衬套的配合 F7/m6、F7/n6，使用过程中钻套磨损后不用卸下螺钉，逆时针旋转钻套可快换。主要用于同一孔需多工步加工。注意从钻头尾端向尖端看，以钻头旋转方向为参照方向，钻套肩部台阶面位置始终位于削边位置后面，以便防止钻套自动抬起。

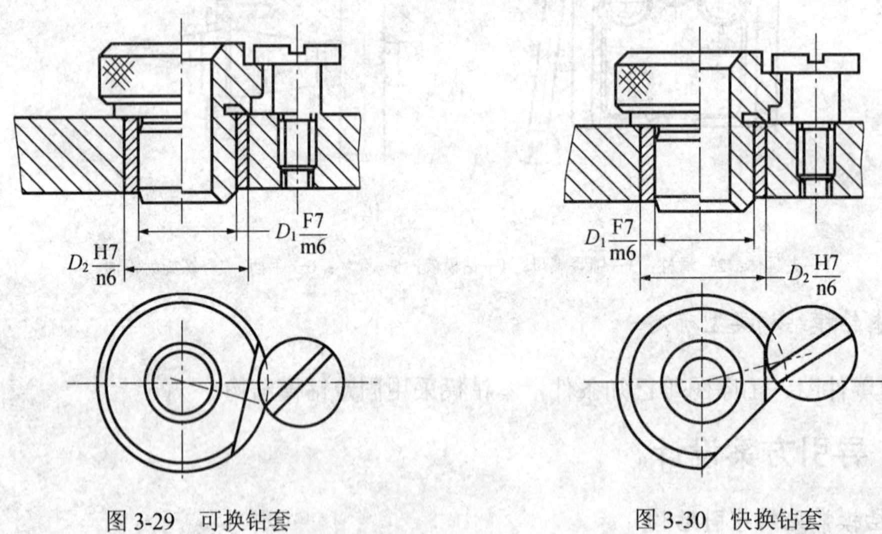

图 3-29　可换钻套　　图 3-30　快换钻套

以上三种钻套均为标准件。

④ 特殊钻套：如图 3-31 所示，尺寸、形状与标准不同，自行设计。主要用在无法采用标准钻套或采用标准钻套使钻头导向性能不好的场合。图 3-31（a）用在台阶面钻孔，图 3-31（b）用在弧面钻孔，图 3-31（c）用在钻中心距较近的钻孔，图 3-31（d）用在定心钻孔。

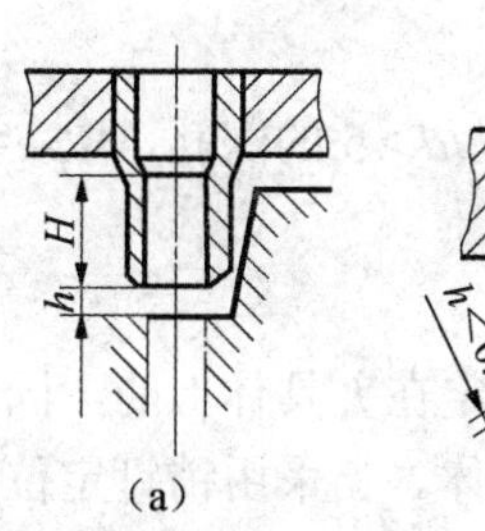

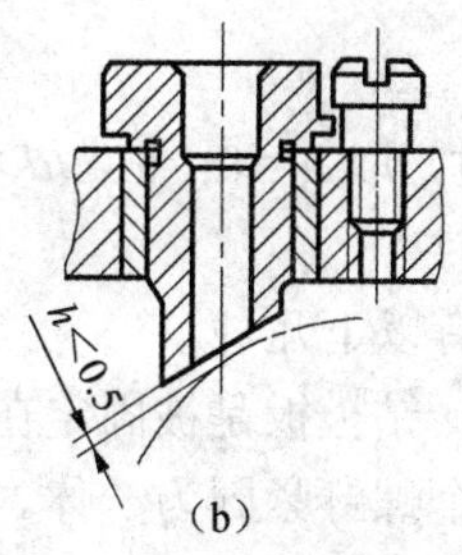

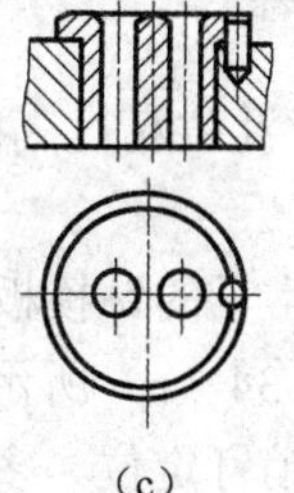

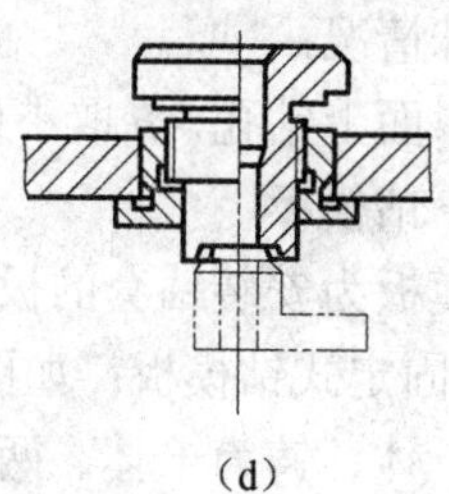

图 3-31　特殊钻套

3）钻套导孔尺寸和公差带的选择。

① 钻套导引刀具非刃部时，如图 3-32 所示，取 H7/g6、H6/g5、H7/f7。

② 钻套导引刀具刃部时，按表 3-5 选取。

表 3-5　钻套导引孔公差设计

工　序	导孔基本尺寸	导 孔 偏 差
钻、扩	刀具刃部基本直径	上偏差＝刀具刃部上偏差＋F7 上偏差 下偏差＝刀具刃部上偏差＋F7 下偏差
粗铰		上偏差＝刀具刃部上偏差＋G7 上偏差 下偏差＝刀具刃部上偏差＋G7 下偏差
精铰		上偏差＝刀具刃部上偏差＋G6 上偏差 下偏差＝刀具刃部上偏差＋G6 下偏差

注：刀具刃部直径偏差见附表 3、附表 4、附表 5。

4）钻套下端面与工件加工面之间的空隙 h 的确定，如图 3-33 所示。

h 过小切屑易阻塞，h 过大导向性不好，一般在钻刃伸出钻套，钻尖正好碰着工件表面，导向性最好，考虑各种因素，推荐：

加工脆材：h=（0.3～0.6）d

加工塑材：h=（0.5～1）d

材料愈硬，h 愈小；d 愈小，h 愈大。

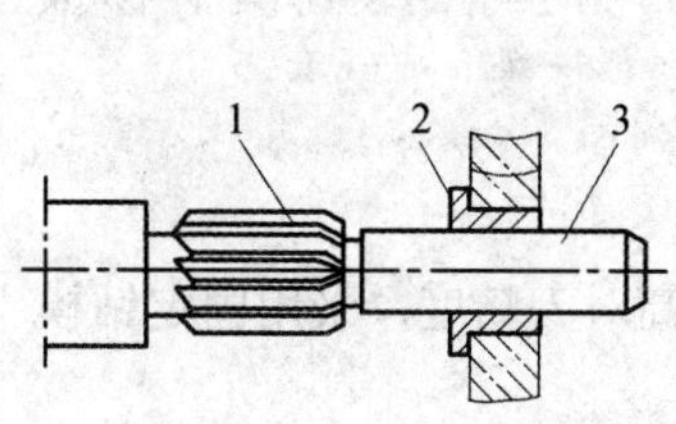

图 3-32　带导柱铰刀

1—切削部分；2—钻套；3—导柱

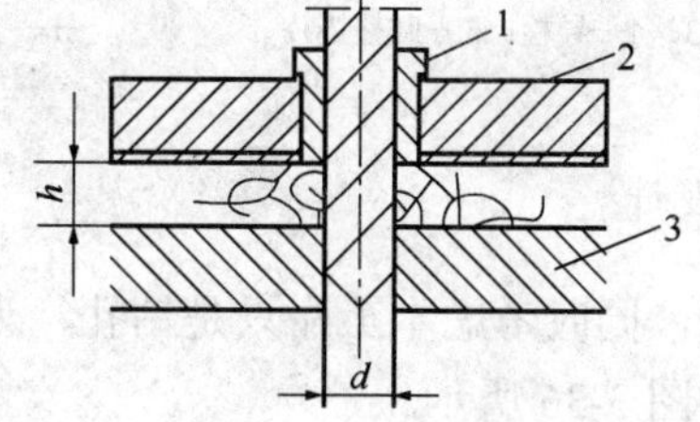

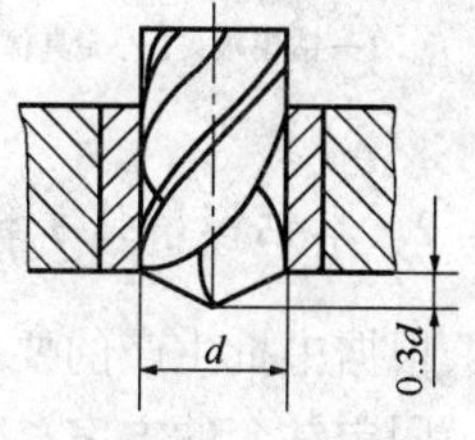

图 3-33　钻套下端面距加工面空隙

1—钻套；2—钻模板；3—工件

特殊情况：

在斜面上钻孔，h 取小值；孔位精度高时，取 $h=0$；钻 $L/d>5$ 的深孔，取 $h=1.5d$。

（2）钻模板

钻模板为安装钻套的板，常见的钻模板有以下几种。

1）固定式钻模板：如图 3-34（a）所示，钻模板是被固定在夹具体上的，固定方式有焊为一体、铸为一体、两个销钉定位、多个螺钉紧固为一体。当采用销钉定位时，其销钉孔与夹具体销钉孔配铰加工。钻模板装好后钻套位置尺寸不变，加工精度较高，有时装卸工件不便。

2）铰链式钻模板：如图 3-34（b）所示，钻模板通过铰链与夹具体连接，因铰链存在间隙，所以加工精度不如固定式钻模板高，但装卸工件方便，多工步加工中用。

3）可卸式钻模板：如图 3-34（c）所示，钻模板与夹具体通过导柱定位、螺栓紧固，每次装卸工件需卸下钻模板，钻孔精度较高，装卸工件费时，钻模板易损坏。

4）悬挂式钻模板：如图 3-35 所示，钻模板是悬挂在钻床主轴端部的，一般是在多动力头钻床配用。

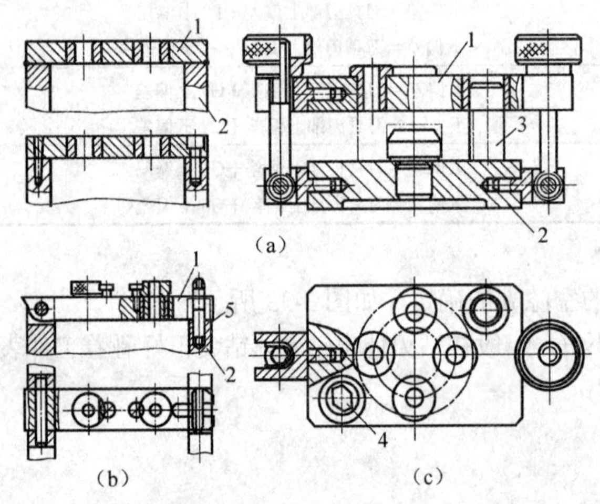

图 3-34　钻模板

1—钻模板；2—夹具体；3、4—导柱；5—调整垫片

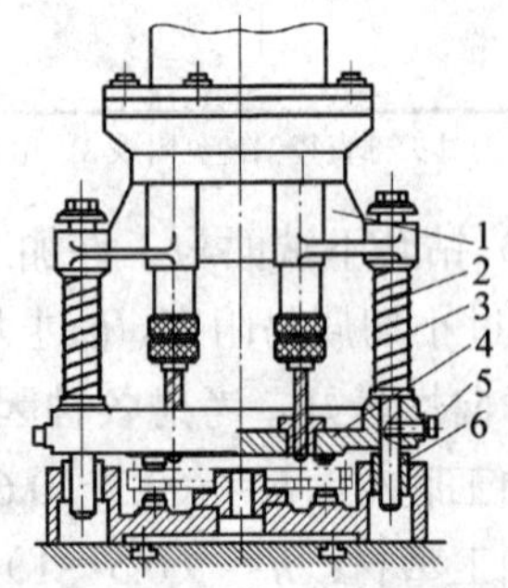

图 3-35　悬挂式钻模板

1—多轴传动头；2—弹簧；3—导柱；4—钻模板
5—螺钉；6—导套

2. 本钻模导引方案设计

根据中批生产的要求，同时考虑本工序只是钻孔，为提高对刀精度，采用固定钻模板、固定钻套的方案，如图 3-36 所示。

（1）钻套导引孔内径尺寸 d 确定

根据麻花钻 $\phi5\text{h}8\left(\begin{smallmatrix}0\\-0.018\end{smallmatrix}\right)$ 直径尺寸，查表 3-5，确定钻套导引孔内径尺寸 d 为 $\phi5\text{F}7\left(\begin{smallmatrix}+0.022\\+0.010\end{smallmatrix}\right)$。固定钻套结构及尺寸查阅相关手册得如图 3-28（a）所示。

$$H=20$$

$$D=\phi10\text{n}6$$

钻套内外圆同轴度：e_1=0.005。

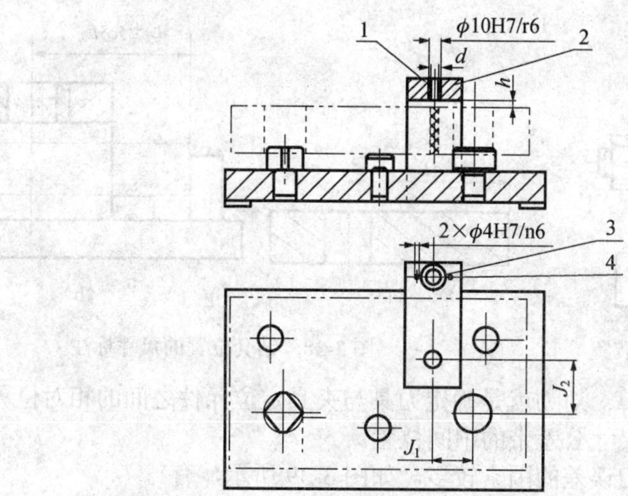

图 3-36　导引方案设计

1—固定钻套；2—钻模板；3—螺钉；4—圆柱销

（2）钻套位置尺寸 J_1、J_2 的确定

钻套前后、左右方向位置尺寸的基准均为圆柱定位销中心线，钻套位置尺寸直接与工序位置尺寸相关，所以

$$J_1=30\pm0.12/4\approx30\pm0.03$$

$$J_2=40\pm0.10/4\approx40\pm0.025$$

考虑工件装卸方便，取 $h=8$；钻套与钻模板的配合查取ϕ10H7/r6。

3.2.6　对刀误差的计算

（1）钻模对刀误差计算

钻床夹具的对刀装置如图 3-37 所示，由钻套、衬套、钻套螺钉组成，均已标准化。

1）钻床夹具对刀装置位置尺寸的确定。钻床夹具的对刀基准即为确定钻套导引孔位置所依据的尺寸基准。对刀装置的位置尺寸，为 X（Y）向对刀基准到钻套中心线（可理解为钻模板底孔中心线）的位置尺寸，简称对刀尺寸。对应加工零件上的尺寸为直接保证的尺寸。

【例 3-4】如图 3-38（a）所示，钻孔保证 $L^{+\delta L}_{0}$，导引装置如图 3-38（b）所示，试标注导引装置的位置尺寸。

【解】左右方向对刀基准为左支承工作面，对刀尺寸为左支承工作面到钻套中心线位置尺寸，工序尺寸 $L^{+\delta L}_{0}$ 为直接保证的尺寸，对刀尺寸依据表 3-6 确定为 $L_J\pm\delta L_J/3$(方法同上)。

表 3-6　按工件公差选择夹具公差

夹具形式	工件被加工尺寸的公差/mm				
	0.03～0.10	0.10～0.20	0.20～0.30	0.30～0.50	自由尺寸
钻床夹具	1/3	1/3	1/4	1/4	1/5

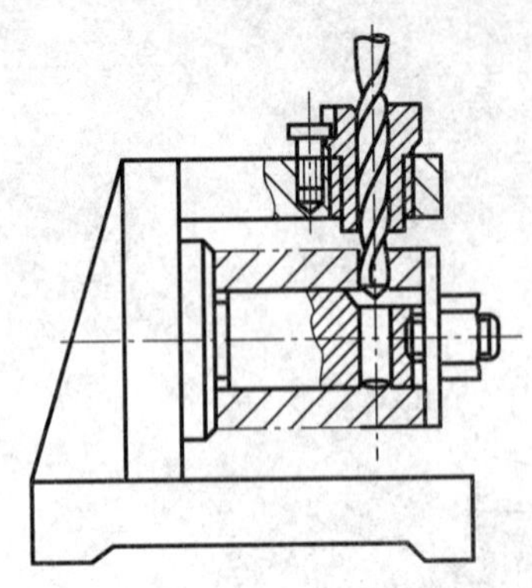

图 3-37　钻床夹具的对刀装置

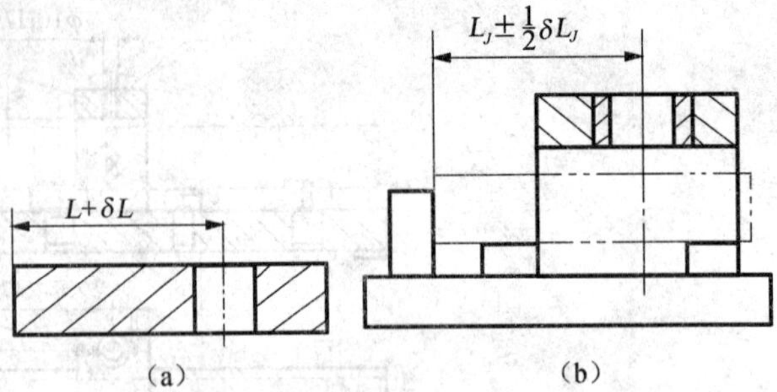

$L+\delta L$

(a)

$L_J \pm \frac{1}{2}\delta L_J$

(b)

图 3-38　钻套位置的尺寸标注

2）对刀误差Δjd 的计算。对刀就是确定刀具与夹具定位元件之间的相对位置，目的就是把刀具对到工件相应尺寸公差带的中间位置。

对钻床夹具，产生对刀误差的因素较多，如图 3-39 所示，有

$$\tan\alpha = \frac{X_2}{H} = \frac{X_3}{B+h+0.5H}$$

所以

$$X_3 = \frac{X_2}{H}\ (B+h+0.5H)$$

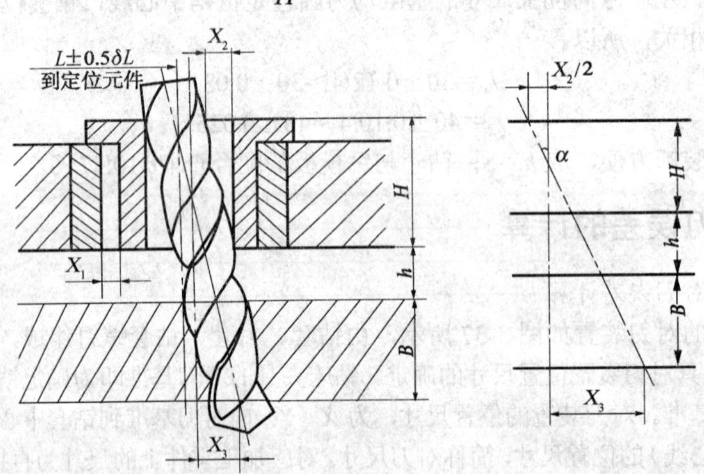

图 3-39　钻模对刀误差分析

因各项误差不可能同时出现最大，故对这些随机变量按概率法合成为

$$\Delta jd = \sqrt{\delta_l^2+e_1^2+e_2^2+X_1^2+\ (2X_3)^2}$$

式中：δ_l——钻模板底孔中心线到定位元件的位置尺寸公差；

e_1——快换钻套内、外圆同轴度公差；

e_2——衬套内、外圆同轴度公差；

X_1——快换钻套与衬套间最大配合间隙；

X_2——刀具与钻套间最大配合间隙；

X_3——刀具钻出工件偏斜量；

B、h、H——代表的意义如图 3-39 所示。

实际加工中，钻头在钻床上装夹都是长接触，即限制了钻头的 4 个自由度，不大可能出现因 X_2 的存在导致钻头斜钻孔产生 X_3 的情况，因此上式应修正为

$$\Delta\text{jd}=\sqrt{\delta_1^2+e_1^2+e_2^2+X_1^2+X_2^{\ 2}}$$

（2）本钻模对刀误差Δjd 计算

根据：$$\Delta\text{jd}=\sqrt{\delta_1^2+e_1^2+e_2^2+X_1^2+X_2^{\ 2}}$$

对于位置尺寸 30±0.12：

$\delta_1=\pm0.03=0.06$；$e_1=0.005$，$e_2=0$；$X_1=0$；$X_2=0.022-(-0.018)=0.04$；

$$\Delta\text{jd}_1=\sqrt{\delta_1^2+e_1^2+e_2^2+X_1^2+X_2^{\ 2}}\approx0.072$$

对于位置尺寸 40±0.10：

除 $\delta_1=\pm0.025=0.05$；其他参数值同上。

$$\Delta\text{jd}_2=\sqrt{\delta_1^2+e_1^2+e_2^2+X_1^2+X_2^{\ 2}}\approx0.064$$

3.2.7　连接方案设计

1. 钻模与机床的连接

钻床夹具与钻床的连接采用夹具体底面与钻床工作台相接触，无须设计专门连接元件。为减小接触面积，在钻床夹具体底面装有钻模支脚。如图 3-40 所示，钻模用支脚有铸造结构、焊接结构、装配结构。钻模支脚尺寸应大于钻床 T 形槽尺寸，支脚位置布置应考虑钻模工作稳定。

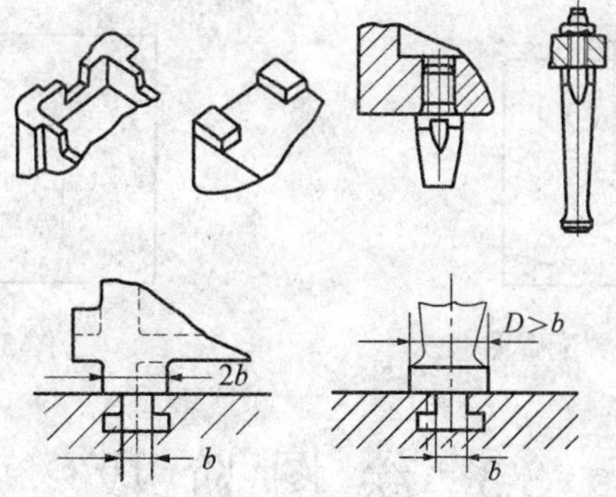

图 3-40　钻模支脚

2. 本钻模支脚尺寸确定

设计钻模支脚尺寸时应大于钻床 T 形槽尺寸，由《机床夹具设计手册》查得，Z512 钻床工作台 T 形槽宽度为 12mm，设计钻模支脚尺寸 30mm×30mm。

3. 夹具位置误差Δjw 计算

对钻床夹具来讲，只有元件定位面对夹具定位面的位置误差产生Δjw。

取三个支承钉所在工作面与夹具体钻模支脚底面平行度误差≯0.02：100mm。

对于位置尺寸 30±0.12，折算到加工工件高度上产生的误差为

$$\Delta jw_1 = (0.02/100) \times 35 = 0.007$$

对于位置尺寸 40±0.10，折算到加工工件高度上产生的误差为

$$\Delta jw_2 = (0.02/100) \times 35 = 0.007$$

3.2.8 夹具精度分析

对于加工要求 30±0.12，其$\Delta dw_1 = 0.042$；$\Delta jd_1 = 0.065$；$\Delta jw_1 = 0.007$，故

$$\Delta_1 = \sqrt{\Delta dw_1{}^2 + \Delta jw_1{}^2 + \Delta jd_1{}^2} \approx 0.078 < 0.24 \times 2/3 = 0.16$$

满足加工要求。

对于加工要求 40±0.10，其$\Delta dw_2 = 0.044$；$\Delta jd_2 = 0.065$；$\Delta jw_2 = 0.007$，故

$$\Delta_2 \sqrt{\Delta dw_1{}^2 + \Delta jw_1{}^2 + \Delta jd_1{}^2} \approx 0.079 < 0.2 \times 2/3 = 0.133$$

满足加工要求。

结论：设计夹具满足加工精度要求，方案可行。

3.2.9 夹具体设计

根据以上设计的定位元件、导引装置的结构、形状及尺寸，合理配置它们的相对位置，并用夹具体这个“骨架”把它们连接起来，如图 3-41 所示，此时夹具体的基本结构就已确定，如图 3-42 所示。

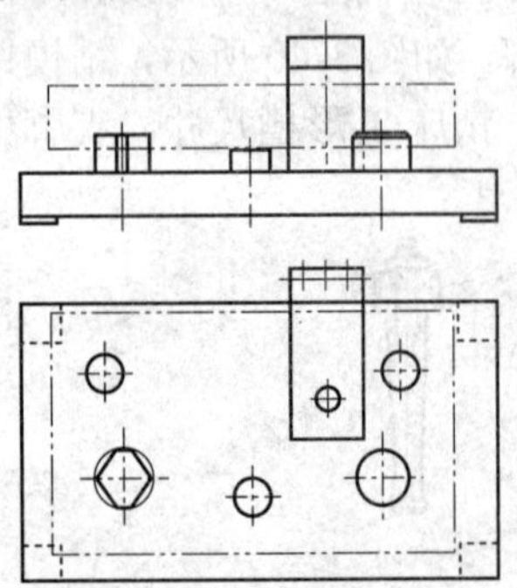

图 3-41 夹具部件位置配置图

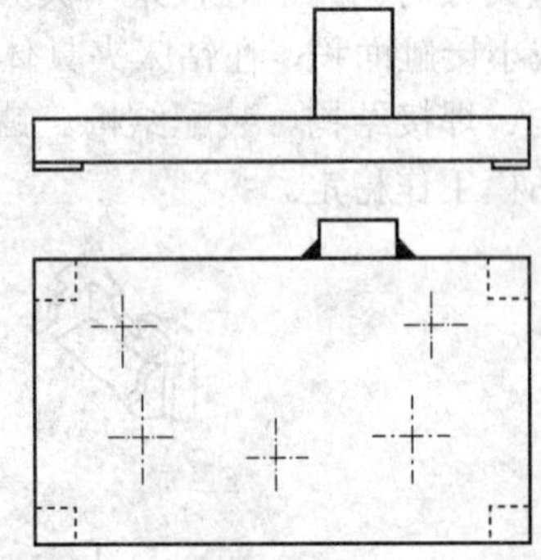

图 3-42 夹具体

3.3 绘图阶段

绘制夹具装配图和夹具非标准零件图。

3.3.1 绘制夹具装配图

根据钻床夹具总体结构设计要求，结合前面钻床夹具各部分结构及尺寸，绘制夹具装配图如图 3-43 所示。

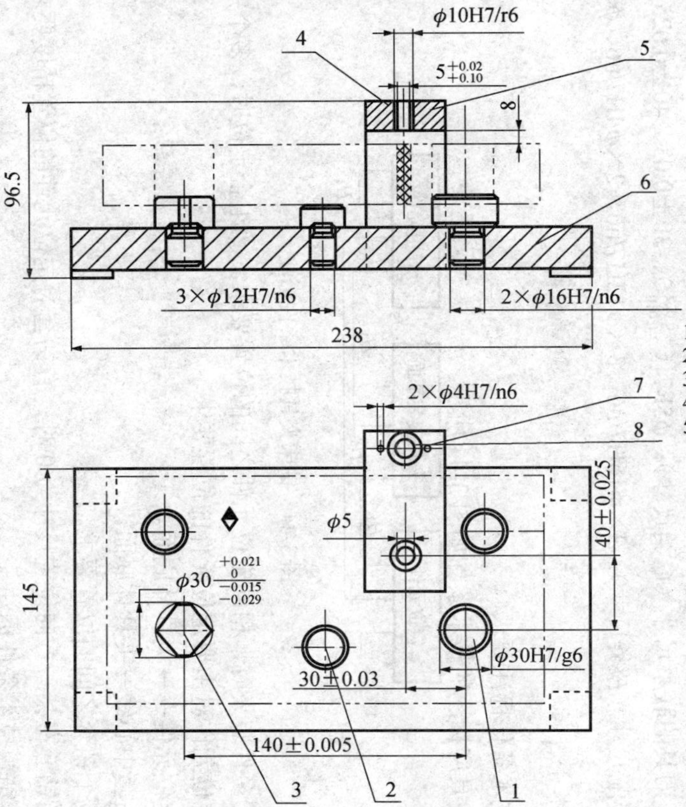

φ10H7/r6

4

5

$5^{+0.02}_{+0.10}$

8

96.5

6

3×φ12H7/n6

2×φ16H7/n6

238

2×φ4H7/n6

7

8

φ5

40±0.025

145

$\phi30^{+0.021}_{\ 0}$ $^{-0.015}_{-0.029}$

φ30H7/g6

30±0.03

140±0.005

3　2　1

技术要求

1. 三个支承钉等高允差∤ 0.02mm。
2. 三个支承钉所在工作面与夹具体底面平行度误差∤ 0.02：100mm。
3. 两个定位销对夹具体底面垂直度误差∤ φ0.05：100mm。
4. 钻套中心线与夹具体底面垂直度误差∤ φ0.05：100mm。
5. 钻模板安装时采用调整法，保证钻套位置30±0.03、40±0.025。

序号	代号	名称	规格	材料	单件	总计	备注
8	GB/T 119.2—1000	圆柱销钉	φ4	45钢	1	2	
7	GB/T 3098.1—2010	六角螺栓	M10	45钢	1	1	
6		夹具体		45钢	1	1	
5		钻模板		45钢		1	
4	JB/T 8013.2—1999	固定钻套	φ5	45钢	1	1	
3	JB/T 8014.2—1999	菱形销	φ30	T7A	1	1	
2	JB/T 8029.2—1999	支承钉	φ20	T7A	1	3	
1	GB/T 119.1—2000	圆柱销	φ30	T7A	1	1	

标记	处数	分区	更改文件名	签名	年月日	×××1			国防××工厂
设计			标准化			阶段标记	重量	比例	钻孔板装配图
审核									GZ9603
工艺			批准			共　张　第　张			

图 3-43　钻模装配图

1. 尺寸标注

（1）尺寸标注要求

钻床夹具应标注的尺寸如表 3-7 所示。

表 3-7 夹具总图上尺寸标注

尺寸 夹具	夹具轮廓尺寸 A	夹具与工件联系尺寸 B	夹具与刀具联系尺寸 C	夹具与机床联系尺寸 D	其他装配尺寸 E
钻床夹具	最大外形轮廓尺寸（包括可动件处于极限位置时）——长、宽、高	包容定位副的配合尺寸，包容定位副之间定位元件的联系尺寸	定位元件 ←位置尺寸→ 导套 ←→ 刀具件 位置尺寸		夹具内部的配合尺寸和其他有相互位置要求的装配尺寸
备注		与加工件尺寸有关		与机床尺寸有关	

（2）本钻模尺寸标注

最大外形轮廓尺寸（A 类尺寸）：长×宽×高为 257×145×96.5。

工件与定位元件的联系尺寸（B 类尺寸）：$\phi 30\mathrm{H7/g6}$、$\phi 30^{+0.021}_{0}/^{-0.015}_{-0.029}$、140±0.01。

夹具与刀具的联系尺寸（C 类尺寸）：$\phi 5\mathrm{F7}\left(^{+0.022}_{+0.010}\right)$、30±0.03、40±0.025。

其他装配尺寸（E 类尺寸）：2×ϕ16H7/n6、3×ϕ12H7/n6、2×ϕ4H7/n6、ϕ10H7/r6。

2. 技术条件标注

（1）技术条件标注要求

钻床夹具应标注的技术条件如图 3-44 所示。

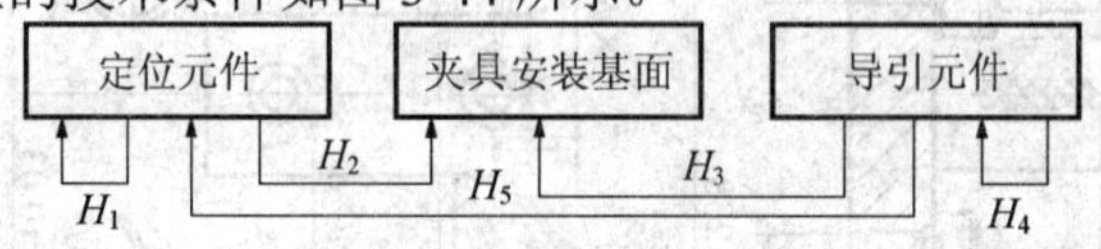

图 3-44 钻床夹具技术条件标注

H_1：①多件装夹时，相同定位元件之间的位置要求。②组合定位时，多个定位元件之间次要定位元件对主要定位元件的位置要求。

H_2：定位元件→→夹具体底面。

H_3：钻套中心线→夹具体底面。

H_4：多个钻套之间的位置要求。

H_5：当钻套在某一方向位置尺寸为 0 时，有钻套对定位元件的位置精度要求。

（2）本钻模技术条件标注

三个支承钉等高允差≯0.02mm。

三个支承钉所在工作面与夹具体底面平行度误差≯0.02∶100mm。

两个定位销对夹具体底面垂直度误差≯ϕ0.05∶100mm。

钻套中心线与夹具体底面垂直度误差≯ϕ0.05∶100mm。

钻模板安装时采用调整法，保证钻套位置尺寸 30±0.03、40±0.025。

尺寸、技术条件标注如夹具装配图 3-43 所示。

（3）零件明细表编写

按照国家机械制图标准的规定，对夹具总装图中的各个零件进行编号，并在标题栏上方画出零件明细表及填写具体信息，如图 3-43 所示。

3.3.2　绘制非标准夹具零件图

根据夹具装配图，拆画非标准夹具零件图。由图 3-43 知，件号 5－钻模板、件号 6－夹具体属非标准零件，应拆画其零件图。

1）绘制如图 3-45 所示的夹具体零件图。

夹具体上供安装定位销的孔的直径，由总图相关配合拆得，为 $2\times\phi16^{+0.018}_{0}$，供安装定位销的两孔的孔心距偏差，取装配图上销间距偏差±0.01 的 1/2，为 140±0.005，供安装钻模板的销钉孔 $2\times\phi4^{+0.012}_{0}$ 配作加工，夹具体上表面与钻模支脚底面的平行度≯0.01∶100mm。

2）绘制如图 3-46 所示的钻模板零件图。

钻模板上供安装固定钻套的孔的尺寸，由总图相关配合拆得，为ϕ10H7（$^{+0.018}_{0}$）；两个销钉孔 $2\times\phi4^{+0.012}_{0}$ 与夹具体销钉孔配铰，钻模板底孔中心线对底面垂直度取钻套中心线距夹具体底面垂直度 0.05∶100 的 1/2 约为ϕ0.02∶100mm。

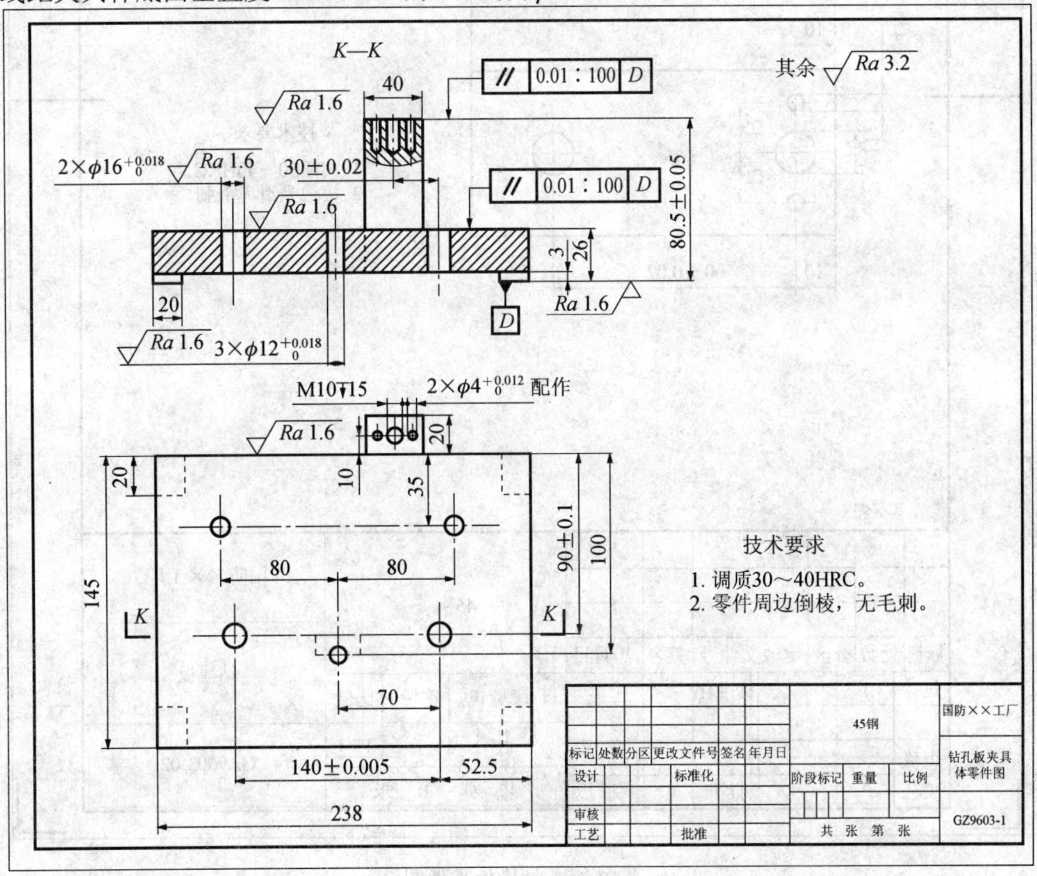

图 3-45　钻模夹具体零件图

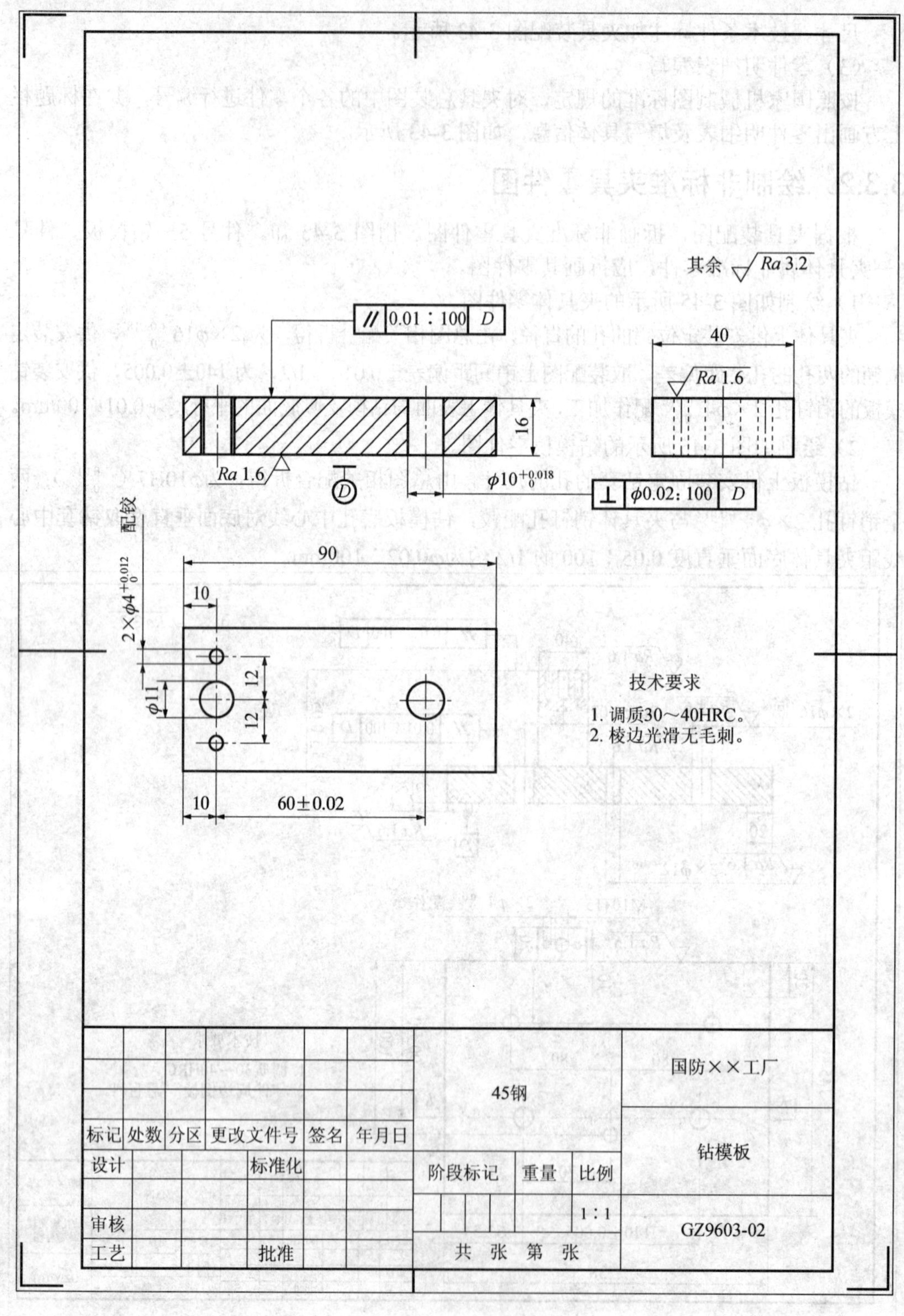

						45钢				国防××工厂
标记	处数	分区	更改文件号	签名	年月日					钻模板
设计			标准化			阶段标记		重量	比例	
									1：1	
审核										GZ9603-02
工艺			批准			共 张 第 张				

图 3-46　钻模板零件图

3.4　夹具的使用说明

首先将本钻床夹具按图 3-43 装配图所示方向放置在钻床工作台中间位置；再将与钻套内孔直径匹配的标准量棒装入钻床主轴锥孔中，移动夹具让标准量棒伸入钻套内孔对正夹具；然后用螺栓压板将夹具予以固定。将工件装入夹具进行钻孔加工，首件检验后对夹具位置予以微调方可进行正常加工。

3.5　钻床夹具设计实训

图 3-47 所示零件生产批量为中批生产，其余表面均以加工完成，请设计$\phi 6_{-0.03}^{\ 0}$钻孔夹具。

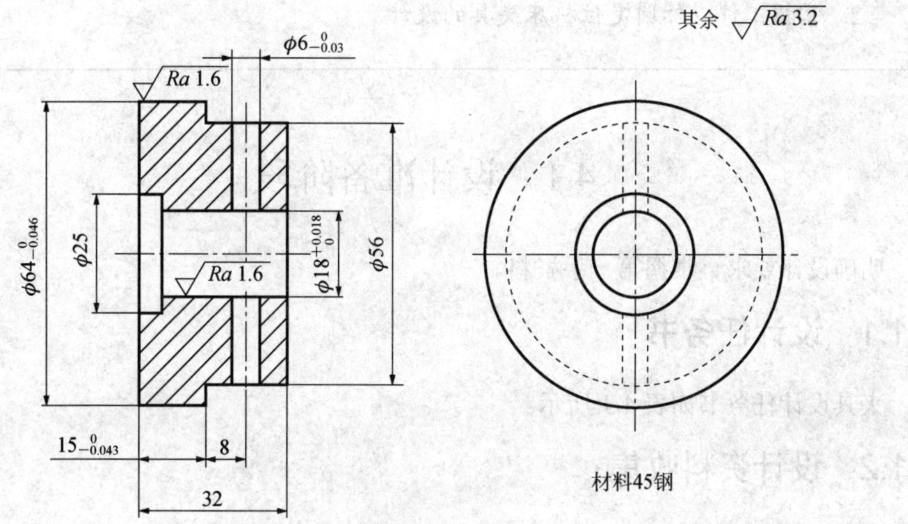

图 3-47　钻床夹具设计实训零件图

项目4 工件以外圆定位机床夹具（车床夹具）的设计

学习目标

1. 了解车床夹具结构特点。
2. 掌握工件以外圆定位机床夹具的设计。

4.1 设计准备阶段

明确设计要求、掌握第一手资料。

4.1.1 设计任务书

夹具设计任务书如表4-1所示。

4.1.2 设计资料收集

1）收集零件图如图4-1所示、工艺过程卡片如表4-2所示、工序卡片如表4-3所示。

2）收集《机床设计手册》等资料。本工序使用CA6140车床，主轴端部参数查阅《机床夹具设计手册》；CA6140档案技术资料。

3）收集《金属切削刀具设计手册》等资料。本工序使用刀具：中心钻ϕ2.5，钻头ϕ16、ϕ28，通孔车刀，刀片材料为YT30，其刃部参数可查阅《金属切削刀具设计手册》。

4）收集《机床夹具零件及部件标准汇编》行业标准和企业标准等资料。

5）收集《机床夹具零件及部件标准汇编》国家标准、《机床夹具设计手册》、《机械零件设计手册》、《机械加工工艺手册》等资料。

6）根据工件零件图和第35道工序的机械加工工序卡片，了解本单位同类零件的车床专用夹具的制造与使用情况。

7）了解国内外同类夹具设计、使用的情况。

表 4-1　夹具设计任务书

工装制造任务书													
项目编号 或通知号		XJZB-GZ-2010-012						共 1 页　第 1 页			任务书 编号	GZXJ-GYB-2010-016	
产品名称		变速箱	代号		XJSB-BSX-002		零件数量	4500	生产纲领		中批生产	类别	技改
序号	工装编号	工装名称	设计人	制造数量	需求日期	计划完成日期	零件名称	零件图号	工序号	工序名称	设备名称	设备型号	使用单位
1	GZ201085	车床专用夹具	×××	2	2010/9/10	2010/8/03	偏心套	219-280-5011	35	车	普通车床	CA6140	16 车间
2													
3													
4													
5													
6													
7													

备注：1．工装制造任务书的任务书编号由 GZ+部门代号+-+年份（四位）+-+顺序号（三位）组成。例如，任务书编号为 GZXJGYB-2010-001，表示工装-西安机床工艺部-2010 年-编制的第 1 份工装制造任务书。

2．工装制造任务书与设计的图纸或工装设计任务书一同提交，工装制造任务书一式两份，生产准备部接收人签字接收后，负责向编制人对应的单位返回一份。

3．工装制造任务书的内容要求填写正确、完整，并与设计的工装图纸或工装任务相一致。

4．在类别栏填写“技改”、“技措”、“新产品”、“复制”字样。

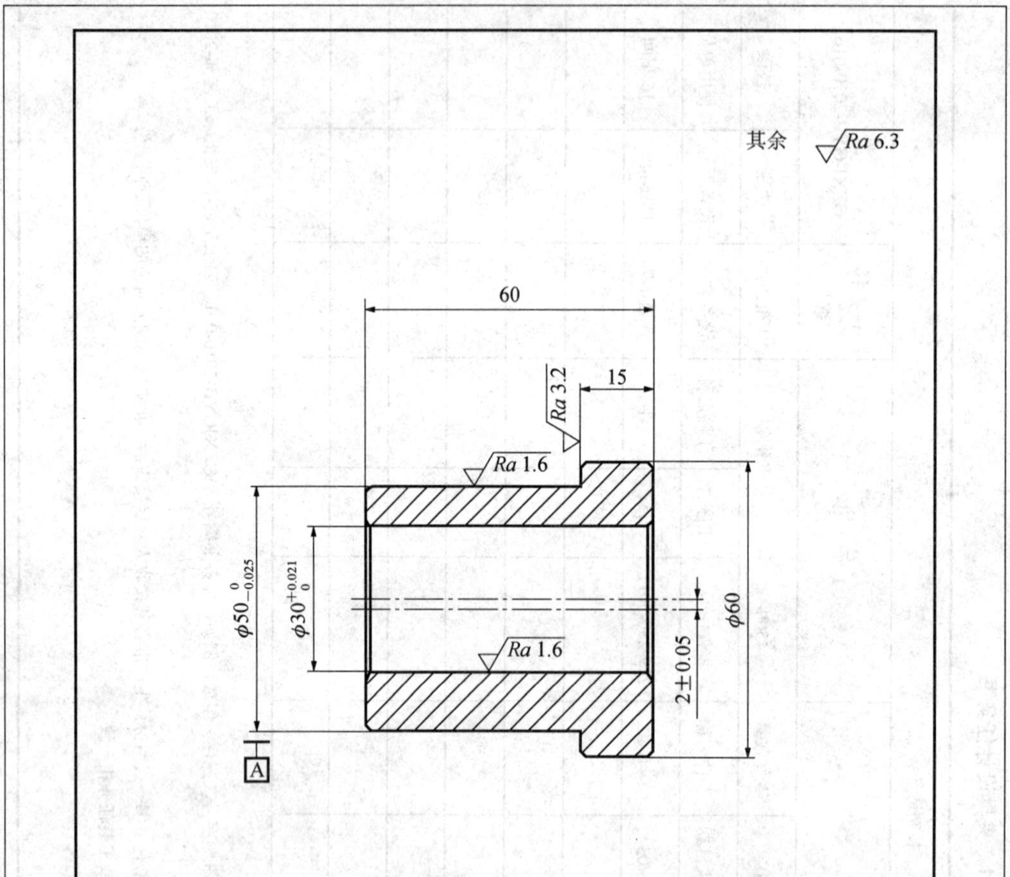

其余 $\sqrt{Ra\ 6.3}$

60

15

$Ra\ 3.2$

$Ra\ 1.6$

$\phi 50_{-0.025}^{\ 0}$

$\phi 30^{+0.021}_{\ 0}$

$Ra\ 1.6$

2 ± 0.05

$\phi 60$

A

技术要求

1. 锐角倒钝。

2. 未注倒角1×45°。

3. 调质处理：260HBS。

						40Cr			兵器×××厂
标记	处数	分区	更改文件号	签名	年月日				偏心套
设计	(签名)	(年月日)	标准化	(签名)	(年月日)	阶段标记	重量	比例	
审核								1∶1	219-280-5011
工艺			批准			共 张 第 张			

图 4-1 零件图

表 4-2　机械加工工艺过程卡片

兵器×××厂	机械加工工艺过程卡片	产品型号	XJSB-BSX-002	零件图号	219-280-5011		
		产品名称	变速箱	零件名称	偏心套	共　页	第　页
材料牌号	40Cr	毛坯种类	管料	毛坯外形尺寸	ϕ65×65	每毛坯件数 1	每台件数 1　备注

工序号	工序名称	工序内容	车间	工段	设备	工艺装备	工时 准终	工时 单件
01	锻造	锻件：ϕ65×65						
05	车	车右端面，见平。车 ϕ60 外圆。保证尺寸 ϕ62h10，长 25			CA6140			
10	车	车左端面，保证尺寸 61。车 ϕ50 外圆。保证尺寸 ϕ52h9、44			CA6140			
15	检	检验						
20	热处理	调质 260HBS						
25	车	车右端面，保证尺寸 60.5，车 ϕ60 外圆。保证尺寸 ϕ60h8			CA6140			
30	车	车左端面，保证尺寸 60。车 ϕ50 外圆。保证尺寸 ϕ50h7、45			CA6140			
35	车	车 ϕ30 偏心孔。保证尺寸 ϕ30H7、2±0.05			CA6140			
40	检	检验						

										设计（日期）	校对（日期）	审核（日期）	标准化（日期）	会签（日期）
标记	处数	更改文件号	签字	日期	标记	处数	更改文件号	签字	日期					
标记	处数	更改文件号	签字	日期	标记	处数	更改文件号	签字	日期					

表 4-3　机械加工工序卡片

兵器×××厂	机械加工工序卡片	产品型号	XJSB-BSX-002	零件图号	219-280-5011		
		产品名称	变速箱	零件名称	偏心套	共　页	第　页

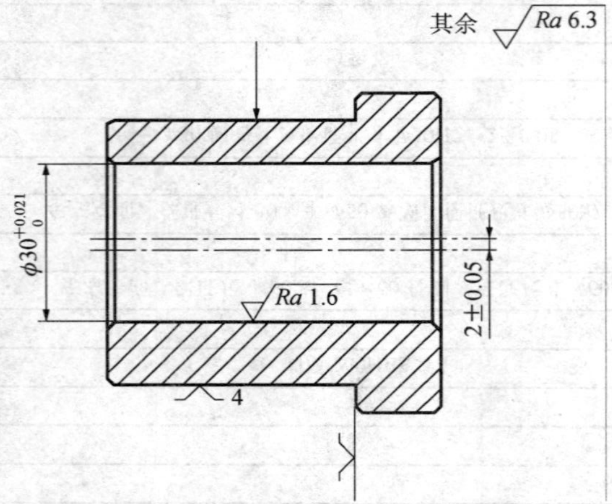

其余 $\sqrt{Ra\ 6.3}$　$Ra\ 1.6$　$\phi30^{+0.021}_{0}$　2 ± 0.05　4

车间	工序号	工序名称	材料牌号
16 车间	35	车	40Cr
毛坯种类	毛坯外形尺寸	每毛坯可制件数	每台件数
管料	$\phi65\times65$	1	1
设备名称	设备型号	设备编号	同时加工件数
普通车床	CA6140		1

夹具编号	夹具名称	切削液	
GZ201085	车床专用夹具	冷却液	
工位器具编号	工位器具名称	工序工时（分）	
		准终	单件

工步号	工步内容	工艺装备	主轴转速 r/min	切削速度 m/min	进给量 mm/r	切削深度 mm	进给次数	工步工时 机动	工步工时 辅助
	装夹	中心钻 $\phi2.5$，钻头 $\phi16$、$\phi28$ 通孔车刀（YT30） 专用夹具（GZ201085） $\phi30$ 塞规							
1	钻中心孔 $\phi2.5$								
2	扩孔 $\phi16$、$\phi28$								
3	车孔 $\phi30$								
4	倒角 1×45°，去毛刺								

										设计（日期）	校对（日期）	审核（日期）	标准化（日期）	会签（日期）
标记	处数	更改文件号	签字	日期	标记	处数	更改件号	签字	日期					

4.2 设计阶段

类比设计、确定方案。

4.2.1 工序分析

1）该零件为套类件，材料为 40Cr，强度好，结构简单。

2）零件外形尺寸大小适中，本工序为镗孔，切削力不大，夹紧力要求不高。

3）零件本工序前期各表面已完成加工，本工序加工精度要求适中，在设计夹具时，其精度和复杂程度以满足加工精度要求、降低制作成本为出发点。

4）该零件为中批量生产。

4.2.2 定位方案设计

1. 工序加工要求分析

（1）定位基准和加工要求分析

本工序定位基准为台肩端面、ϕ50h7（$^{\ 0}_{-0.025}$）外圆面，即台肩端面定位限制 1 个自由度、外圆面定位限制 4 个自由度。

本工序加工要求有两项：形状要求$\phi 30^{+0.021}_{\ \ 0}$，位置尺寸要求为 2±0.05。

（2）限制自由度分析

在工序图上建立坐标关系，如图 4-2 所示。

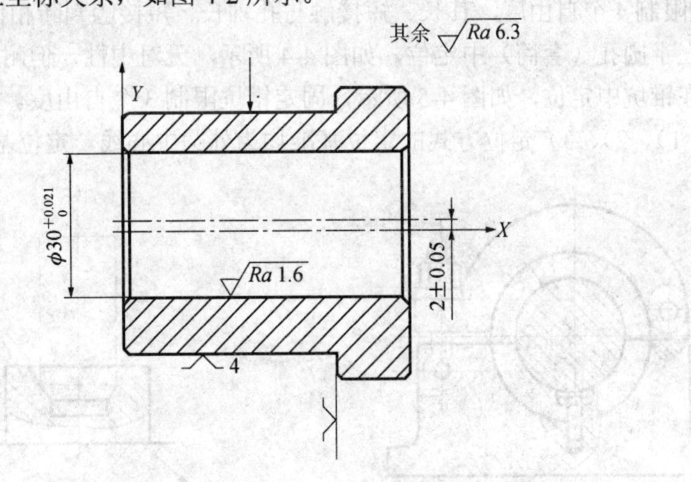

图 4-2　限制自由度分析

1）形状尺寸$\phi 30^{+0.021}_{\ \ 0}$与限制自由度无关。

2）保证位置尺寸 2±0.05，需要限制$\vec{Y}\ \overset{\frown}{Y}\ \vec{Z}\ \overset{\frown}{Z}$。综合结果应限制$\vec{Y}\ \overset{\frown}{Y}\ \vec{Z}\ \overset{\frown}{Z}$，工序定位方案合理。

2. 定位方案设计

（1）工件以外圆定位时常用定位元件介绍

1）在V形块中定位，如图4-3所示。V形块的几种形式主要用于：

① 图4-3（a）所示V形块，用于工件较长精基准定位。

② 图4-3（b）所示V形块，用于工件较长粗基准定位。

③ 图4-3（c）所示V形块，用于工件阶梯轴定位。

④ 图4-3（d）所示V形块，用于工件较长、较重定位。

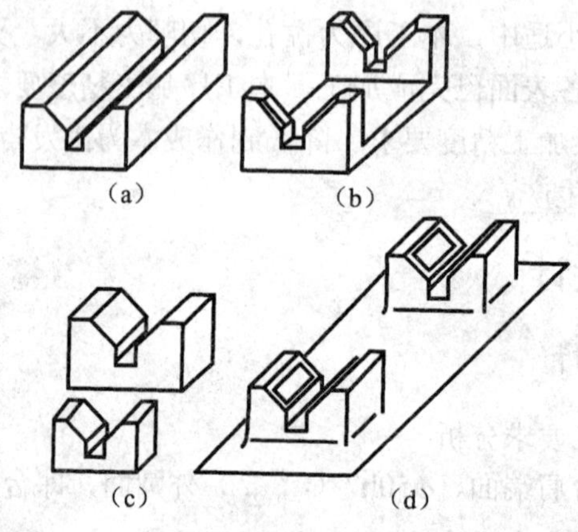

图4-3 V形块

经分析知，V形块定位有对中性，即当工件外圆直径发生变化时，其中心线始终位于V形块两斜面的对称面上。对固定V形块而言，与工件短接触限制2个自由度，与工件长接触限制4个自由度，其长、短接触与孔轴长、短接触判断相似。

2）在半圆孔（套筒）中定位，如图4-4所示，无对中性，但耐磨性好。

3）在锥坑中定位，如图4-5所示，固定锥坑限制3个自由度。

以上1）、2）、3）定位方式的定位基准均为外圆中心线，定位基面为外圆面。

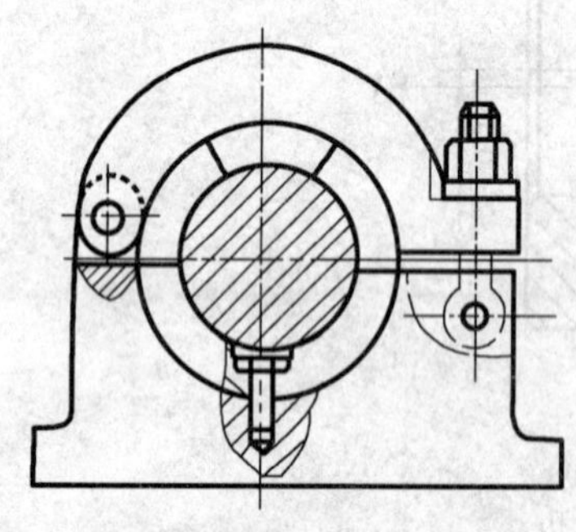

图4-4 半圆孔定位分析

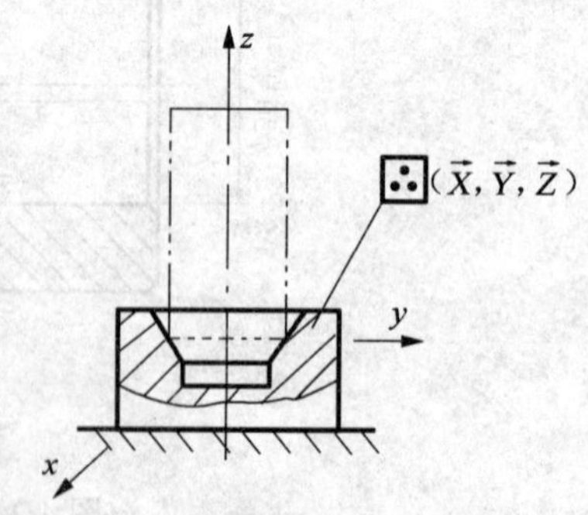

图4-5 锥坑定位分析

4）支承定位如图4-6所示。一般认为定位基准为接触的点、线，也可认为是中心线。点接触限制1个自由度、线接触限制2个自由度。

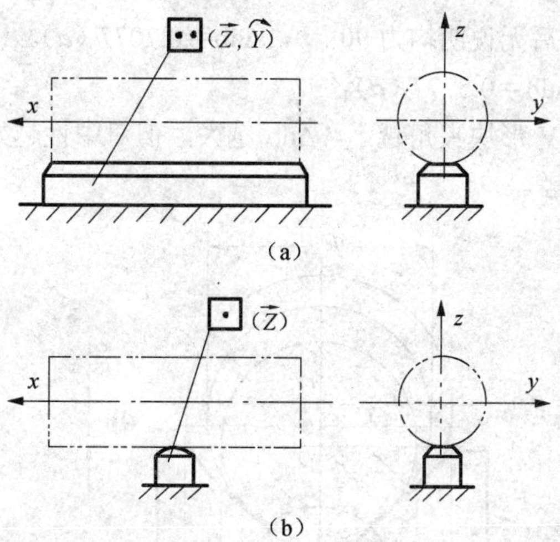

图 4-6　支承定位分析

（2）本车床夹具定位方案设计

根据工序图给定的定位基准，选用长度为 40mm 的长 V 形块，与工件外圆、端面接触的定位方案，如图 4-7 所示，定位后实际限制了 $\vec{X}\ \vec{Y}\ \widehat{Y}\ \vec{Z}\ \widehat{Z}$ 5 个自由度，限制了应该限制的自由度，满足加工要求。

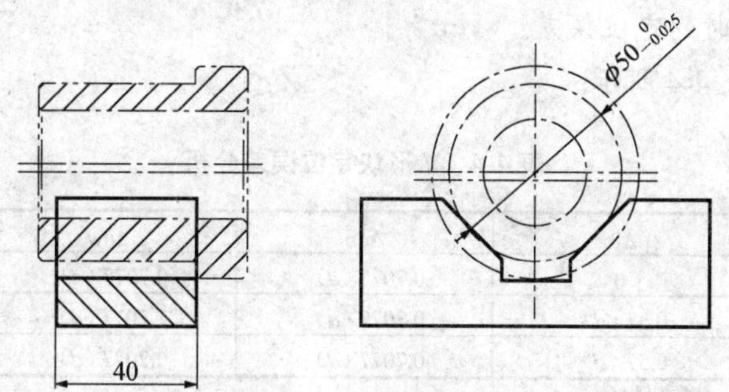

图 4-7　定位方案

3. 定位误差Δdw 分析计算

（1）工件以外圆定位时Δdb 的计算

1）最常见的是工件以外圆在 V 形块上定位，定位基准是外圆中心线。当工件外圆直径发生变化时，其中心线在 V 形块对称面上上下移动，如图 4-8 所示，d、$T(d)$ 为工件外圆直径、公差，下面分析计算Δdb。

由图知：

$$\sin(\alpha/2) = [T(d)/2]/\Delta db$$

$$\Delta db = T(d)/2\sin(\alpha/2)$$

当 $\alpha = 60°$ 时，$\Delta db = 1.0T(d)$。

当$\alpha=90°$时（以后无说明均为90°），$\Delta db=0.707T(d)$。

当$\alpha=120°$时，$\Delta db=0.577T(d)$。

由以上结果可知，V形块夹角越小，Δdb越大，但对中性越好；V形块夹角越大，Δdb越小，但对中性越差。

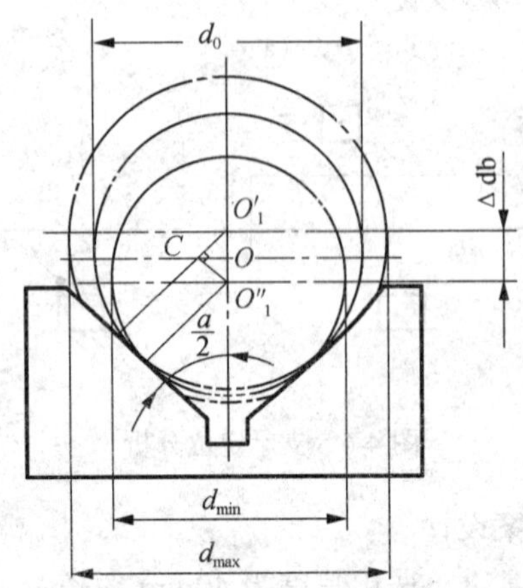

图4-8 V形块定位误差分析

【例4-1】如图4-9所示，工件以外圆在V形块上定位铣键槽b，试分析当工序尺寸分别为L_1、L_2、L_3时的定位误差。

【解】分析如表4-4所示。

表4-4 V形块定位误差分析

工序尺寸	Δjb	Δdb	Δdw	备　注
L_1	0	$0.707T(d)$	$0.707T(d)$	
L_2	$0.5T(d)$	$0.707T(d)$	$1.207T(d)$	相关异“+”
L_3	$0.5T(d)$	$0.707T(d)$	$0.207T(d)$	相关同“−”

2）工件以外圆支承定位，定位基准是接触的点或线，所以有$\Delta db=0$。

【例4-2】如图4-10所示，工件以外圆$d\pm T(d)/2$双支承定位，试分析定位误差。

【解】1）定位基准是接触的两母线，分析如表4-5所示。

表4-5 双支承定位误差分析（定位基准是接触的两母线）

工序尺寸	Δjb	Δdb	Δdw	备　注
Δp	$T(d)/2$	0	$T(d)/2$	
L_1	$T(d)/2$	0	$T(d)/2$	
L_2	$T(d)$	0	$T(d)$	
L_3	0	0	0	

2）定位基准是中心线，分析如表4-6所示。

表 4-6　双支承定位误差分析（定位基准是中心线）

工序尺寸	Δjb	Δdb	Δdw	备　注
Δp	0	$T(d)/2$	$T(d)/2$	
L_1	0	$T(d)/2$	$T(d)/2$	
L_2	$T(d)/2$	$T(d)/2$	$T(d)$	相关异“+”
L_3	$T(d)/2$	$T(d)/2$	0	相关同“−”

两种分析结果相同。

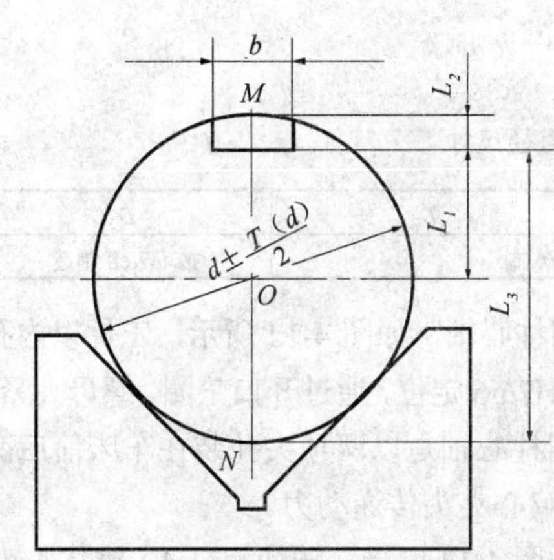

图 4-9　V 形块定位铣键槽

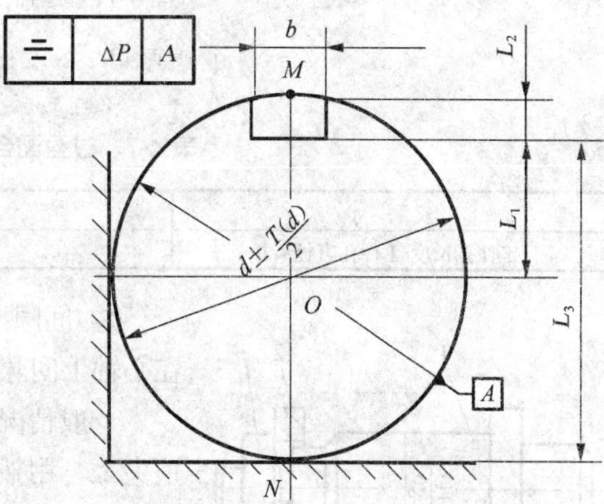

图 4-10　双支承定位

3）工件以外圆在半圆孔（套筒）中定位，定位基准是外圆中心线，分析与工件以内孔在心轴上定位相同。

（2）本夹具定位误差Δdw 的分析计算

形状尺寸$\phi30^{+0.021}_{0}$由调整刀具与车床的相对位置保证。

对于 2±0.05：

$$\Delta jb=0$$

$$\Delta db=0.707\times0.025=0.0177$$

$\Delta dw=0.0177<T/3=0.0333$，满足该项加工要求。

4.2.3　结构类型确定

1. 车床夹具的典型结构

（1）心轴类车床夹具

心轴类车床夹具多用于以内孔为定位基准，加工外圆柱面的情况。常见的心轴有圆柱心轴、弹簧心轴、顶尖式心轴、液性介质弹性心轴等。

1）圆柱心轴介绍如下。

① 过盈配合圆柱心轴，如图 4-11 所示，各部位直径确定如表 4-7 所示。

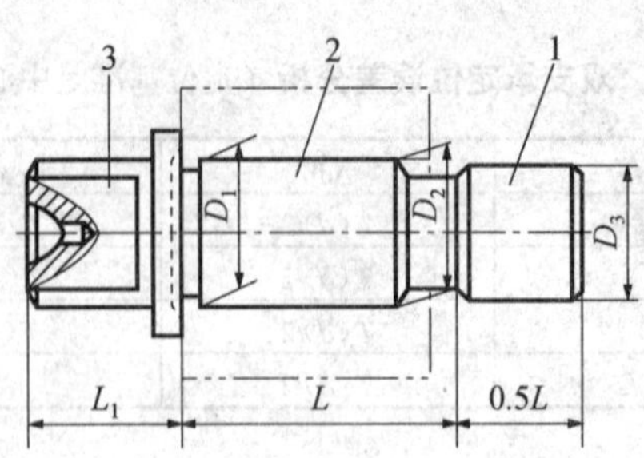

图 4-11　过盈配合圆柱心轴

1—导向部分；2—定位部分；3—传动部分

表 4-7　过盈配合心轴直径尺寸

尺　寸	D_1	D_2	D_3
工件孔长度/工件孔直径＜1	按 H7/r6 制造		按 H7/e8 制造

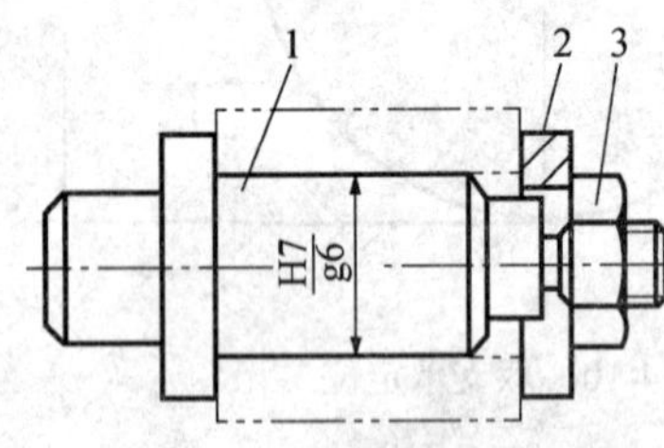

图 4-12　间隙配合圆柱心轴

1—心轴；2—开口垫圈；3—螺母

② 间隙配合圆柱心轴，如图 4-12 所示，工件以内孔在心轴上间隙配合 H7/g6 定位，通过开口垫圈、螺母夹紧。

一般情况下，圆柱心轴是以两顶尖孔装在车床前后两顶尖上，用拨插或鸡心夹头传递动力。

2）弹簧心轴如图 4-13 所示，转动螺母 4，锥体 1、3 相向移动，使弹性筒夹 5 外涨定心夹紧工件。

3）顶尖式心轴如图 4-14 所示。工件以孔口 60° 角定位，旋转螺母 6，活动顶尖套 4 左移，使工件定心夹紧。这类心轴结构简单，夹紧可靠，操作方便，适合于加工内外孔无同轴度要求，或只需要加工外圆的套筒类零件。

4）液性介质弹性心轴如图 4-15 所示，拧紧加压螺钉 2，使柱塞 3 对密封腔内的介质施加压力，迫使定位薄壁套 5 产生均匀的径向变形，并将工件定心夹紧。当反向拧动加压螺钉 2 时，腔内压力减小，薄壁套依靠自身弹性恢复原始状态而使工件松开。

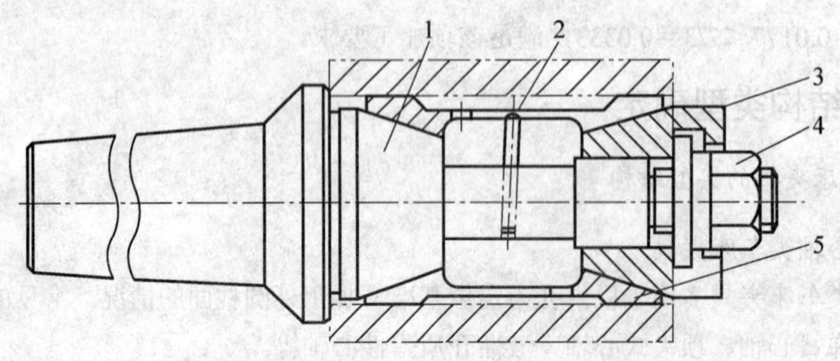

图 4-13　弹簧心轴

1—锥体；2—防转销；3—锥套；4—螺母；5—弹性筒夹

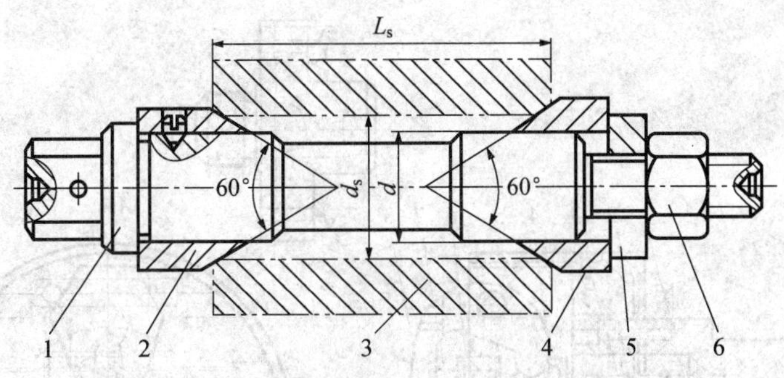

图 4-14　顶尖式心轴

1—心轴；2—固定顶尖套；3—工件；4—活动顶尖套；5—垫圈；6—螺母

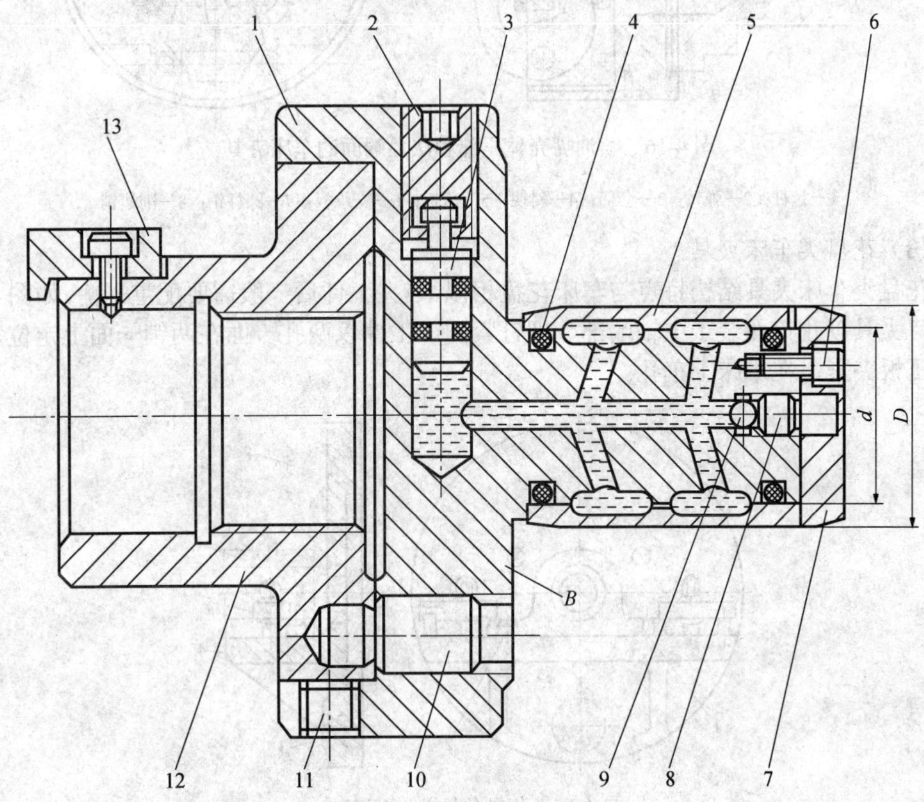

图 4-15　液性介质弹性心轴

1—夹具体；2—加压螺钉；3—柱塞；4—密封垫圈；5—定位薄壁套；6—螺钉

7—端盖；8—螺塞；9—钢球；10、11—调整螺钉；12—过渡盘；13—防松块

（2）卡盘类车床夹具

卡盘类车床夹具的结构持点与三爪自定心卡盘类似，装夹的工件大都是回转体、对称体，回转时不平衡影响较小。如图 4-16 所示，夹具以止口面装于主轴端部，螺钉紧固。工件以两孔一面在两销一面上定位，在外力作用下拉杆 1 左移夹紧工件，加工完后取消外力，在弹簧 2 作用下松开工件，必须外加防护罩保证安全。

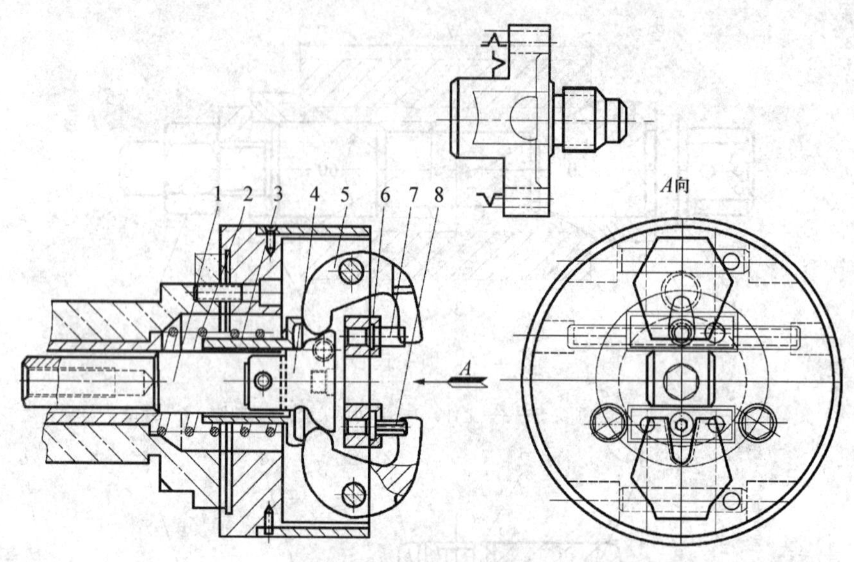

图 4-16　喷油嘴壳体尾部和法兰端面的车床夹具

1—拉杆；2—弹簧；3—套筒；4—斜块；5—压板；6—支承板；7—圆柱销；8—削边销

（3）花盘类车床夹具

花盘类车床夹具结构特点与车床花盘相似，装夹工件后一般需要配重平衡。如图 4-17 所示，夹具以止口面装于主轴端部，螺钉紧固。工件以两孔一面在两销一面上定位，用螺栓压板夹紧，在车床上车孔。

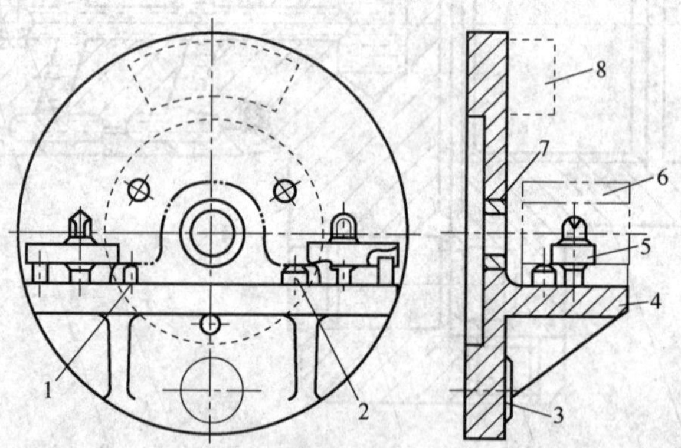

图 4-17　花盘角铁式车床夹具

1—削边定位销；2—圆柱定位销；3—轴向定程基面；
4—夹具体；5—压板；6—工件；7—导向套；8—平衡配重

综上所述，车床夹具有心轴类、卡盘类、花盘类三大结构。车床夹具由定位元件、夹紧装置、连接元件、夹具体、配重块等部件组成。

2. 车床夹具的设计要点

车床夹具的主要特点是夹具与机床主轴连接，工作时由机床主轴带动其高速回转。

因此在设计车床夹具时除了保证工件达到工序的精度要求外，还应考虑：

1）夹具的结构应力求紧凑、轻便、悬臂尺寸短，使重心尽可能靠近主轴。夹具悬伸长度 L 与其外廓直径尺寸 D 之比，参照以下数值选取：

对直径在 150mm 以内的夹具，$L/D \leqslant 1.25$。

对直径在 150～300mm 间的夹具，$L/D \leqslant 0.9$。

对直径大于 300mm 的夹具，$L/D \leqslant 0.6$。

2）夹具应有平衡措施，消除回转的不平衡现象，以减少主轴轴承的不正常磨损，避免产生振动及振动对加工质量和刀具寿命的影响。平衡配重的位置应可以调节。

3）夹紧装置除应使夹紧迅速、可靠外，还应注意夹具旋转的惯性力不应使夹紧力有减小的趋势，以防回转过程中夹紧元件松脱。

4）夹具上的定位、夹紧元件及其他装置的布置不应大于夹具体的直径；靠近夹具外缘的元件，不应该有突出的棱角，必要时应加防护罩。

5）车床夹具与主轴连接精度对夹具的回转精度有决定性的影响，因此回转轴线与车床主轴轴线要有尽可能高的同轴度。

6）当主轴有高速转动、紧急制动等情况时，夹具与主轴之间的连接应有防松装置。

7）在加工过程中，工件在夹具上应能用量具测量。切屑能顺利排出或清理。

3. 本车床夹具结构确定

根据工件的结构特点和加工要求，本车床夹具选用花盘类结构。

4.2.4　夹紧方案设计

根据工序图给定的夹紧力作用点、方向，经验类比，选用螺栓压板夹紧工件的夹紧装置，如图 4-18 所示，并把夹紧装置装在 V 形块上。

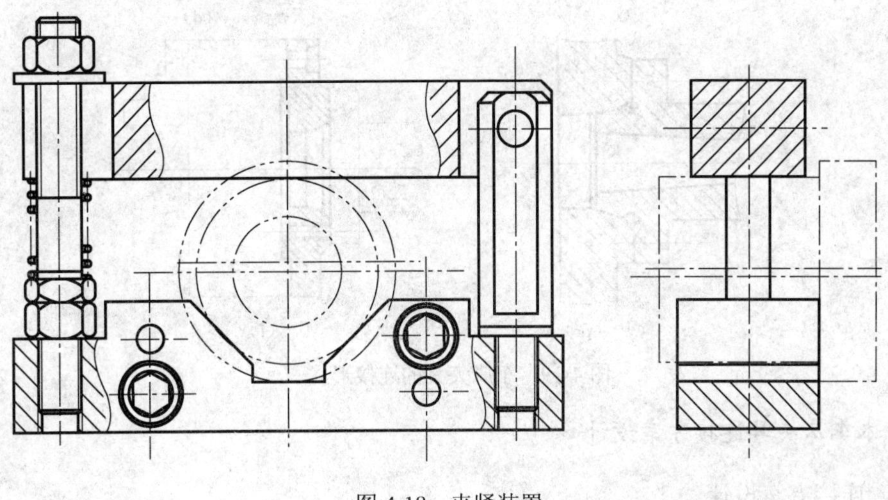

图 4-18　夹紧装置

4.2.5 连接方案设计

1. 车床夹具与机床的连接形式

车床主轴端部（见附表 2）的形状如图 4-19（a）、（b）所示，连接形式如图 4-19（c）、（d）、（e）、（f）所示。图 4-19（c）所示为莫氏锥面定位，定心精度高，装卸方便，刚性差，靠摩擦紧固，传递力矩小，适用小型机床夹具；图 4-19（d）所示为端面、圆柱面定位，螺纹紧固，压块防松，易于制造，定心精度较锥面低，常用；图 4-19（e）所示为端面、圆锥面形式过定位，螺钉紧固，定心精度高，连接刚性好，制造困难；图 4-19（f）所示为过渡盘与主轴连接，夹具以端面、止口面在过渡盘上定位，螺钉紧固。

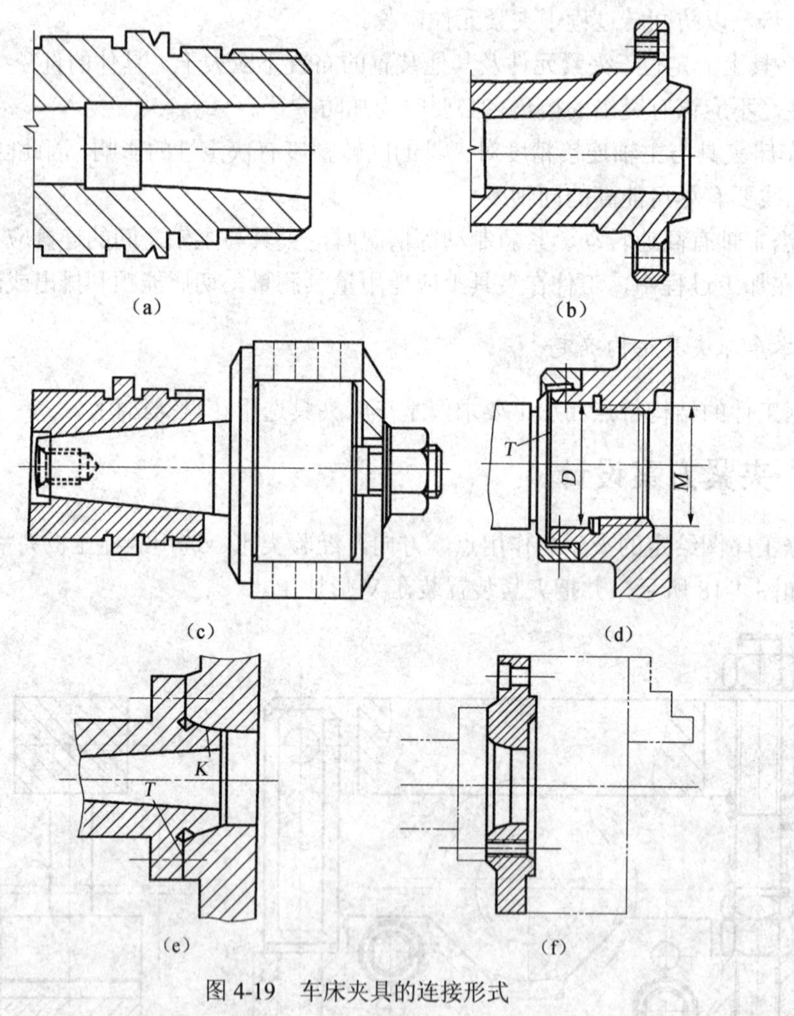

图 4-19 车床夹具的连接形式

2. 本车床夹具连接方案设计

（1）连接方案设计

由《机床设计手册》查得 CA6140 车床主轴端部的结构形状如图 4-19（b）所示，夹

具与机床的连接形式只能是如图 4-19（e）所示。设计的本夹具连接方案如图 4-20 所示，采用短锥体、端面定位，用 2 个 M10 螺钉连接紧固。查阅 CA6140 车床主轴端部尺寸，动力传递通过圆柱销轴传递，主轴端部销孔直径为ϕ23，设计连接装置，用 4 个ϕ22 的圆柱销轴与连接盘底孔形成过渡配合，与主轴端面销孔成间隙配合。

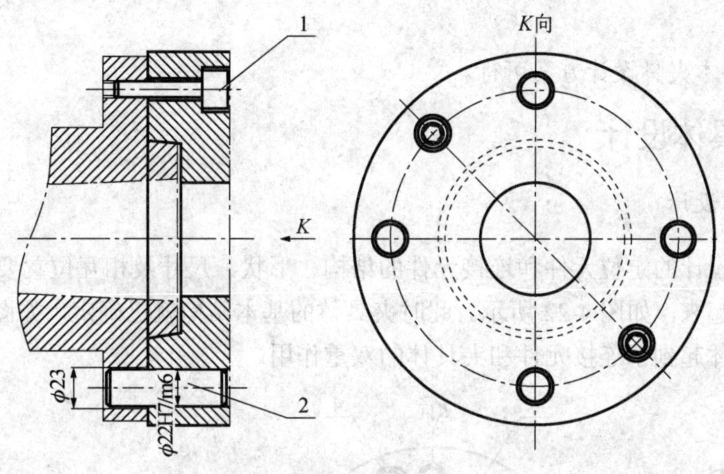

图 4-20　夹具连接方案

1—螺钉；2—圆柱销

（2）定位元件对夹具定位面的位置要求

取 V 形块理论圆中心线与夹具连接元件短锥体轴线的偏心距为 2±0.0125，如图 4-21 所示。

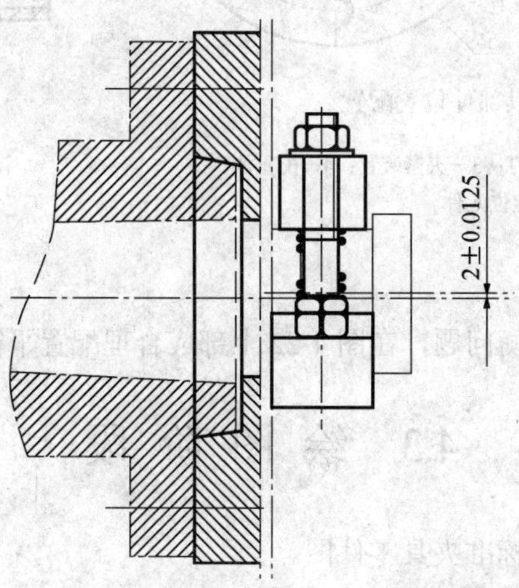

图 4-21　元件定位面对夹具定位面位置要求

（3）Δjw 分析

对于 2±0.05：Δjw＝0.0125×2＝0.025。

4.2.6　夹具精度分析

1）对于 2±0.05：Δdw＝0.0177，Δjw＝0.025，Δjd＝0，可得

$$\sqrt{0.0177^2+0.025^2+0^2}=0.031\leqslant 2/3\times 0.1=0.0667$$

满足加工要求。

2）结论：本夹具设计方案可行。

4.2.7　夹具体设计

1. 夹具体设计

根据以上设计的定位元件和连接元件的结构、形状、尺寸及相互位置要求，用夹具体把它们连接起来，如图 4-22 所示。此时夹具体的基本结构就已确定，如图 4-23 所示。由图知，夹具体起到了连接元件和夹具体的双重作用。

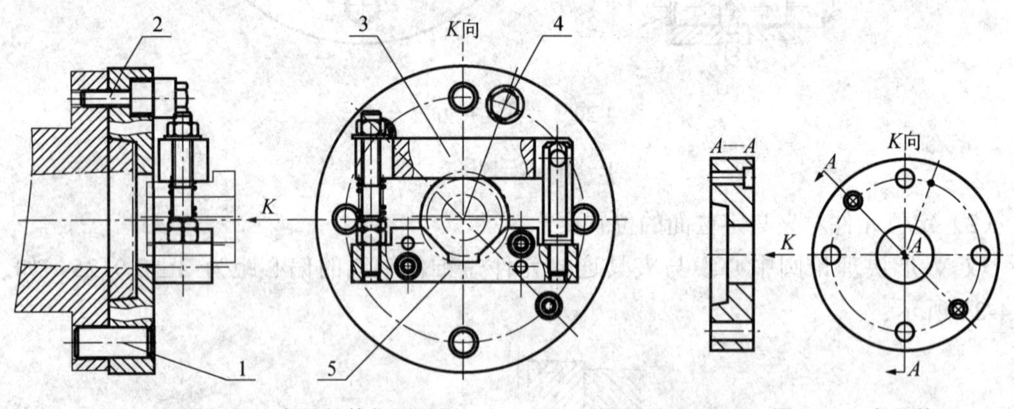

图 4-22　夹具部件位置配置

1—ϕ20 圆柱销；2—M10 螺钉；3—夹紧装置；4—配重块；5—定位元件

图 4-23　夹具体

2. 配重块设计

考虑夹具工作时的平衡问题，在图 4-22 上部应合理配置平衡块。

4.3　绘 图 阶 段

绘制夹具装配图和非标准夹具零件图。

4.3.1　绘制夹具装配图

绘制出的本车床夹具装配图如图 4-24 所示。

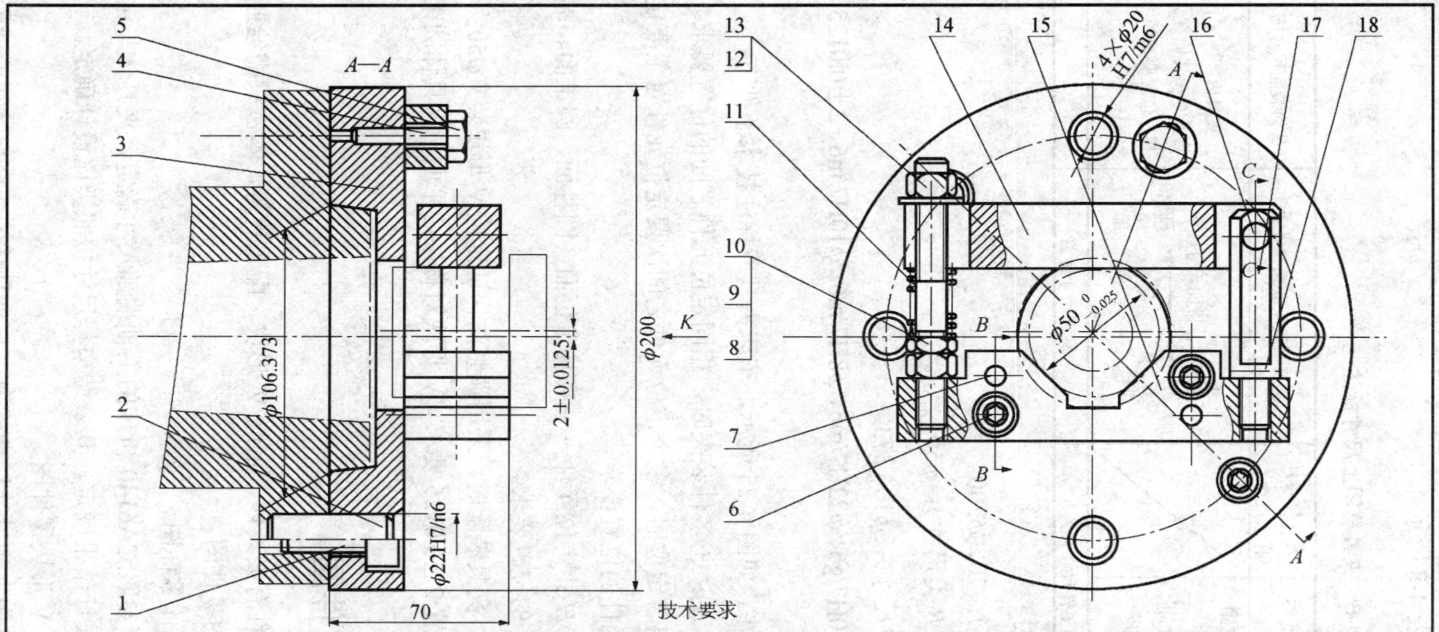

技术要求

1. 夹具在装上车床之前，必须认真清理车床主轴端部及锥孔，保证夹具锥体与车床锥体的接触面积大于75%。
2. 夹具安装完成后，保证定位V形块理论圆中心线与机床主轴轴线的偏心距为2±0.0125。
3. 在ϕ200外圆打印夹具标记：GZ201085。

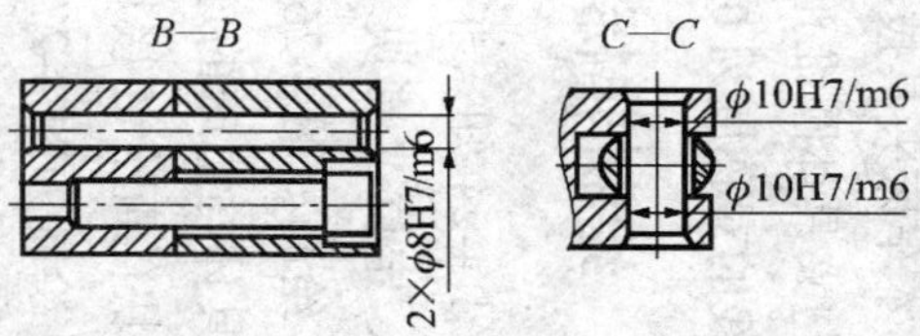

序号	代　号	名　称	数量	材　料	单件重量	总计重量	备注
18	GB/T 97.3-2000	平垫圈	1	45			10
17	JB/T 8034-1999	铰链支座	1	45			14
16	GB/T 119.1-2000	转轴圆销	1	45			10m6×24
15	GZ 201085-03	定位V形块	1	45			
14	JB/T 8010.74-1999	压板	1	45			A14×145
13	GB/T 97.3-2000	平垫圈	1	45			10
12	GB/T 6170-2000	夹紧螺母	1	45			M10
11	GB/T 6172.1-2000	弹簧	1	65Mn			2×30
10	GB/T 97.3-2000	平垫圈	1	45			10
9	GB/T 6172.1-2000	锁紧螺母	1	45			M10
8	GB/T 6170-2000	固定螺母	1	45			M10
7	GB/T 120.2-2000	定位销	2	45			8×55-A
6	GB/T 70.1-2000	紧固螺钉	2	45			M10×45
5	GB/T 5783-2000	连接螺栓	2	45			M10×30
4	GZ 201085-02	配重块	2	45			
3	GZ 201085-01	夹具体	1	45			
2	GB/T 119.2-2000	圆柱销钉	4	45			22m6×50
1	GB/T 70.1-2000	沉头螺钉	1	45			M10×35

标记	处数	分区	更改文件号	签名	年月日				兵器×××厂
设计	(签名)	(年月日)	标准化	(签名)	(年月日)	阶段标记	重量	比例	车床专用夹具
审核								1：1	GZ201085
工艺			批准			共　张	第　张		

图 4-24　夹具总装

（1）尺寸标注

1）车床夹具应标注的尺寸如表 4-8 所示。

表 4-8　夹具总图上尺寸标注

尺寸 夹具	夹具轮廓尺寸 A	夹具与工件联系尺寸 B	夹具与刀具联系尺寸 C	夹具与机床联系尺寸 D	其他装配尺寸 E
车床夹具	最大外形轮廓尺寸（包括可动件处于极限位置时）——长、宽、高	包容定位副的配合尺寸，包容定位副之间定位元件的联系尺寸		夹具定位面 ←柱、锥面尺寸→ 车床主轴端部	夹具内部的配合尺寸和其他有相互位置要求的装配尺寸
备注		与加工件尺寸有关		与机床尺寸有关	

2）本车床夹具应该标注的尺寸：

最大外形轮廓尺寸（A 类尺寸）：70、$\phi200$。

工件与定位元件的联系尺寸（B 类尺寸）：$\phi50_{-0.025}^{\ 0}$。

夹具与机床的联系尺寸（D 类尺寸）：$\phi106.373$。

其他装配尺寸（E 类尺寸）：$\phi20$H7/g6、$\phi22$H7/m6、$\phi8$H7/m6、$\phi10$H7/m6、2±0.0125。

（2）技术要求标注

1）车床夹具应标注的技术条件。如图 4-25 所示，车床夹具应标注技术条件有：

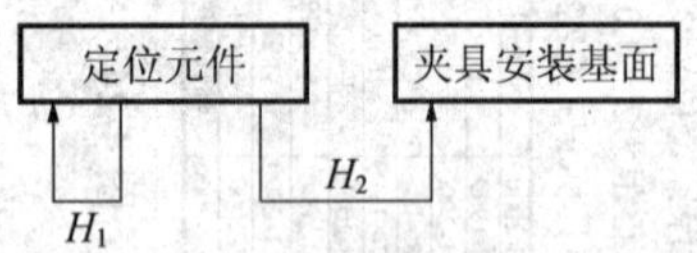

图 4-25　车床技术条件标注

H_1：①多件装夹时，相同定位元件之间的位置要求。②组合定位时，多个定位元件之间次要定位元件对主要定位元件的位置要求。

H_2：定位元件→→夹具定位面（圆柱面、圆锥面、端面）的位置要求。

2）本车床夹具技术条件标注。夹具装配时，采用调整法保证定位 V 形块装夹$\phi50$ 外圆轴线与夹具体圆锥孔面的相对位置 2±0.0125 要求。V 形块对称中心平面与夹具体圆锥孔中心线的对称度为 0.02∶100。

4.3.2　绘制非标准夹具零件图

由图 4-24 知，非标准夹具零件有夹具体、定位 V 形块、配重块等，本例只需绘制夹具体、定位 V 形块这两个零件的零件图。

1）绘制如图 4-26 所示的夹具体零件图。

夹具体与机床的连接部分尺寸参照 CA6140 机床的主轴端部尺寸确定，夹具体与定位 V 形块的配合连接尺寸按前面设计结果确定，其余结构与尺寸按照类比设计确定。

2）绘制如图 4-27 所示的定位 V 形块零件图。

V 形块定位部分的尺寸查阅机床夹具设计标准确定，与夹具体的配合尺寸按前面设计结果确定。

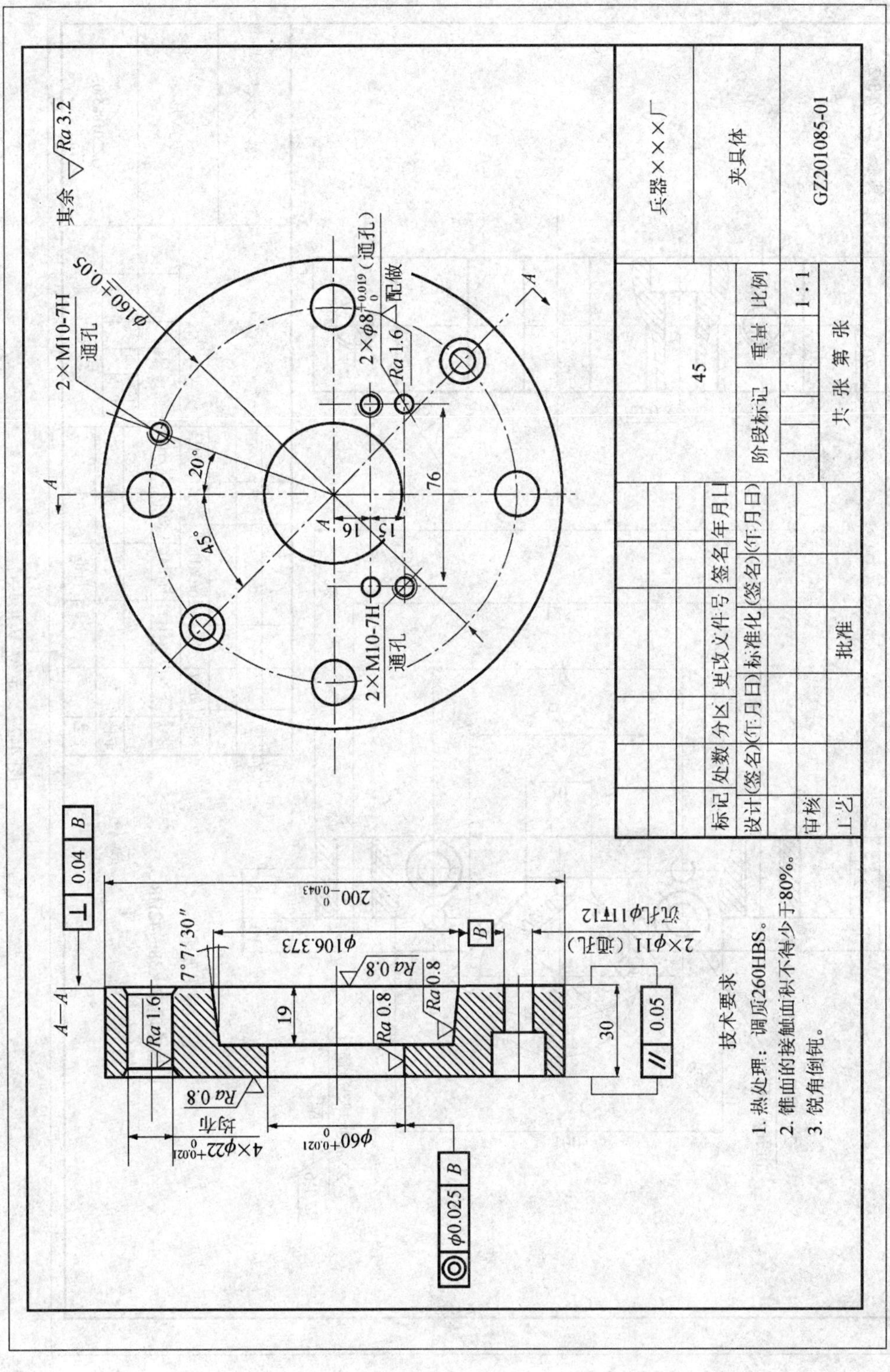

A—A

⊥ 0.04 B

4×$\phi22^{+0.021}_{0}$ 均布

Ra 1.6

Ra 0.8

7°7′30″

19

$\phi60^{+0.021}_{0}$

$\phi106.373$

$200^{0}_{-0.043}$

Ra 0.8

Ra 0.8

Ra 0.8

◎ $\phi0.025$ B

B

30

// 0.05

2×$\phi11$（通孔）

沉孔$\phi11$↧12

A

2×M10-7H 通孔

$\phi160\pm0.05$

其余 $\sqrt{Ra\ 3.2}$

45°

20°

A

16

15

2×M10-7H 通孔

2×$\phi8^{+0.019}_{0}$（通孔）

Ra 1.6 配做

76

A

技术要求

1. 热处理：调质260HBS。
2. 锥面的接触面积不得少于80%。
3. 锐角倒钝。

						45			兵器×××厂
标记	处数	分区	更改文件号	签名	年月日				夹具体
设计	(签名)	(年月日)	标准化	(签名)	(年月日)	阶段标记	重量	比例	
								1∶1	GZ201085-01
审核									
工艺			批准			共　张　第　张			

图 4-26　夹具体

35
25
2×φ11
沉孔φ18∓11
φ50 0 −0.025
22
Ra 0.8
Ra 0.8
90°
100
20
55
76
125
152
2×φ8(+0.015 0)通孔
Ra 1.6
配铰
10
15
40
20
其余 Ra 3.2
Ra 0.8
2×M10
技术要求
1. 热处理淬火38～42HRC。
2. 锐角倒钝。
标记 处数 分区 更改文件号 签名 年月日
设计 (签名) (年月日) 标准化 (签名) (年月日)
审核
工艺 批准
45
阶段标记 重量 比例
共 张 第 张
兵器×××厂
定位V形块
GZ201085-03
图 4-27 定位 V 形块

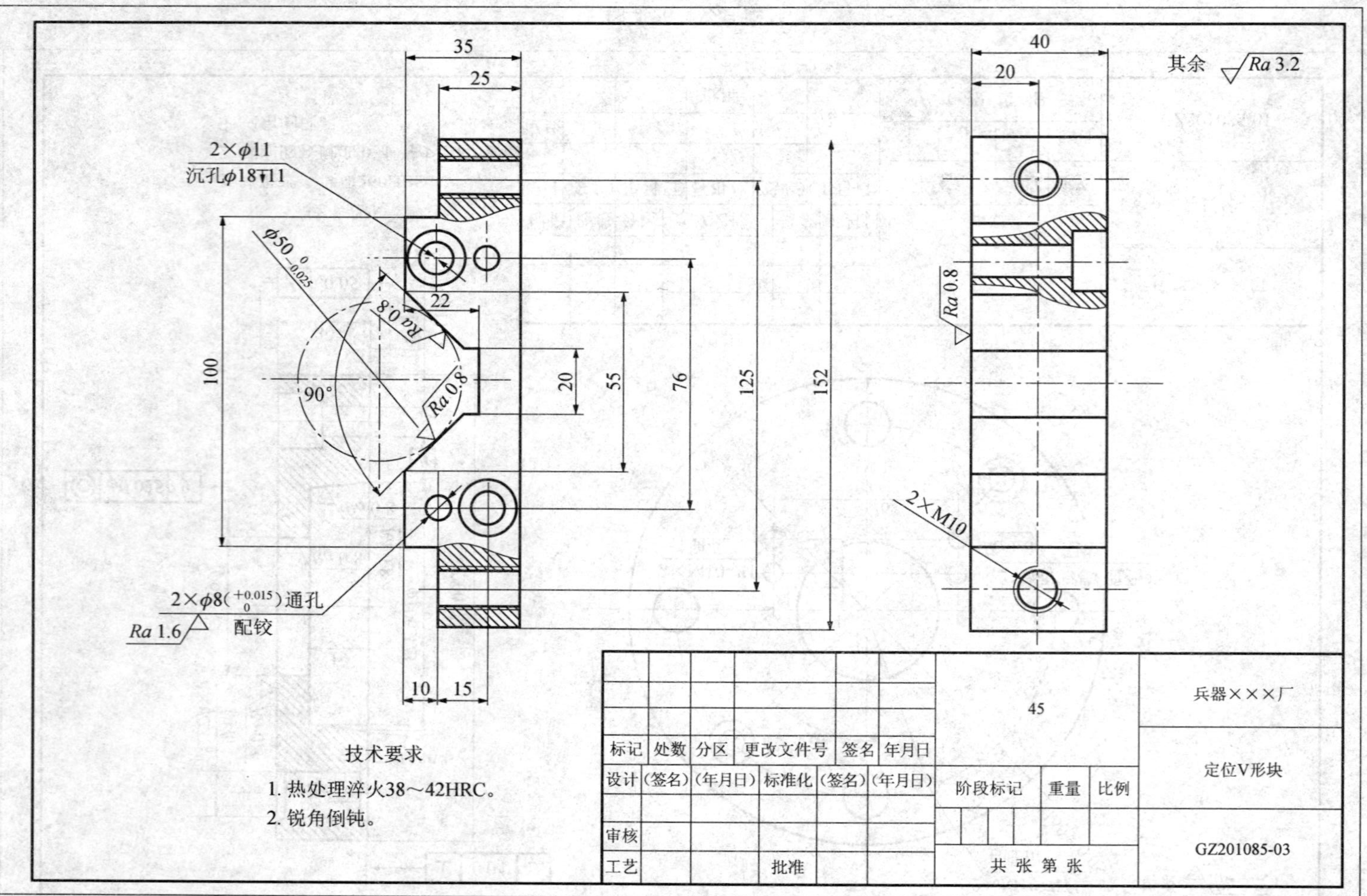

4.4　夹具使用说明

夹具安装在车床主轴上，利用机床主轴端部短锥体、端面进行定位，用2个M10螺钉连接，通过4个$\phi 20$的圆柱销传递动力。加工工件时，松开螺母12，在弹簧11的作用下压板14上移松开工件，装卸工件后，旋转螺母12，通过压板14夹紧工件。在加工前，通过调整配重块4，使机床夹具处在平衡状态，以免加工时由于离心力的作用损坏机床。首件加工后予以检验，根据检验结果微调工作台后进行正常加工。

4.5　车床夹具设计实训

如图4-28所示零件，材料为45钢，中批量生产，在车床上车$\phi 20$H8孔，其他表面均已加工，已知条件、加工要求如图中标注所示，试设计车床夹具。

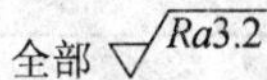

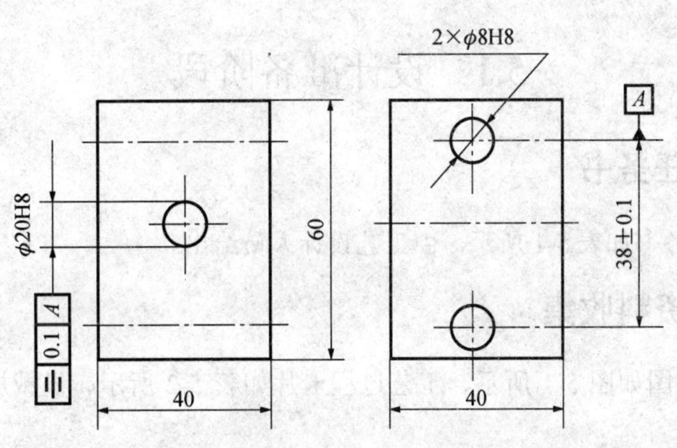

图4-28　车床夹具实训零件图

项目5 工件以平面定位机床夹具（镗床夹具）设计

学习目标

1. 了解镗床夹具结构特点。
2. 掌握镗模支架的设计要求。
3. 学会设计镗床夹具。

5.1 设计准备阶段

5.1.1 设计任务书

夹具设计任务书如表 5-1 所示，由工艺设计人员给出。

5.1.2 设计资料收集

1）收集零件图如图 5-1 所示、工艺过程卡片如表 5-2 所示、机械加工工序卡片如表 5-3 所示。

2）收集《机床设计手册》等资料。本工序使用 T68 镗床，有关镗床参数查阅《机床夹具设计手册》、T68 档案技术资料。

3）收集《金属切削刀具设计手册》等资料。本工序使用镗刀杆、镗刀的结构、参数可查阅相关设计手册。

4）收集《机床夹具零件及部件标准汇编》行业标准和企业标准等资料。

5）收集《机床夹具零件及部件标准汇编》国家标准、《机械零件设计手册》、《机械加工工艺手册》等资料。

6）根据工件零件图和第 30 道工序的机械加工工序卡片，了解本单位同类零件的镗床专用夹具的制造与使用情况。

7）收集国内外同类夹具的相关资料，了解同类夹具在国内外的设计、制造和使用情况。

表 5-1　夹具设计任务书

工装制造任务书

项目编号或通知号		XJZB-GZ-2011-001						共 1 页　第 1 页			任务书编号	GZXJ-GYB-2011-015	
产品名称		端部支架		代号	XJSB-BSX-002		零件件数	1000	生产纲领		中批生产	类别	技改
序号	工装编号	工装名称	设计人	制造数量	需求日期	计划完成日期	零件名称	零件图号	工序号	工序名称	设备名称	设备型号	使用单位
1	GZ9605	镗模		1	2010/5/10	2010/4/20	支架	CX625-6-05	30	镗	镗床	T68	SCB
2													
3													

备注：1．工装制造任务书的任务书编号由 GZ＋部门代号+-+年份（四位）+-+顺序号（三位）组成。例如，任务书编号为 GZXJGYB-2010-001，表示工装-西安机床工艺部-2010 年-编制的第 1 份工装制造任务书。

2．工装制造任务书与设计的图纸或工装设计任务书一同提交，工装制造任务书一式两份，生产准备部接收人签字接收后，负责向编制人对应的单位返回一份。

3．工装制造任务书的内容要求填写正确、完整，并与设计的工装图纸或工装任务相一致。

4．在类别栏填写“技改”、“技措”、新产品”、“复制”字样。

编制：　　　　校对：　　　　审核：　　　　接收人：

其余
R40
R55
120±0.10
φ56
Ra 1.6
Ra 1.6
Ra 1.6
Ra 1.6
5
45
$70^{\ 0}_{-0.046}$
$\phi40^{+0.025}_{0}$
$\phi50^{+0.025}_{0}$
技术要求
铸件无气孔、裂纹、夹渣等缺陷。
标记 处数 分区 更改文件号 签名 年月日
设计 标准化
审核
工艺 批准
HT200
阶段标记 重量 比例
共 张 第 张
国防××工厂
支架
CX625-6-05

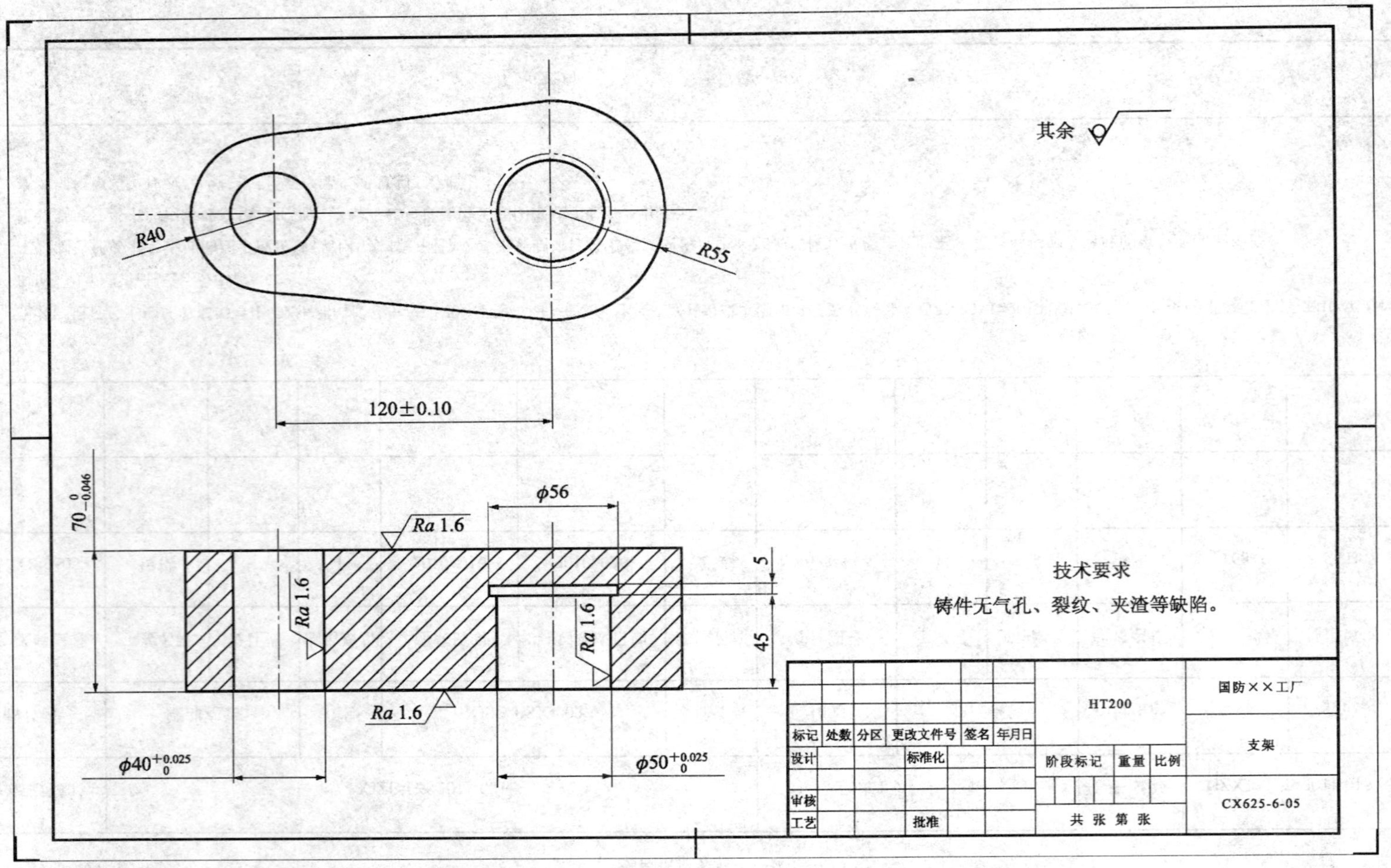

图 5-1 零件图

表 5-2 机械加工工艺过程卡片

国防××工厂	机械加工工艺过程卡片	产品型号	CX625	零件图号	CX625-6-05		
		产品名称		零件名称	端部支架	共 2 页	第 1 页
材料牌号	HT200	毛坯种类	棒料	毛坯外形尺寸		每毛坯件数	1
每台件数	1	备注					

工序号	工序名称	工序内容	车间	工段	设备	工艺装备	工时 准终	工时 单件
05	铸造	毛坯	热					
10	铣	粗铣前后大平面保证厚度 73	机		X62W			
15	铣	精铣前后大平面保证厚度 $70_{-0.046}^{0}$	机		X62W			
20	钻	小孔钻至$\phi30$、扩至$\phi39$、铰至$\phi\ 40_{0}^{+0.025}$	机		Z550			
25	镗	大孔钻至$\phi35$、扩至 45、铰至$\phi48$，保证 120 镗内环槽至$\phi56\times5$	机		T68			
30	镗	大孔粗镗至$\phi49$、精镗至$\phi\ 50_{0}^{+0.025}$，保证 120±0.1	机		T68			
35	检	检验						

标记	处数	更改文件号	签字	日期	标记	处数	更改文件号	签字	日期	设计（日期）	校对（日期）	审核（日期）	标准化（日期）	会签（日期）
标记	处数	更改文件号	签字	日期	标记	处数	更改文件号	签字	日期					

表 5-3　机械加工工序卡片

国防××厂	机械加工工序卡片	产品型号	CX625	零件图号	CX625-6-05		
		产品名称	端部支架	零件名称	支架	共　页	第　页

车间	工序号	工序名称	材料牌号
	30	镗孔	HT200
毛坯种类	毛坯外形尺寸	每毛坯可制件数	每台件数
铸件		1	1
设备名称	设备型号	设备编号	同时加工件数
	T68		1
夹具编号	夹具名称		切削液
专用夹具	GZ9605		冷却液
工位器具编号	工位器具名称		工序工时（分） 准终 / 单件

工步号	工步内容	工艺装备	主轴转速 r/min	切削速度 m/min	进给量 mm/r	切削深度 mm	进给次数	工步工时 机动	工步工时 辅助
	装夹								
1	精镗 $\phi 50H7(^{+0.025}_{0})$ 孔，保证 120±0.1	专用镗杆 内径千分尺（50～75：0.01）							

标记	处数	更改文件号	签　字	日　期	标记	处数	更改文件号	签　字	日　期	设计（日期）	校对（日期）	审核（日期）	标准化（日期）	会签（日期）

5.2 设 计 阶 段

5.2.1　工序分析

1）该零件为连杆状，材料为 HT200，加工性能好，结构简单。

2）零件外形尺寸大小适中，本工序为精镗内孔，切削力较小，夹紧力要求不高。

3）零件本道工序前期各表面已完成加工，本工序加工精度要求较高，安排在镗床加工能够满足加工要求，设计夹具时，在满足加工精度要求下，以降低制作成本为出发点。

4）该零件为中批量生产。

5.2.2　定位方案设计

1. 工序加工要求分析

（1）定位基准分析

从表 5-2 机械加工工艺过程卡片、表 5-3 机械加工工序卡片知，本工序定位基准为右端面、$\phi40\text{H7}\left(\begin{smallmatrix}+0.025\\0\end{smallmatrix}\right)$ 内孔面、$R55$ 外圆面，即右端面定位限制 3 个自由度、$\phi40\text{H7}\left(\begin{smallmatrix}+0.025\\0\end{smallmatrix}\right)$内孔定位限制 2 个自由度、$R55$ 外圆面定位限制 1 个自由度，遵循基准重合原则。

（2）工序加工要求分析

本工序加工要求有：形状要求$\phi50\text{H7}\left(\begin{smallmatrix}+0.025\\0\end{smallmatrix}\right)$孔、位置要求为尺寸 120±0.10；另外，没有提加工孔对工件外形中线的对称度要求，但不能理解为没有对称度要求，要按未注形位公差控制，按自由公差 12 级查取，应为 0.40。

（3）限制自由度分析

在工序图上建立坐标关系如图 5-2 所示。

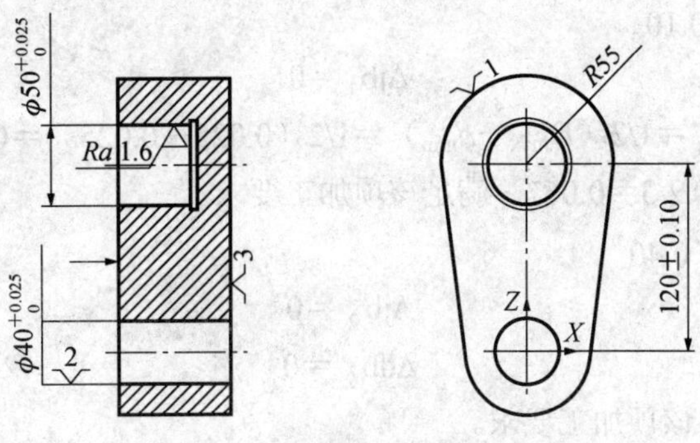

图 5-2　限制自由度分析

1）形状尺寸$\phi50\text{H7}\left(\begin{smallmatrix}+0.025\\0\end{smallmatrix}\right)$，由调整机床与刀具的相对位置保证。

2）保证位置尺寸 120±0.10，需限制$\overrightarrow{Z}\overrightarrow{Y}\overrightarrow{X}$。

3）保证加工孔对工件外形中心线的对称度 0.40，需限制 $\vec{X}\overset{\frown}{Y}\vec{Z}$。

4）考虑自动走刀和承受切削力，也需限制 $\vec{Y}$。

综合结果应限制 $\vec{X}\ \overset{\frown}{X}\ \vec{Y}\ \overset{\frown}{Y}\ \vec{Z}\ \overset{\frown}{Z}$，工序定位方案合理。

2. 定位方案设计

根据工序图要求，采用定位支承板、圆柱销与支承钉、活动短 V 形块定位，即选用定位支承板 2、支承钉 1 与工件右端面接触定位限制 $\vec{Y}\overset{\frown}{X}\overset{\frown}{Z}$，选与工件内孔配合为 $\phi40\text{H7/g6}\left(^{+0.025}_{\ \ 0}/^{-0.009}_{-0.025}\right)$ 的短圆柱销 1 定位限制 $\vec{X}\ \vec{Z}$，选与工件外圆 $R55$ 面接触的活动短 V 形块定位限制 $\overset{\frown}{Y}$，综合结果限制 $\vec{X}\ \overset{\frown}{X}\ \vec{Y}\ \overset{\frown}{Y}\ \vec{Z}\ \overset{\frown}{Z}$，定位方案设计合理。各定位元件结构、尺寸，参照《机床夹具设计手册》设计。定位元件布置如图 5-3 所示。

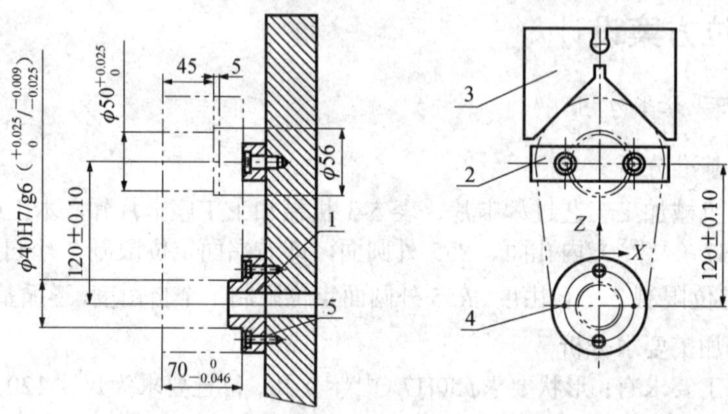

图 5-3　定位元件布置

1—圆柱销与支承钉；2—定位支承板；3—活动短 V 形块；4—销钉；5—内六角螺钉

3. 定位误差Δdw 分析

（1）对于 120±0.10

$$\Delta jb_1 = 0$$

$$\Delta db_1 = 1/2\,(D_{max} - d_{min}) = 1/2\,(0.025 + 0.025) = 0.025$$

$\Delta dw_1 = 0.025 < 0.2/3 = 0.067$，满足该项加工要求。

（2）对于对称度 0.40

$$\Delta jb_2 = 0$$

$$\Delta db_2 = 0$$

$\Delta dw_2 = 0$，满足该项加工要求。

结论：该定位方案可行。

5.2.3　夹紧方案设计

根据工序图要求，设计的夹紧方案如图 5-4 所示。工件定好位后，转动手柄 10，螺

杆 9 推动活动 V 形块 6 下移，从上向下夹紧工件；然后推动螺杆 4 插入开口垫圈 5，转动夹紧螺母 3 夹紧工件。

本工序为孔的精镗加工，加工余量小，切削力小，而且主切削力传给了支承板，故需夹紧力较小。经验类比，选用 M16 螺栓螺母夹紧即可。

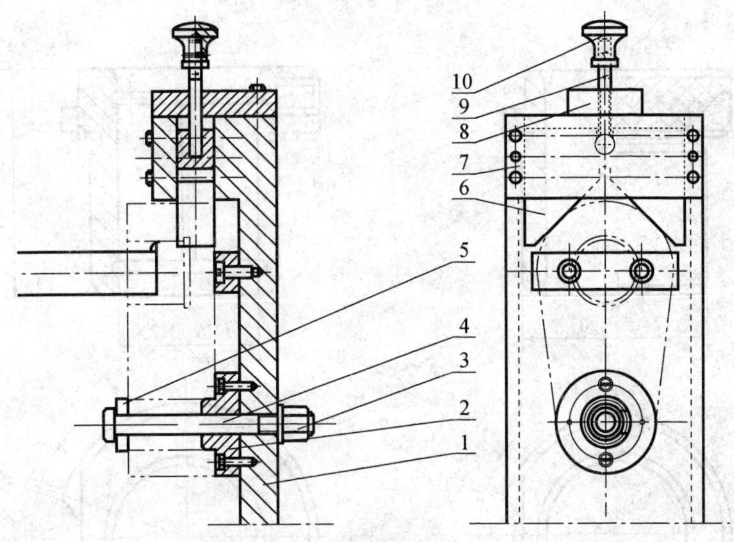

图 5-4　夹紧方案设计

1—支承板；2—圆柱销与支承钉；3—夹紧螺母；4—螺杆；5—开口垫圈；6—活动 V 形块；7—盖板；8—挡板；9—螺杆；10—手柄

5.2.4　导引装置设计

1．镗模的导引装置

（1）镗套

镗套主要用来导引镗杆。

1）镗套的分类如下。

① 固定式镗套。固定式镗套是镗套固定在镗模支架上，加工时镗套不随镗杆转动。如图 5-5 所示，A 型不带油杯和油槽，靠镗杆上开的油槽润滑；B 型则带油杯和油槽，使镗杆和镗套之间能充分地润滑。特点：外形尺寸小、结构紧凑、制造简单，易保证镗套中心位置的准确，因与镗杆之间有摩擦，主要用于低速镗孔。一般摩擦面线速度＜0.3m/s。

② 回转式镗套。回转式镗套是镗套安装在镗模支架上，加工时镗杆相对镗套有相对移动而无相对转动。

a．滑动式回转镗套：由滑动轴承支承的镗套。如图 5-6（a）所示，装有键的镗杆伸到带有键槽的镗套中，工作时镗杆和镗套一起相对轴承转动，也可在镗套上设置让刀槽，使镗刀与镗杆一起通过。这种镗套径向尺寸较小，适用于孔心距较小的孔系加工，且回转精度高、减振好、承载能力大，但需充分润滑，一般摩擦面线速度＞0.3m/s，常用于精镗孔。

b．滚动式回转镗套：由滚动轴承支承的镗套，分为外滚式和内滚式两种。

外滚式：轴承安装在镗套外，工作时镗杆与镗套一起相对轴承转动，镗杆相对镗套轴向移动。如图 5-6（b）、（c）所示。

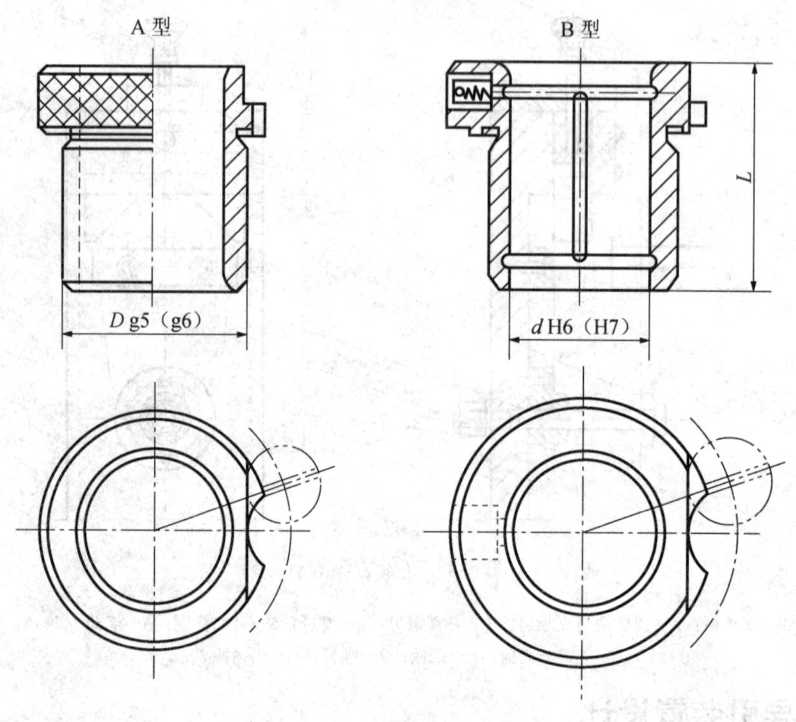

图 5-5　固定式镗套

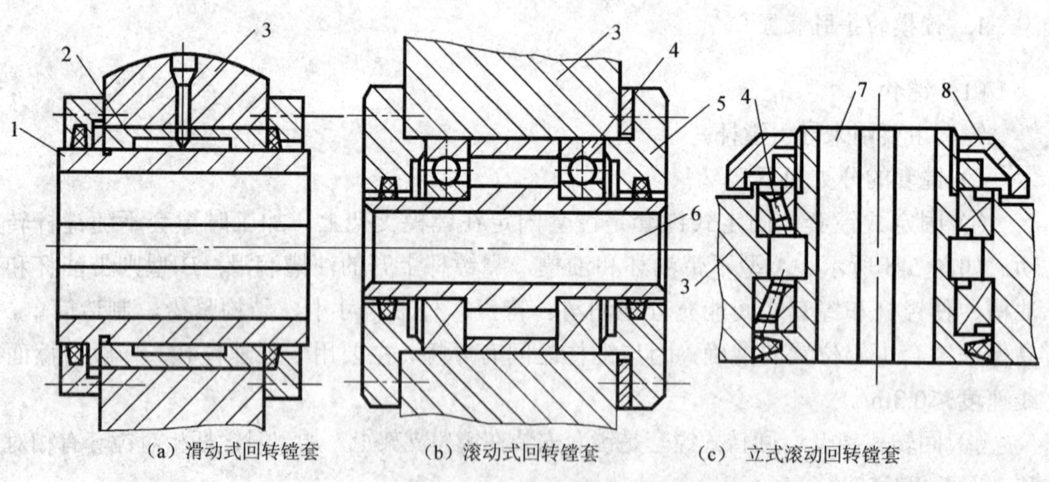

图 5-6　回转式镗套

1、6、7—镗套；2—滑动轴承；3—镗模支架；4—滚动轴承；5、8—轴承端盖

内滚式：轴承安装在镗套内，工作时镗杆在轴承上转动，镗杆与轴承一起相对镗套轴向移动，如图 5-7 所示。

滚动式回转镗套一般用于镗销孔距较大的孔系，对润滑要求较低，镗杆转速可大大提高，一般摩擦面线速度＞0.4m/s，但径向尺寸较大，回转精度受轴承精度的影响。当被加工孔经大于镗套孔径时，需在镗套上开引刀槽，使装好刀的镗杆能顺利进入，为确保镗刀进入引刀槽，镗套上有时设置尖头键，如图 5-8 所示。

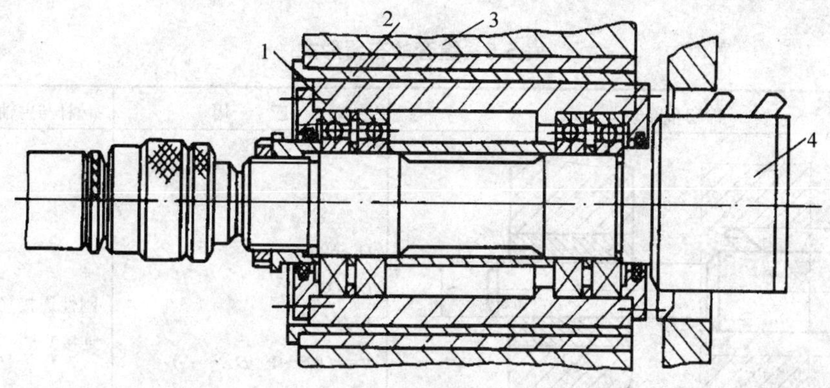

图 5-7　内滚式滚动镗套

1—导向滑动套；2—镗套；3—镗模支架；4—镗杆

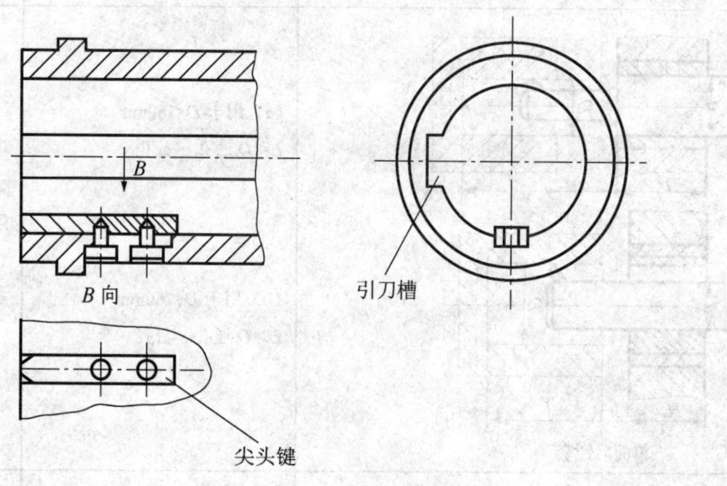

图 5-8　设引刀槽、尖头键的回转式镗套

2）镗套的特点如表 5-4 所示。

表 5-4　镗套特点

类　型	固 定 镗 套	滑 动 镗 套	滚 动 镗 套
适应转速	低	低	高
承载能力	较大	大	低

续表

类　型	固 定 镗 套	滑 动 镗 套	滚 动 镗 套
润滑要求	较高	高	低
径向尺寸	小	较小	大
加工精度	较高	高	低
应　用	低速、一般镗孔	低速、孔距小	高速、孔距大

3）镗套的布置形式。镗套的布置形式取决于镗孔直径 D 和深度 L，如表 5-5 所示。

表 5-5　镗套的布置形式

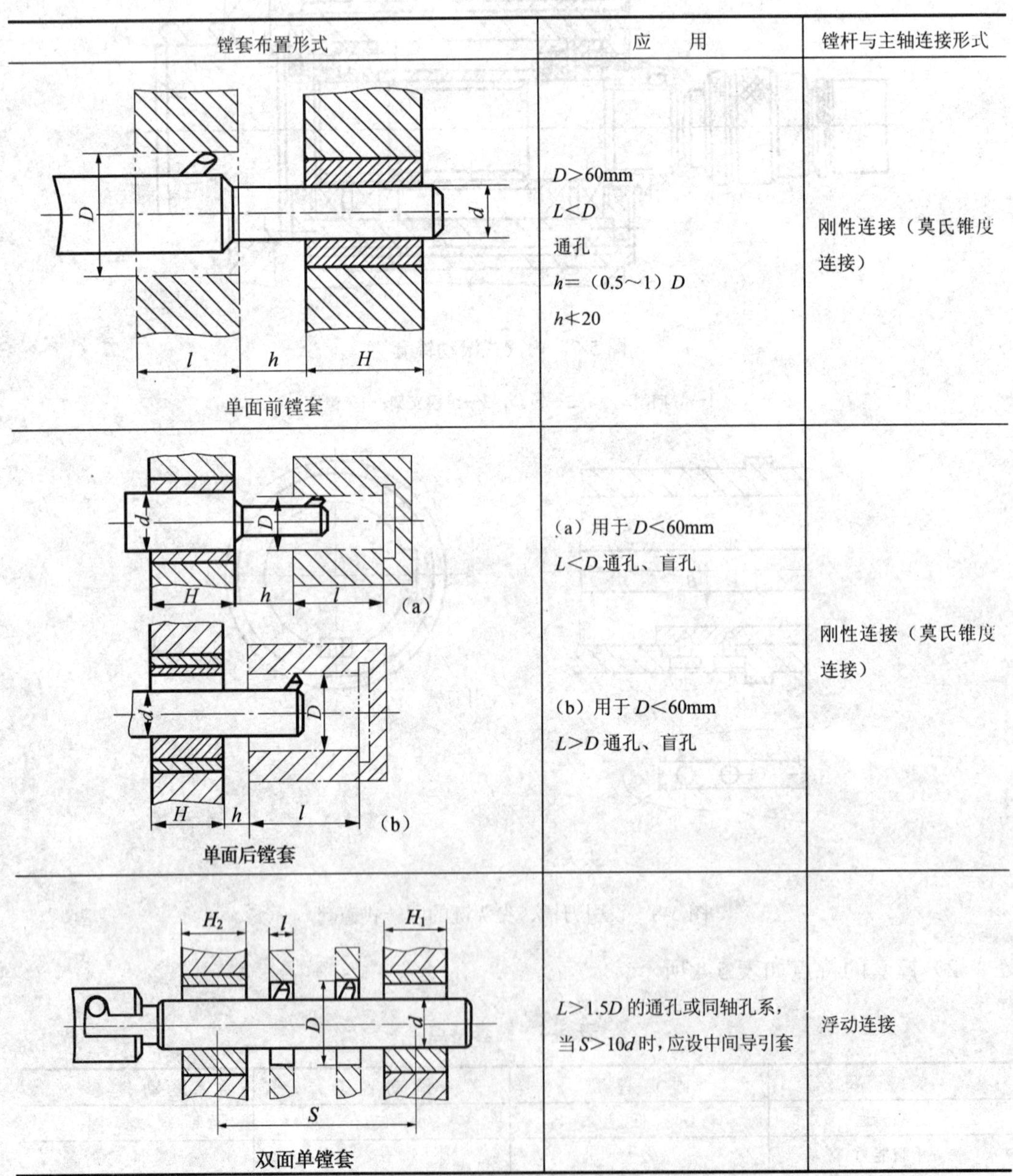

镗套布置形式	应　用	镗杆与主轴连接形式
单面前镗套	$D>60$mm $L<D$ 通孔 $h=(0.5\sim1)D$ $h\nless20$	刚性连接（莫氏锥度连接）
单面后镗套	(a) 用于 $D<60$mm $L<D$ 通孔、盲孔 (b) 用于 $D<60$mm $L>D$ 通孔、盲孔	刚性连接（莫氏锥度连接）
双面单镗套	$L>1.5D$ 的通孔或同轴孔系，当 $S>10d$ 时，应设中间导引套	浮动连接

续表

镗套布置形式	应　　用	镗杆与主轴连接形式
单面双镗套	$L_1 < 5d$	浮动连接

4）镗套的尺寸。镗套的尺寸主要是指镗套与镗杆、衬套的配合，如表5-6所示。

表5-6　镗套的尺寸

镗套尺寸及要求	粗　　镗	精　　镗
镗套与镗杆的配合	H7/g6（H7/h6）	H6/g5（H6/h5）
镗套与衬套的配合	H7/g6（H7/js6）	H6/g5（H6/j5）
衬套与支架的配合	H7/n6	H7/n5
镗套内外圆同轴度	ϕ0.01	当镗套外径≥85：ϕ0.01 当镗套外径<85：ϕ0.005

注：括号内为回转镗套与镗杆的配合。

5）镗套的材料。镗套的材料常用20钢或20Cr钢渗碳，渗碳深度为0.8～1.2mm，淬火硬度为55～60HRC。

（2）镗杆

1）镗杆导向部分结构。图5-9所示为固定式镗套的镗杆导向部分结构。

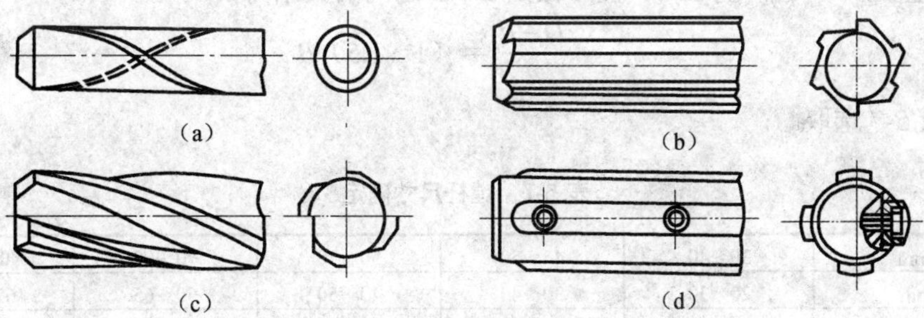

图5-9　固定式镗套镗杆导向部分结构

当镗杆导向部分直径d<50mm时，常采用整体式结构。

图5-9（a）为开油槽的镗杆，镗杆与镗套接触面积大，镗杆的刚度和强度较好，但磨损大，若铁屑从油槽内进入镗套，则易出现“卡死”现象。

图5-9（b）、（c）为开较深直槽和螺旋槽的镗杆，镗杆与镗套的接触面积小，沟槽内有一定的容屑能力，可减少“卡死”现象，但镗杆的刚度和强度较低。

当镗杆导向部分直径 $d>50$mm 时，常采用如图 5-9（d）所示的镶条式结构，镶条应采用摩擦因数小和耐磨的材料，镶条磨损后，可在底部加垫片，重新修磨使用。这种结构摩擦面积小，容屑量大，不易“卡死”。

图 5-10 所示为回转式镗套的镗杆导向部分结构。

图 5-10（a）所示为在镗杆前端设置平键，键下装有压缩弹簧，键的前部有斜面，适用于开有键槽的镗套。无论镗杆以何位置进入镗套，首先是平键受压而压缩弹簧，旋转后，在弹簧作用下，平键进入键槽。

图 5-10（b）所示为在镗杆上开有键槽，其头部做成小于 45° 的螺旋导引结构，可与装有尖头键（图 5-8）的镗套配合使用。

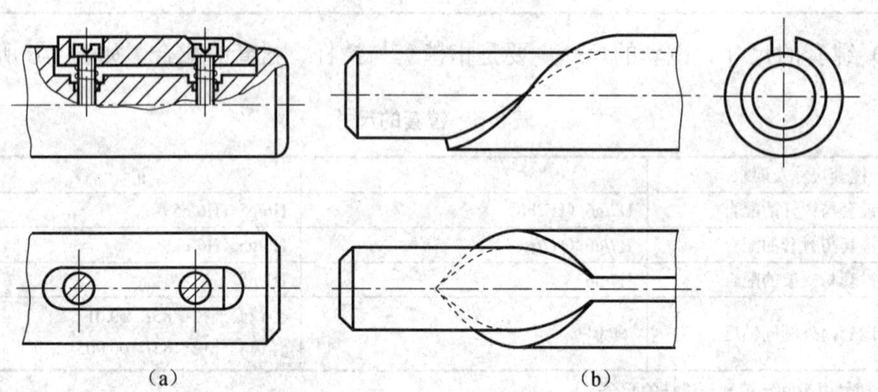

图 5-10 回转式镗套镗杆导向部分结构

2）镗杆直径和轴向尺寸如下。

镗杆直径：$d=(0.6\sim0.8)D$

镗孔直经 D、镗杆直径 d、镗刀截面 $B\times B$ 之间的关系为

$$\frac{D-d}{2}=(1\sim1.5)B$$

或参考表 5-7 选取。

表 5-7 镗杆尺寸确定

D/mm	30～40	45～50	50～70	70～90	90～110
d/mm	20～30	30～40	40～50	50～65	65～90
$B\times B$/mm×mm	8×8	10×10	12×12	16×16	16×16 20×20

3）镗杆的材料及主要技术要求。镗杆要求表面硬度高而内部韧性好，常用 20 钢、20Cr 钢，渗碳淬火硬度为 61～63HRC。

4）镗杆与浮动接头。当采用双支承镗孔的镗模时，镗杆与主轴只能采用浮动连接。图 5-11 所示为常用的镗杆浮动接头结构。

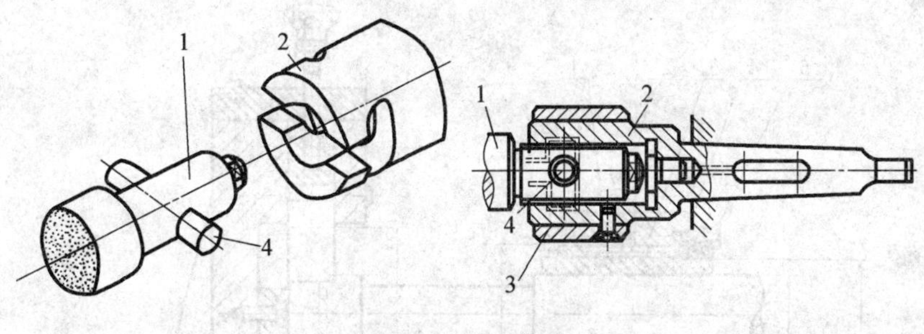

图 5-11 浮动接头

1—镗杆；2—接头体；3—外套；4—拨动销

（3）镗模支架

镗模支架多为铸铁件（HT200），装配时与镗模底座连接用销钉定位、螺钉紧固，其镗模支架上的销钉孔与镗模底座上的销钉孔配铰加工。

镗模支架不允许承受夹紧力，其典型结构和尺寸列于表 5-8。

表 5-8 镗模支架的典型结构和尺寸 单位：mm

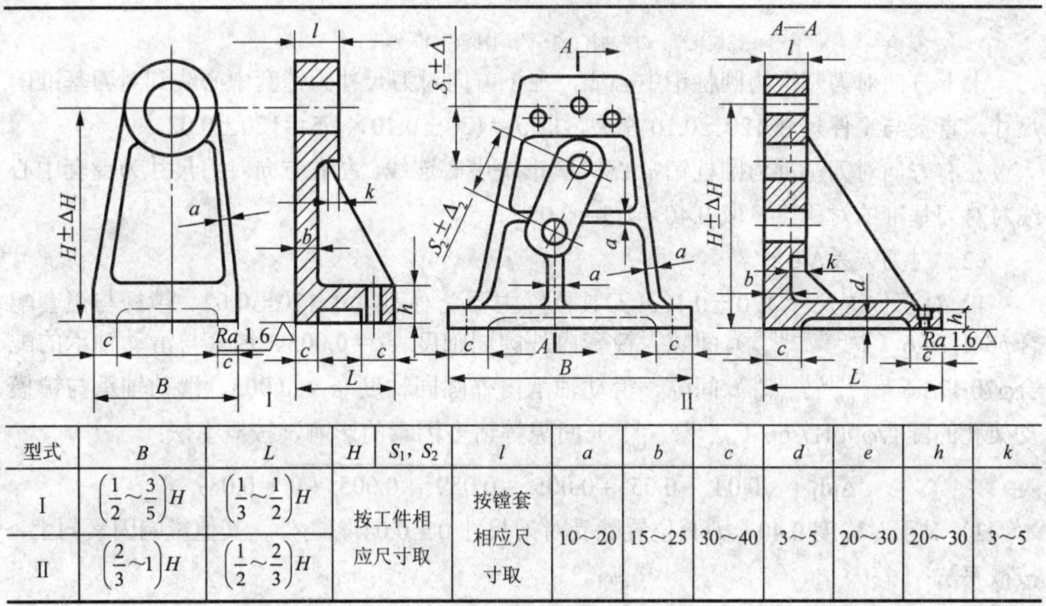

型式	B	L	H	S_1，S_2	l	a	b	c	d	e	h	k
I	$\left(\frac{1}{2}\sim\frac{3}{5}\right)H$	$\left(\frac{1}{3}\sim\frac{1}{2}\right)H$	按工件相应尺寸取		按镗套相应尺寸取	10～20	15～25	30～40	3～5	20～30	20～30	3～5
II	$\left(\frac{2}{3}\sim1\right)H$	$\left(\frac{1}{2}\sim\frac{2}{3}\right)H$										

2. 本镗模导引装置设计

（1）结构设计

由于加工盲孔，且孔径≤60mm，根据表 5-5，应采用单面前镗套的导引方式。由于为中批量生产，孔加工精度较高，故选用滑动镗套，镗套与镗杆的配合参照表 5-6 选取，即选 H7/g6，具体导引结构如图 5-12 所示，镗模支架结构、尺寸设计参照表 5-8 所示。

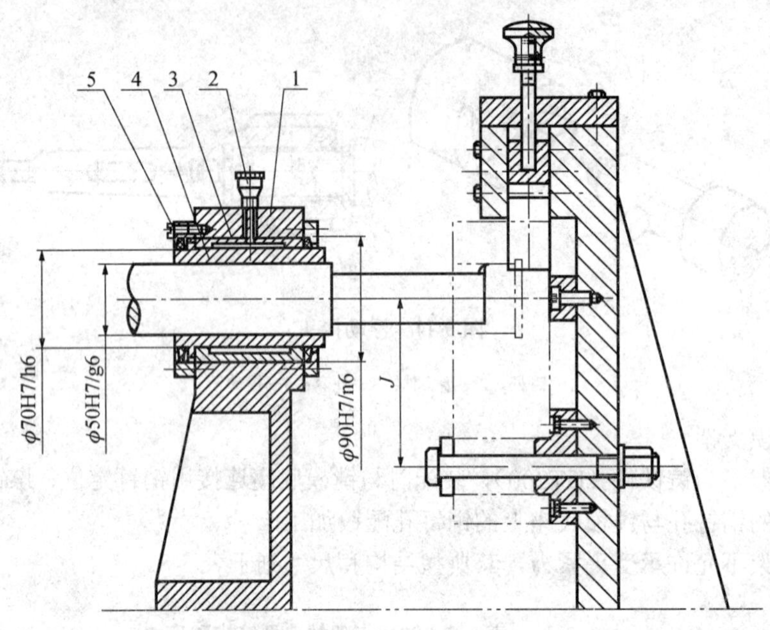

图 5-12　导引方案设计

1—镗模支架；2—油杯；3—滑动轴承；4—镗套；5—端盖

上下方向对刀基准为圆柱销中心线，上下方向对刀尺寸为镗套中心线到对刀基准的尺寸，直接与工件尺寸 120±0.10 相关，取 $J=120\pm0.10\times1/5=120\pm0.02$。

左右方向对刀基准为圆柱销中心和 V 形块中心连线，左右方向对刀尺寸为镗套中心线对对刀基准的对称度，取 0.40×1/5=0.08。

（2）对刀误差Δjd 计算

1）对于位置尺寸 120±0.10。刀具位置主要受对刀尺寸 120±0.02、镗杆与镗套配合ϕ50H7/g6（$^{+0.025}_{0}/^{-0.009}_{-0.025}$）间隙、镗套内外圆同轴度 $e_1=0.005$、镗套与滑动轴承的配合ϕ70H7/h6（$^{+0.030}_{0}/^{-0.010}_{-0.029}$）间隙、滑动轴承内外圆同轴度 $e_2=0.005$、滑动轴承与镗模支架孔的配合ϕ90H7/n6（$^{+0.035}_{0}/^{+0.045}_{+0.023}$）间隙等诸多因素的影响，按概率法：

$$\Delta jd_1=\sqrt{0.04^2+0.05^2+0.005^2+0.059^2+0.005^2+0}=0.087$$

2）对于对称度 0.40。刀具位置除受对刀尺寸 0±0.04 影响外、其他影响因素同上，按概率法：

$$\Delta jd_2=\sqrt{0.08^2+0.05^2+0.005^2+0.059^2+0.005^2+0}=0.111$$

5.2.5　连接方案设计

1. 镗模与机床的连接

镗模通常平放在工作台上，根据夹具体结构大小的不同，可采用角铁类的支承板或镗模底座与工作台连接。镗模尺寸不大时也可采用定位键与镗床工作台 T 形槽连接，当

尺寸较大时，通常采用找正的方式确定镗模与机床的位置关系。为方便找正，可在镗模底座上设置找正基面。镗模底座典型结构和尺寸列于表 5-9。

表 5-9　镗模底座的典型结构和尺寸　　　　单位：mm

L	B	H	E	a	b	d	H
按工件大小而定		$\left(\frac{1}{8}\sim\frac{1}{6}\right)L$	（1～1.5）H	10～20	20～30	5～8	20～30

底座侧面一般设有找正基面，供安装找正用；底座上供安装各元件的平面，做出凸台，高 3～5mm，以减少刮研量；底座上供安装各元件的定位销钉孔需配作加工。

2. 本镗模底座设计

参照表 5-9 设计本夹具镗模底座结构、尺寸如图 5-13 所示，U 形耳座设计查阅《机床设计手册》。镗模支架、支承板与镗模底座的连接，采用销钉定位、螺钉紧固，其销钉孔配作加工。此时夹具定位面为镗模底座底平面、找正基面。

（1）确定元件定位面对夹具定位面的位置要求

1）支承板、支承钉所在平面对镗模底座底平面的垂直度≯0.02∶100mm。

2）支承板、支承钉所在平面对镗模底座找正基面的垂直度≯0.02∶100mm。

3）圆柱销与 V 形块中心所在平面对镗模底座底平面的垂直度≯0.02∶100mm。

4）圆柱销与 V 形块中心所在平面对镗模底座找正基面的平行度≯0.02∶100mm。

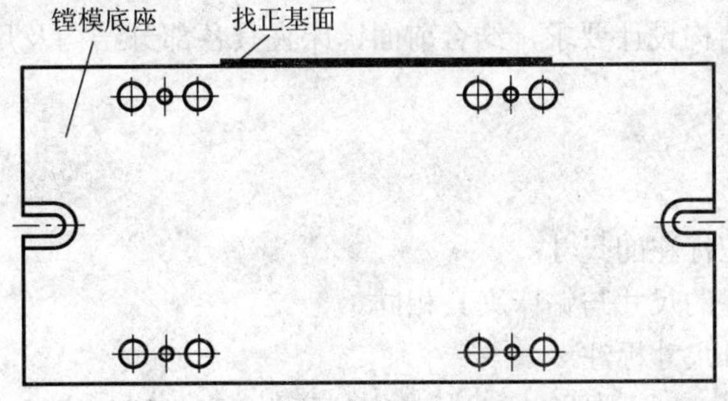

图 5-13　镗模底座

（2）计算夹具位置误差

对镗床夹具来讲，夹具位置误差主要取决于元件定位面对夹具定位面的位置误差。

1）对于位置尺寸 120±0.10。支承板、支承钉所在平面对镗模底座底平面的垂直度≯0.02：100，影响 120±0.10，换算到镗孔深度 45mm 的影响：

$$\Delta jw_1 = 45 \times \frac{0.02}{100} = 0.009$$

2）对于对称度 0.40。圆柱销与 V 形块中心面对镗模底座找正基面的平行度≯0.02：100，影响对称度 0.40，换算到孔心距 120mm 的影响：

$$\Delta jw_2 = 120 \times \frac{0.02}{100} = 0.024$$

5.2.6 夹具精度分析

1. 对于位置尺寸 120±0.10

$\Delta dw_1 = 0.025$、$\Delta jw_1 = 0.014$、$\Delta jd_1 = 0.087$

$\Delta_1 = \sqrt{\Delta dw_1^2 + \Delta jw_1^2 + \Delta jd_1^2}$

$= \sqrt{0.025^2 + 0.009^2 + 0.087^2} \approx 0.091 < 0.20 \times 2/3 \approx 0.133$，满足加工要求。

2. 对于对称度 0.40

$\Delta dw_1 = 0$、$\Delta jw_1 = 0.024$、$\Delta jd_1 = 0.111$

$\Delta_2 = \sqrt{\Delta dw_2^2 + \Delta jw_2^2 + \Delta jd_2^2}$

$= \sqrt{0 + 0.024^2 + 0.111^2} \approx 0.114 < 0.4 \times 2/3 \approx 0.267$，满足加工要求。

结论：设计夹具满足加工精度要求，方案可行。

5.3 绘图阶段

5.3.1 绘制夹具装配图

根据镗模总体结构设计要求，结合前面镗床夹具各部分结构及尺寸，绘制夹具总装图如图 5-14 所示。

1. 尺寸标注

（1）镗床夹具应标注的尺寸

镗床夹具应标注的尺寸与钻床夹具相同。

（2）本镗床夹具尺寸标注

最大外形轮廓尺寸（*A* 类尺寸）：长×宽×高为 635×284×522。

工件与定位元件的联系尺寸（*B* 类尺寸）：ϕ40H7/g6。

夹具与刀具的联系尺寸（*C* 类尺寸）：120±0. 02、ϕ50H7/g6。

其他装配尺寸（*E* 类尺寸）：ϕ70H7/h6、ϕ90H7/n6、ϕ110H7/r6、130H7/g6。

2. 技术条件标注

（1）镗床夹具应标注的技术条件

镗床夹具应标注的技术条件与钻床夹具相同。

（2）本镗床夹具技术条件标注

支承板、支承钉所在平面对镗模底座底平面的垂直度≯0.02∶100。

支承板、支承钉所在平面对镗模底座找正基面的垂直度≯0.02∶100。

圆柱销与 V 形块中心所在平面对镗模底座底平面的垂直度≯0.02∶100。

圆柱销与 V 形块中心所在平面对镗模底座找正基面的平行度≯0.02∶100。

镗套中心线对镗模底座找正基面的平行度≯0.02∶100。

镗套中心线对镗模底座底平面的平行度≯0.02∶100。

镗套中心线对圆柱销与 V 形块中心所在平面的对称度≯0.02∶100。

镗模支架、支承板在装配过程中采用调整法、修配法，保证相关尺寸、技术条件要求。

尺寸、技术条件标注如图 5-14 所示。

3. 零件明细表编写

按照国家机械制图标准的规定，对夹具总装图中的各个零件进行编号，并在标题栏上方画出零件明细表及填写具体信息，如图 5-14 所示。

5.3.2　绘制非标准夹具零件图

根据夹具装配图，拆画非标准夹具零件图。由夹具装配图 5-14 知，件号 1－夹具体、件号 2－支承板、件号 3－圆柱销与支承钉、件号 18－镗模支架属非标准零件，应拆画其零件图。本例只拆画下面两个非标准零件图。

1. 拆画镗模底座零件图

拆画的镗模底座零件图如图 5-15 所示。镗模底座上的四个销钉孔、八个螺钉孔的位置与镗模支架、支承板上的孔位对应，应调整好镗套、定位元件、夹具定位面之间的相互位置，配作制造销孔，必要时采用修配法、调整法。镗模底座上平面对下平面的平行度取装配图中镗套中心线对镗模底座平行度的 1/2，即 0.01∶100。

2. 拆画镗模支架零件图

拆画的镗模支架零件图如图 5-16 所示。镗模支架上孔$\phi 90^{+0.032}_{0}$，由装配图配合ϕ90H7/n6 拆画而来。其孔$\phi 90^{+0.032}_{0}$中心线对镗模支架底平面的平行度取装配图中镗套中心线对镗模底座平行度的 1/2，即 0.01∶100。

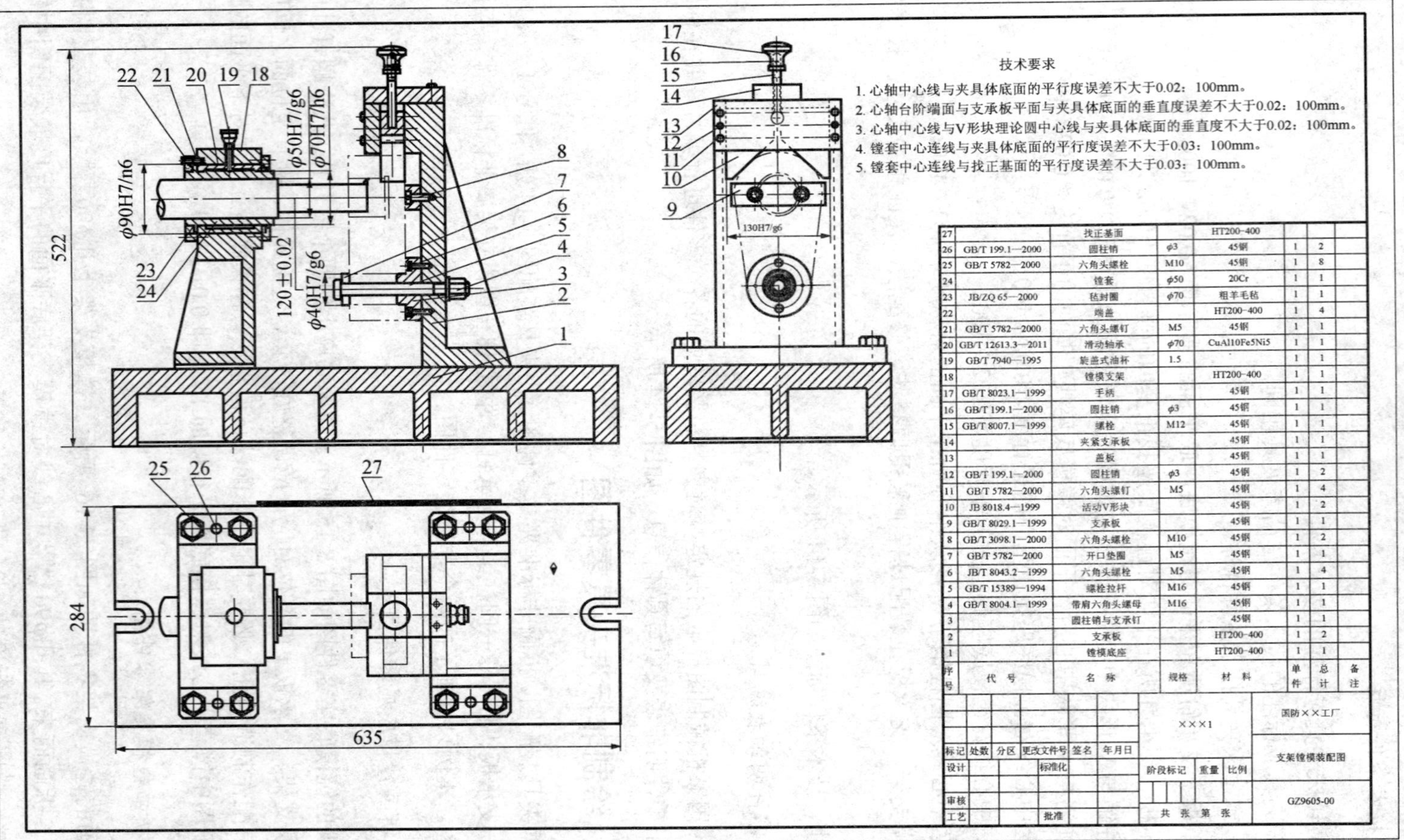

序号	代号	名称	规格	材料	单件	总计	备注
27		找正基面		HT200-400			
26	GB/T 199.1—2000	圆柱销	φ3	45钢	1	2	
25	GB/T 5782—2000	六角头螺栓	M10	45钢	1	8	
24		镗套	φ50	20Cr	1	1	
23	JB/ZQ 65—2000	毡封圈	φ70	粗羊毛毡	1	1	
22		端盖		HT200-400	1	4	
21	GB/T 5782—2000	六角头螺钉	M5	45钢	1	1	
20	GB/T 12613.3—2011	滑动轴承	φ70	CuAl10Fe5Ni5	1	1	
19	GB/T 7940—1995	旋盖式油杯	1.5		1	1	
18		镗模支架		HT200-400	1	1	
17	GB/T 8023.1—1999	手柄		45钢	1	1	
16	GB/T 199.1—2000	圆柱销	φ3	45钢	1	1	
15	GB/T 8007.1—1999	螺栓	M12	45钢	1	1	
14		夹紧支承板		45钢	1	1	
13		盖板		45钢	1	1	
12	GB/T 199.1—2000	圆柱销	φ3	45钢	1	2	
11	GB/T 5782—2000	六角头螺钉	M5	45钢	1	4	
10	JB 8018.4—1999	活动V形块		45钢	1	2	
9	GB/T 8029.1—1999	支承板		45钢	1	1	
8	GB/T 3098.1—2000	六角头螺栓	M10	45钢	1	2	
7	GB/T 5782—2000	开口垫圈	M5	45钢	1	1	
6	JB/T 8043.2—1999	六角头螺栓	M5	45钢	1	4	
5	GB/T 15389—1994	螺栓拉杆	M16	45钢	1	1	
4	GB/T 8004.1—1999	带肩六角头螺母	M16	45钢	1	1	
3		圆柱销与支承钉		45钢	1	1	
2		支承板		HT200-400	1	2	
1		镗模底座		HT200-400	1	1	

图 5-14　镗模装配图

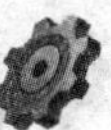

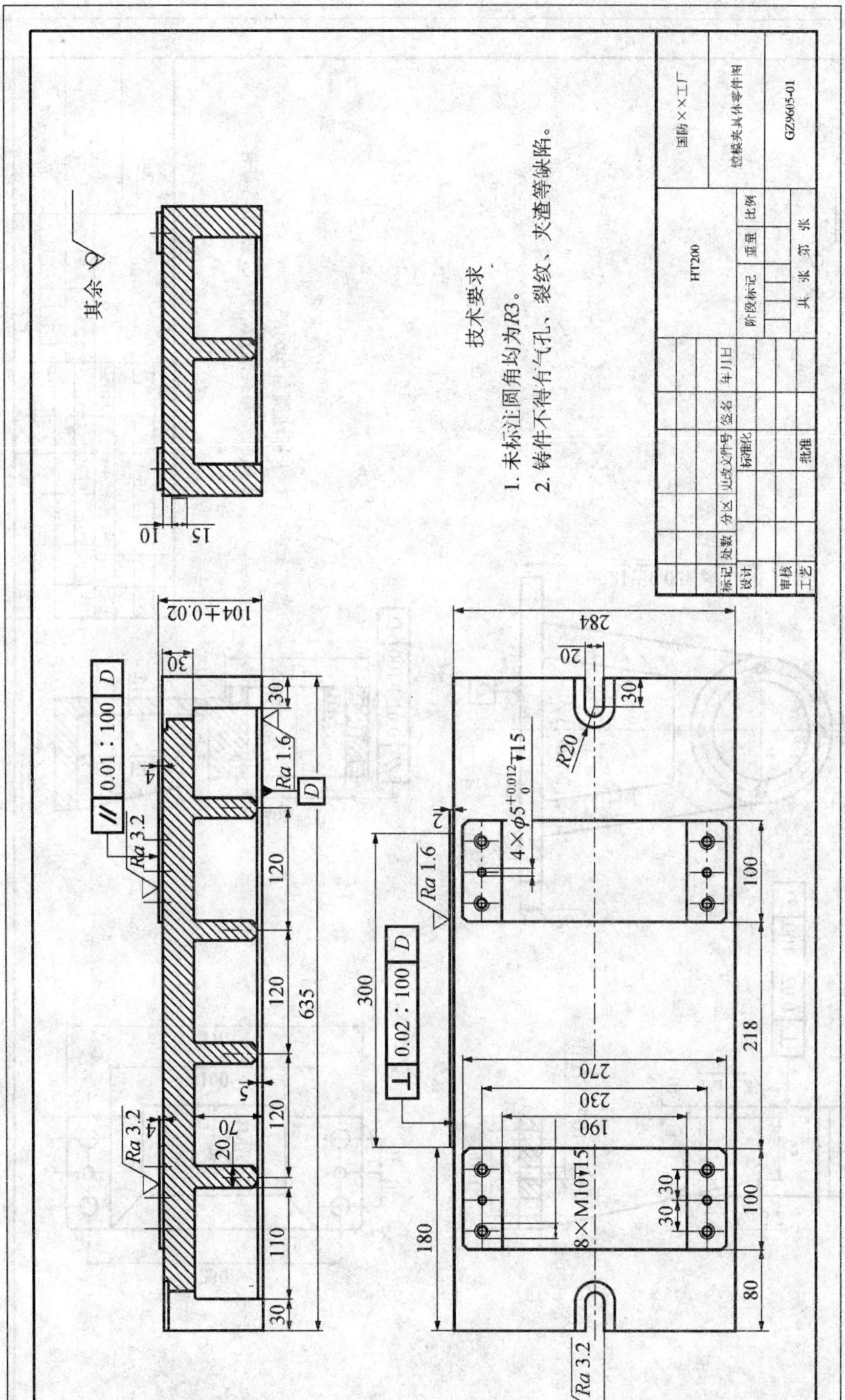
技术要求
1. 未标注圆角均为R3。
2. 铸件不得有气孔、裂纹、夹渣等缺陷。
其余
HT200
国防××工厂
镗模夹具体零件图
GZ9605-01
635
104±0.02
284
218
180
300
8×M10T15
4×φ5T15
R20
Ra 1.6
Ra 3.2

图 5-15 镗模底座零件图

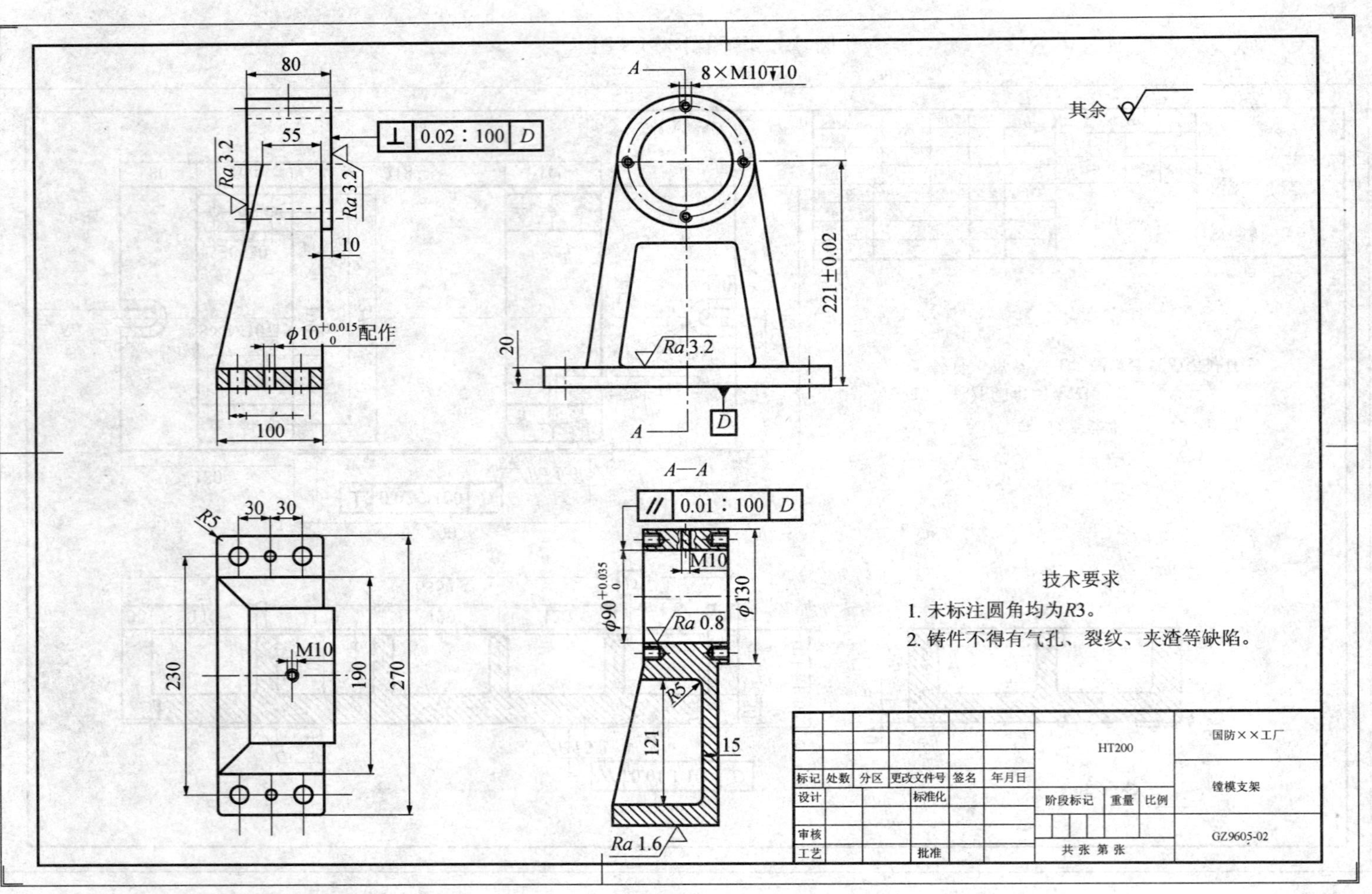

图 5-16　镗模支架零件图

5.4　夹具使用说明

本夹具在机床工作台面放置后，通过找正基面打表找正，使找正基面与工作台进给方向平行，在 U 形耳座上用螺栓螺母固定好夹具，并调整机床工作台位置，让镗杆顺利伸入镗套，把工作台位置固定，方可进行工件加工。

5.5　镗床夹具设计实训

如图 5-17 所示，镗箱体零件$\phi 50^{+0.035}_{0}$，其他表面均已加工，已知条件、加工要求如图中标注所示，试设计铣床夹具。

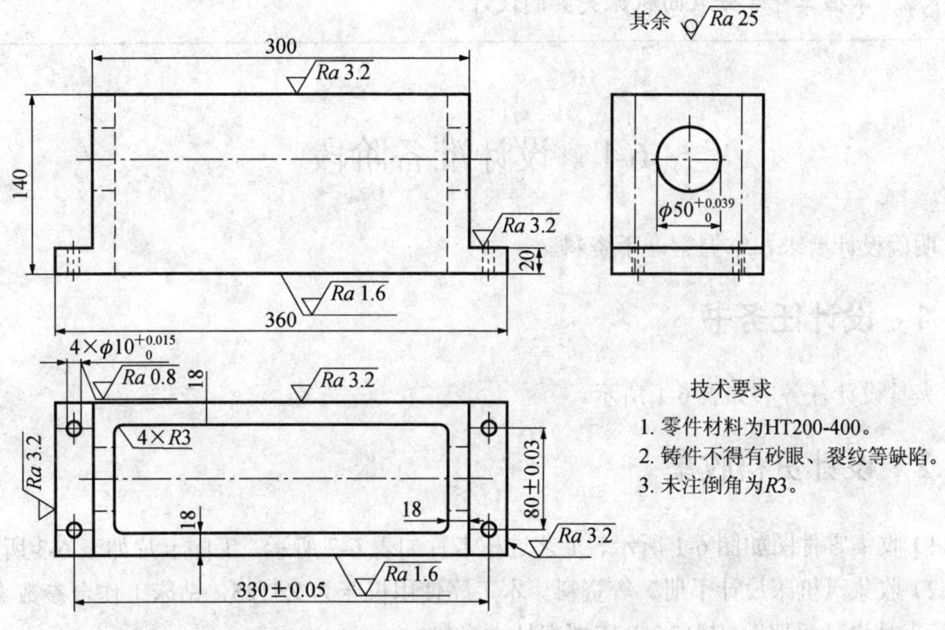

图 5-17　镗床夹具设计实训零件图

项目6　工件等分表面加工机床夹具（分度夹具）设计

学习目标

1. 了解分度夹具结构特点。
2. 掌握工件等分表面机床夹具的设计。

6.1　设计准备阶段

明确设计要求、掌握第一手资料。

6.1.1　设计任务书

夹具设计任务书如表 6-1 所示。

6.1.2　设计资料收集

1）收集零件图如图 6-1 所示、工艺过程卡片如表 6-2 所示、工序卡片如表 6-3 所示。

2）收集《机床设计手册》等资料。本工序使用机床为 Z5125，钻床工作台参数查阅《机床夹具设计手册》、Z5125 钻床档案技术资料。

3）收集《金属切削刀具设计手册》等资料。本工序使用刀具：钻头$\phi9$，其刃部参数可查阅《金属切削刀具设计手册》；$\phi9$ 麻花钻直径公差为$\phi9h8\left(\begin{smallmatrix}0\\-0.022\end{smallmatrix}\right)$。

4）收集《机床夹具零件及部件标准汇编》行业标准和企业标准等资料。

5）收集《机床夹具零件及部件标准汇编》国家标准、《机床夹具设计手册》、《机械零件设计手册》、《机械加工工艺手册》等资料。

6）根据工件零件图和第 35 道工序的机械加工工序卡片，了解本单位同类零件的钻床专用夹具的制造与使用情况。

7）了解国内外同类夹具设计、使用的情况。

表 6-1　夹具设计任务书

工装制造任务书													
项目编号或通知号		XJZB-GZ-2010-076						共 1 页　第 1 页		任务书编号		GZXJ-GYB-2010-076	
产品名称		后悬架	代号		XJSB-XXX-015		零件数量	7500	生产纲领	中批生产		类别	技改
序号	工装编号	工装名称	设计人	制造数量	需求日期	计划完成日期	零件名称	零件图号	工序号	工序名称	设备名称	设备型号	使用单位
1	GZ201076	钻床专用夹具	×××	2	2010/10/20	2010/9/20	分度盘	219-280-5011	35	钳	立式钻床	Z5125	12 车间
2													
3													
4													
5													
6													

备注：1．工装制造任务书的任务书编号由 GZ+部门代号+ - +年份（四位）+ - +顺序号（三位）组成。例如，任务书编号为 GZXJGYB-2010-001，表示工装-西安机床工艺部-2010 年-编制的第 1 份工装制造任务书。

2．工装制造任务书与设计的图纸或工装设计任务书一同提交，工装制造任务书一式两份，生产准备部接收人签字接收后，负责向编制人对应的单位返回一份。

3．工装制造任务书的内容要求填写正确、完整，并与设计的工装图纸或工装任务相一致。

4．在类别栏填写“技改”、“技措”、“新产品”、“复制”字样。

其余 Ra 6.3
25
⊥ 0.55 A
15
Ra 3.2
Ra 3.2
φ70
φ35 +0.025 0
φ90 0 −0.054
Ra 1.6
A
7.5±0.1
4×φ9▼15
均布
技术要求
1. 未注倒角1.5×45°。锐角倒钝。
2. 调质220HBS。
45
兵器×××厂
标记 处数 分区 更改文件号 签名 年月日
设计 (签名) (年月日) 标准化 (签名) (年月日)
阶段标记 重量 比例
分度盘
审核
1∶1
21-28-0501
工艺
批准
共 张 第 张

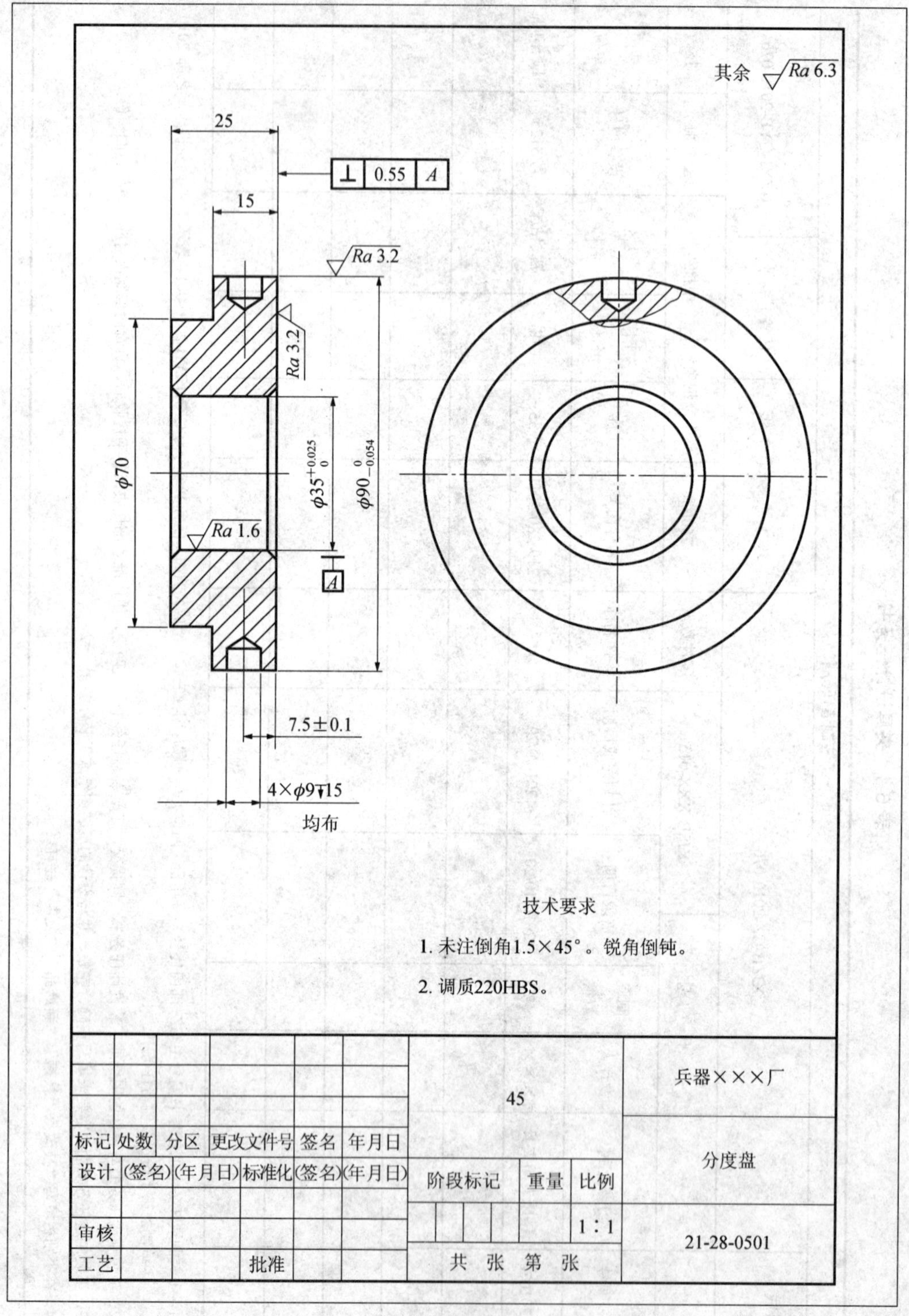

图 6-1　零件图

表 6-2　机械加工工艺过程卡片

兵器×××厂	机械加工工艺过程卡片	产品型号	XJSB-XXX-015	零件图号	219-28-5011		
		产品名称	后悬架	零件名称	分度盘	共　页	第　页

材料牌号	45	毛坯种类	锻件	毛坯外形尺寸	$\phi95\times32$	每毛坯件数	1	每台件数	1	备注	

工序号	工序名称	工序内容	车间	工段	设备	工艺装备	工时 准终	工时 单件
01	锻造	锻件：$\phi95\times32$						
05	车	车左端面，见平。车 $\phi70$ 外圆。保证尺寸 $\phi71h10$			CA6140			
		保证长度尺寸 10						
10	车	车右端面，保证尺寸 26。车 $\phi90$ 外圆、$\phi35$ 内孔			CA6140			
		保证尺寸 $\phi91h9$、$\phi34H9$						
15	检	检验						
20	热处理	调质 220HBS						

										设计（日期）	校对（日期）	审核（日期）	标准化（日期）	会签（日期）
标记	处数	更改文件号	签字	日期	标记	处数	更改文件号	签字	日期					
标记	处数	更改文件号	签字	日期	标记	处数	更改文件号	签字	日期					

续表

兵器×××厂	机械加工工艺过程卡片	产品型号	XJSB-XXX-015	零件图号	219-28-5011		
		产品名称	后悬架	零件名称	分度盘	共　页	第　页

材料牌号	45	毛坯种类	锻件	毛坯外形尺寸	$\phi95\times32$	每毛坯件数	1	每台件数	1	备注	

工序号	工序名称	工序内容	车间	工段	设备	工艺装备	工时 准终	工时 单件
25	车	车左端面，保证尺寸25.5，车 $\phi70$ 外圆。保证尺寸 $\phi70h9$			CA6140			
		保证长度尺寸10						
30	车	车右端面，保证尺寸25。车 $\phi90$ 外圆、$\phi35$ 内孔			CA6140			
		保证尺寸 $\phi90h8$、$\phi35H7$						
35	钳	钻4× $\phi9$ 孔。保证4× $\phi9$、7.5±0.1、15及均布性要求			Z5125			
40	检	检验						

										设计（日期）	校对（日期）	审核（日期）	标准化（日期）	会签（日期）
标记	处数	更改文件号	签字	日期	标记	处数	更改文件号	签字	日期					
标记	处数	更改文件号	签字	日期	标记	处数	更改文件号	签字	日期					

表 6-3　机械加工工序卡片

兵器×××厂	机械加工工序卡片	产品型号	XJSB-XXX-015	零件图号	219-28-5011		
		产品名称	后悬架	零件名称	分度盘	共　页	第　页

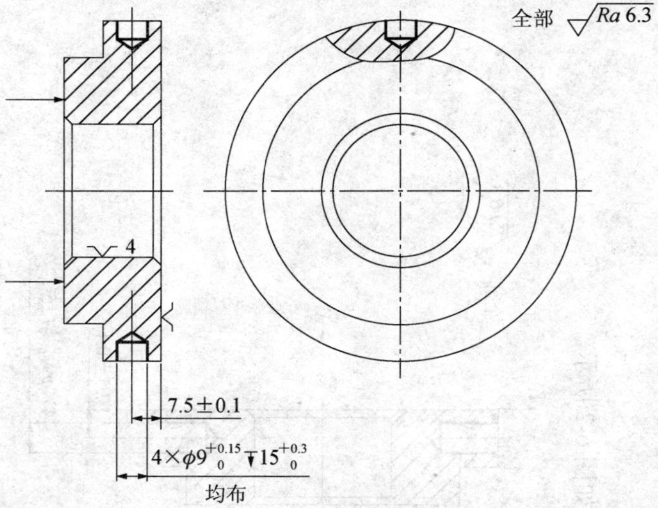

全部 $\sqrt{Ra\ 6.3}$

4

7.5±0.1

$4\times\phi9^{+0.15}_{0}$ ⊽ $15^{+0.3}_{0}$

均布

车间	工序号	工序名称	材料牌号
	35	钳	45
毛坯种类	毛坯外形尺寸	每毛坯可制件数	每台件数
锻件	$\phi95\times32$	1	1
设备名称	设备型号	设备编号	同时加工件数
立式钻床	Z5125		1
夹具编号	夹具名称	切削液	
GZ201076	钻床专用夹具	冷却液	
工位器具编号	工位器具名称	工序工时（分）	
		准终	单件

工步号	工 步 内 容	工 艺 装 备	主轴转速 r/min	切削速度 m/min	进给量 mm/r	切削深度 mm	进给次数	工步工时 机动	工步工时 辅助
	装夹								
1	钻孔 $\phi9$	钻头 $\phi9$							
2	倒角去毛刺	专用夹具（GZ201076）							
		$\phi9$ 塞规							

										设计（日期）	校对（日期）	审核（日期）	标准化（日期）	会签（日期）
标记	处数	更改文件号	签字	日期	标记	处数	更改文件号	签字	日期					

6.2 设计阶段

类比设计、确定方案。

6.2.1 工序分析

1）该零件为盘套类件，材料为45钢，强度较好，结构简单。

2）零件外形尺寸大小适中，本工序为钻扩铰孔，切削力不大，夹紧力要求不高。

3）零件本工序前期各表面已完成加工，本工序加工精度要求适中，在设计夹具时，其精度和复杂程度以满足加工精度要求、降低制作成本为出发点。

4）该零件为中批量生产。

6.2.2 定位方案设计

1. 工序加工要求分析

（1）定位基准和加工要求分析

本工序定位基准为右端面、$\phi35H7(^{+0.025}_{0})$内孔面，即端面定位限制1个自由度、内孔面定位限制4个自由度。基准选择遵循基准重合原则。

本工序加工要求：形状要求$4\times\phi9^{+0.15}_{0}$；位置尺寸要求为7.5±0.1、深度要求$15^{+0.3}_{0}$及$4\times\phi9^{+0.15}_{0}$均布（即均布性要求：90°±20′）。

（2）限制自由度分析

在工序图上建立坐标关系，如图6-2所示。

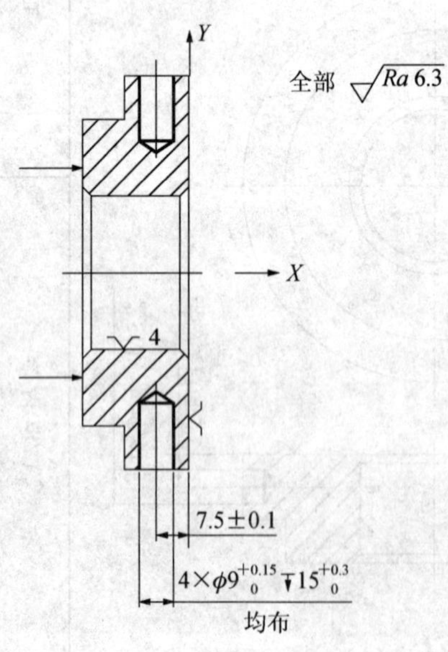

图6-2 限制自由度分析

1）形状尺寸 $4\times\phi 9^{+0.15}_{0}$ 与限制自由度无关。

2）保证位置尺寸 7.5±0.1，需要限制 $\overrightarrow{X}\overset{\frown}{Y}\overset{\frown}{Z}$。

3）保证尺寸深度 $15^{+0.3}_{0}$，需要限制 $\overrightarrow{Y}\overset{\frown}{Z}$。

4）保证 $4\times\phi 9^{+0.15}_{0}$ 均布，需要限制 $\overrightarrow{Z}$。

综合结果应限制 $\overrightarrow{X}\ \overrightarrow{Y}\overset{\frown}{Y}\ \overrightarrow{Z}\overset{\frown}{Z}$，工序定位方案合理。

2. 定位方案设计

根据工序图给定的定位基准，选用长度为 20mm 的心轴及轴肩台阶与工件内孔及右端面定位的定位方案，如图 6-3 所示，定位后实际限制 $\overrightarrow{X}\ \overrightarrow{Y}\overset{\frown}{Y}\ \overrightarrow{Z}\overset{\frown}{Z}$ 五个自由度，限制了理论应该限制的自由度，满足加工要求。

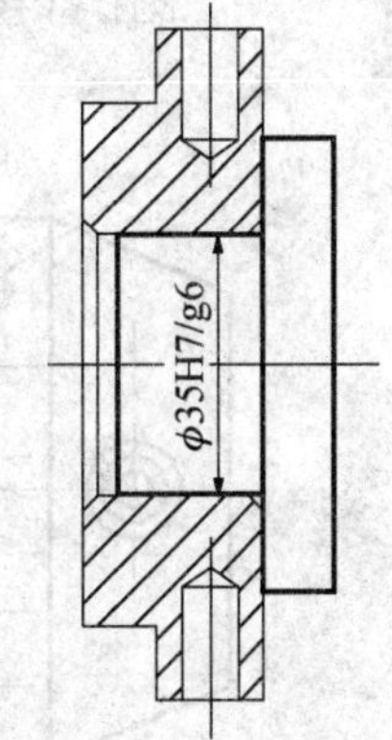

图 6-3　定位方案

3. 定位误差Δdw 分析计算

根据前面介绍的知识，进行定位误差计算。

形状尺寸 $4\times\phi 9^{+0.15}_{0}$ 由刀具保证。

对于 7.5±0.1：

$$\Delta jb=0$$
$$\Delta db=0$$

$\Delta dw=0<T/3=0.0667$，满足该项加工要求。

对于深度尺寸 $15^{+0.3}_{0}$：

$$\Delta jb=0.027$$
$$\Delta db=0.025+0.016+0.009=0.05$$

$\Delta dw=0.077<T/3=0.1$，满足该项加工要求。

结论：该定位方案可行。

6.2.3　结构类型确定

根据零件的结构特征和加工要求及工序图等已知条件，结合钻床夹具的特点，本夹具选用回转钻模结构。

6.2.4　夹紧方案设计

根据工序图给定的夹紧力作用点、方向，由于工件加工孔余量较小，故需夹紧力不大，根据经验类比，选用螺栓、开口垫圈等夹紧工件的夹紧装置，如图 6-4 所示。

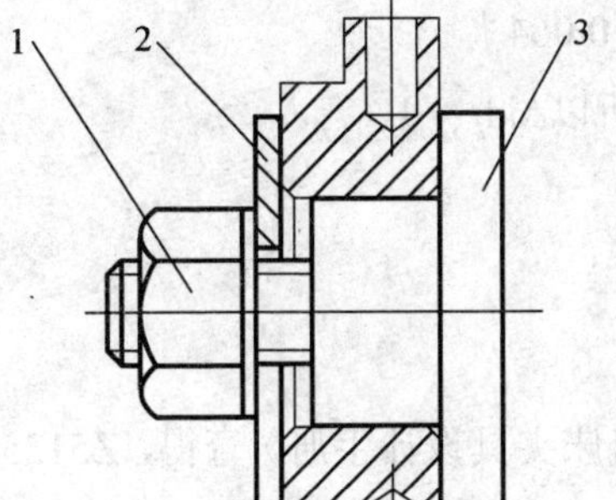

图 6-4　夹紧装置

1—夹紧螺母；2—开口垫圈；3—定位心轴

6.2.5　导引方案设计

1. 方案设计

根据零件生产类型的特点，考虑本工序的加工要求，为提高对刀精度，采用固定钻模板、固定钻套的方案，如图 6-5 所示。

（1）钻套导引孔内径尺寸 d 确定

根据麻花钻钻头直径尺寸ϕ9h8（$^{0}_{-0.022}$），查表确定钻套导引孔内径尺寸 d，查表选取 d 为ϕ9F7（$^{+0.028}_{+0.013}$）。固定钻套结构及尺寸查阅《机床夹具零件及部件标准汇编》，选取钻套为固定钻套 A 型结构。

$$H=20$$
$$D=\phi15\text{n}6$$

钻套内外圆同轴度：$e_1=0.005$。

（2）钻套位置尺寸确定

钻套前后、左右方向位置尺寸的基准均为定位心轴中心线，钻套位置尺寸直接与工序位置尺寸相关。

左右位置：$J=7.5\pm0.1/5=7.5\pm0.02$。

前后位置：基本尺寸为零，取钻套中心线与定位心轴中心线对称度为 0.02∶100。

考虑加工工件材料及加工精度要求，钻套下端面与工件之间的间隙 S 取 $S=6$。

钻套与钻模板的配合查取ϕ15H7/n6。

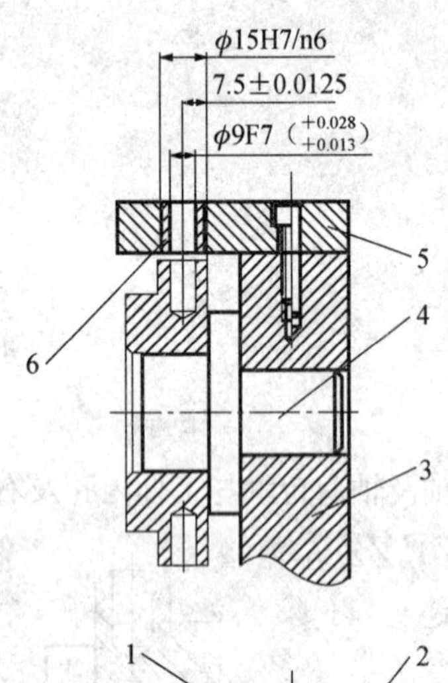

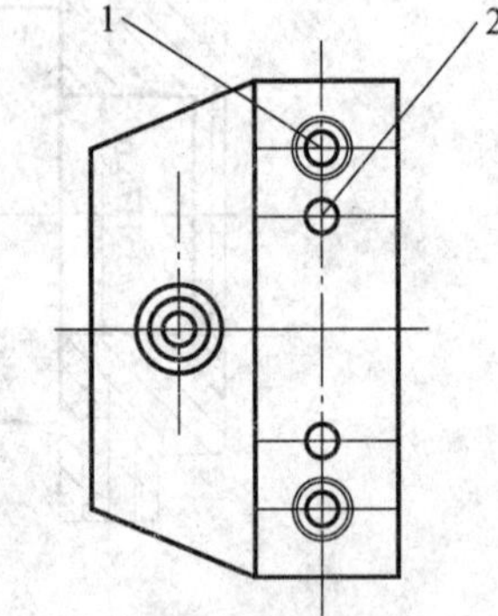

图 6-5　导引方案设计

1—紧固螺钉；2—定位销钉；3—夹具体；4—定位心轴；5—钻模版；6—钻套

2. 对刀误差Δjd 计算

根据钻床夹具对刀误差的计算公式：

$$\Delta\text{jd}=\sqrt{\delta_1^2+e_1^2+e_2^2+X_1^2+X_2^{\ 2}}$$

对于位置尺寸 7.5±0.1：

$$\delta_1=0.04;\ e_1=0.005,\ e_2=0;\ X_1=0;\ X_2=0.028-(-0.022)=0.05$$

$$\Delta\text{jd}_1=\sqrt{\delta_1^2+e_1^2+e_2^2+X_1^2+X_2^{\ 2}}=0.064$$

对于深度尺寸 $5^{+0.3}_{\ 0}$：此尺寸靠机床进给系统保证，所以$\Delta\text{jd}_2=0$。

6.2.6　连接方案设计

1. 钻模支脚尺寸确定

设计钻模支脚尺寸时应大于钻床 T 形槽尺寸，由《机床夹具设计手册》查得，Z5125 钻床工作台 T 形槽宽度为 18mm，设计钻模支脚尺寸 30mm×30mm。

2. 夹具位置误差Δjw 计算

对钻床夹具来讲，只有元件定位面对夹具定位面的位置误差产生Δjw。

取定位心轴轴线与夹具体钻模支脚底面平行度误差≯0.02：100mm。

对于尺寸 7.5±0.12：

$$\Delta jw_1 = 0.02/100 \times 7.5 = 0.0015$$

对于尺寸 $5^{+0.3}_{0}$：

$$\Delta jw_1 = 0.02$$

6.2.7　分度装置

1. 夹具分度装置介绍

分度装置就是能够实现角向或直线均分的装置。一般情况下把工件装夹到夹具中后，先加工好一个表面，在不松开工件的情况下，让夹具上的活动部分与工件一起转过一定的角度或移过一定的距离，再加工工件下一个表面。因直线分度是转角分度的展开形式，所以，下面主要介绍转角分度装置。

（1）转角分度装置的基本形式

如图 6-6 所示，钻工件径向等分孔。工件以端面、内孔在轴 7、支承板 10 上定位，插上开口垫圈 9，转动螺母 8 夹紧工件，加工好一个孔后，拔出分度定位销 6，逆转手柄 3 松开分度盘 1，转动分度盘 1 到下一个定位套孔后插入分度定位销 6，再顺转手柄 3 锁紧分度盘 1 加工下一个孔。调节螺母 4 可调整分度盘 1 与夹具体 2 之间的间隙。

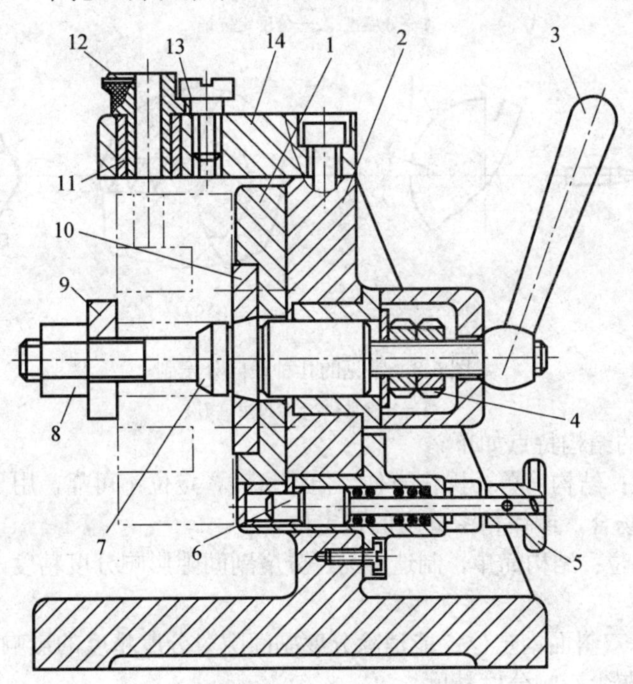

图 6-6　专用回转式钻模

1—分度盘；2—夹具体；3—手柄；4、8—螺母；5—把手；6—分度定位销；7—轴；9—开口垫圈；10—支承板；11—衬套；12—钻套；13—螺钉；14—钻模板

分度副：把分度盘和分度定位销合称为分度副。

分度精度主要取决于分度副的精度，而分度副的精度主要取决于分度盘和分度定位销的相互位置和结构形式。图 6-7（a）～（d）为轴向分度（分度和定位沿分度盘轴向进行），图 6-8（a）～（d）为径向分度（分度和定位沿分度盘径向进行）。比较知，在分度盘直径相同的情况下，分度孔距回转中心愈远，分度精度愈高，所以径向分度精度较高。

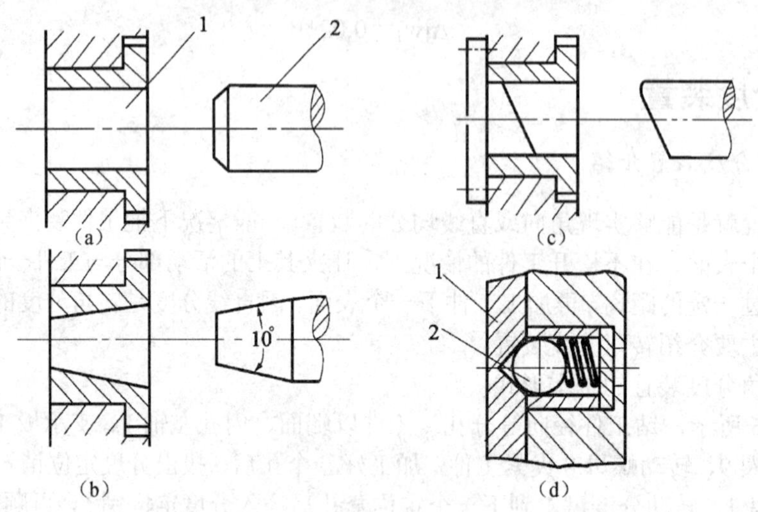

图 6-7 常见的几种轴向分度副

1—分度盘；2—分度定位销

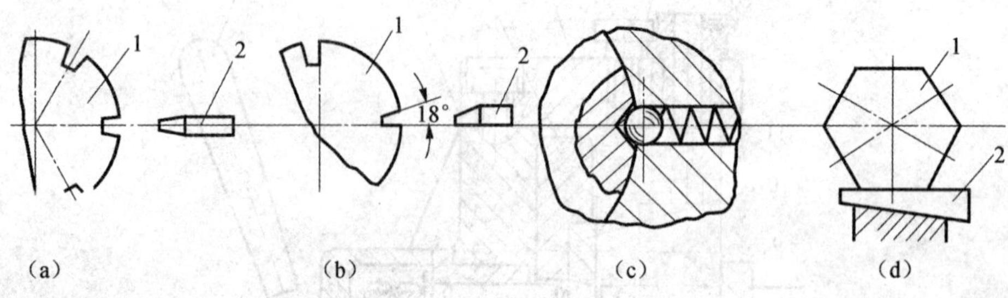

图 6-8 常见的几种径向分度副

1—分度盘；2—分度定位销

各种分度副的结构特点如下。

1）钢球定位：结构简单，操作方便，但锥坑浅，定位不可靠，用于切削力小，分度精度要求不高的场合，或作精密分度的预定位。

2）圆柱销定位：结构简单，制造容易，分度副间隙影响分度精度，一般分度精度可达±1′～10′。

3）圆锥销、双斜面销定位：能消除分度副间隙对分度精度的影响，分度精度较高，但制造较复杂，灰尘影响分度精度。

4）带斜面圆柱销、单斜面销定位：由于斜面作用，分度孔与分度定位器始终是同侧接触，分度精度较高，可达±10″。

5）正多面体定位：结构简单，制造容易，分度精度较高，操作费时，分度数不宜过多。

（2）分度定位销的操纵机构

图6-9所示为常见分度定位器的操纵机构。

1）手拉式。右拉捏手5至横销4越过*A*面，转动捏手90°，让横销卡在*A*面，转动分度盘分度，再把捏手反转90°，在弹簧作用下，使分度定位销插入下一个分度孔，完成分度。

2）枪栓式。逆时针转动手柄7，在螺钉与螺旋槽作用下拔出分度定位销，转动分度盘分度，遇到下一分度孔在弹簧作用下，分度定位销插入分度孔，完成分度。

3）齿条式。顺时针转齿轮9，在齿条作用下拔出分度定位销，转动分度盘分度，遇到下一分度孔在弹簧作用下，分度定位销插入分度孔，完成分度。

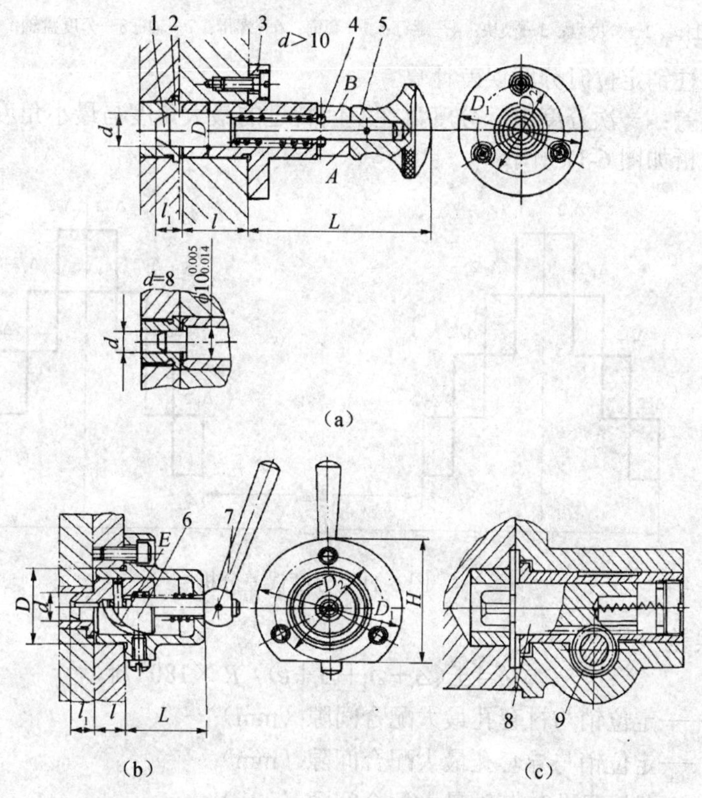

图6-9　分度定位器操纵机构

1、6、8—分度定位销；2—套筒；3—螺钉；4—横销；5—捏手；7—手柄；9—齿轮

（3）分度盘的锁紧机构

在切削力比较大的情况下，加工时分度盘必须锁紧，如图6-10所示。在图6-10（a）中，旋转螺钉4压楔块3递压分度盘2与机体1接触，靠端摩擦锁紧分度盘。在图6-10（b）中，旋转螺母6左压套筒5、右拉轴7而锁紧分度盘轴8而锁紧分度盘。在图6-10（c）中，旋转螺母左压双斜面块9而把分度盘2压紧在机体1上，靠端面摩擦锁紧分度盘。

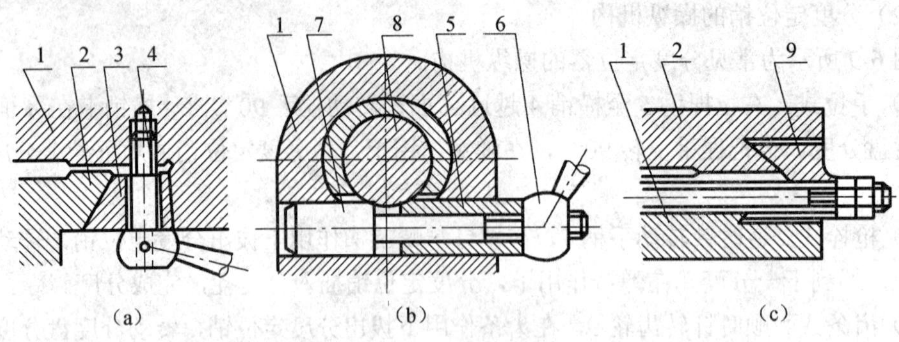

图 6-10　锁紧机构

1—机体；2—分度盘；3—楔块；4—螺钉；5—套筒；6—螺母；7—轴；8—分度盘轴；9—双斜面块

（4）圆柱销定位时分度误差计算

分度误差：一次分度中，分度盘在空间转过的最大角度与最小角度之差。

误差分析如图 6-11 所示。

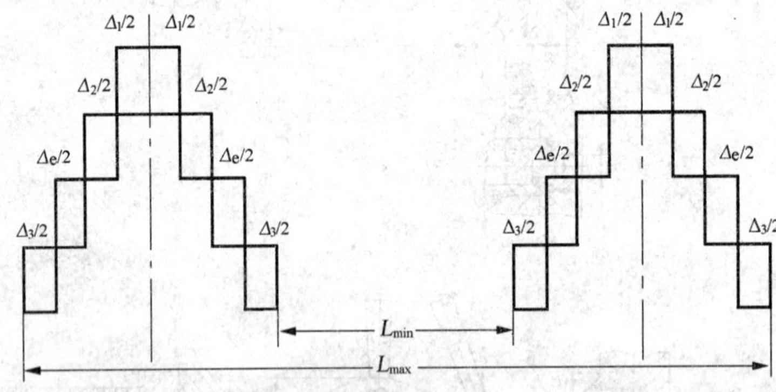

图 6-11　分度误差分析

分度误差

$$\delta=\pm(\varDelta_1+\varDelta_2+\varDelta_3+e)/R\times180°/\pi$$

式中：$\varDelta_1$——定位销与衬套孔最大配合间隙（mm）；

$\varDelta_2$——定位销与导套孔最大配合间隙（mm）；

$\varDelta_3$——分度盘孔与转轴最大配合间隙（mm）；

E——衬套内外圆同轴度（mm）；

R——分度盘衬套孔中心线到转轴中心线的回转半径（mm）。

图中分析未考虑±$\Delta S/2$，考虑后为

$$\delta=\pm[\Delta S/2+(\varDelta_1+\varDelta_2+\varDelta_3+e)/R\times180°/\pi]°$$

式中：$\Delta S/2$——分度盘相邻定位底孔孔距偏差（°）。

（5）精密分度

以上介绍的是简单分度，当分度等分较多时，无法满足。图 6-12 所示是一种多齿分度装置，逆时针转动偏心手柄 2，使上、下齿盘 1 与 3 脱开啮合，转动上齿盘分度，再顺时针转动偏心手柄 2，使齿盘 1 与 3 啮合并锁紧，完成分度。

特点：误差均化，分度精度大大提高；精度重复性和持久性好；必须有抬起机构、锁紧机构；防尘要求严；利用双层齿盘结构，可实现细分。

如图 6-13 所示，B 与 C 啮合，齿 120 个，A 与 B 啮合，齿 121 个，先让 A 和 B 一起相对 C 顺时针转动一个齿，转过了 360°/120；再让 A 相对 B 逆时针转过一个齿，转动了 360°/121；结果 A 相对 C 顺时针转动了 360°/120－360°/121≈1′30″，实现了细分。

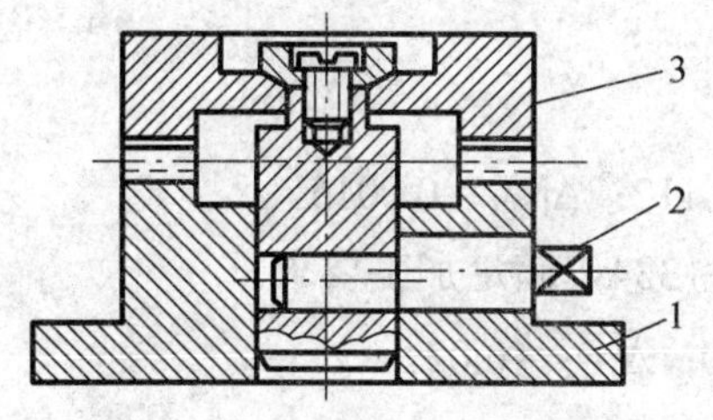

图 6-12　多齿分度装置

1—下齿盘；2—手柄；3—上齿盘

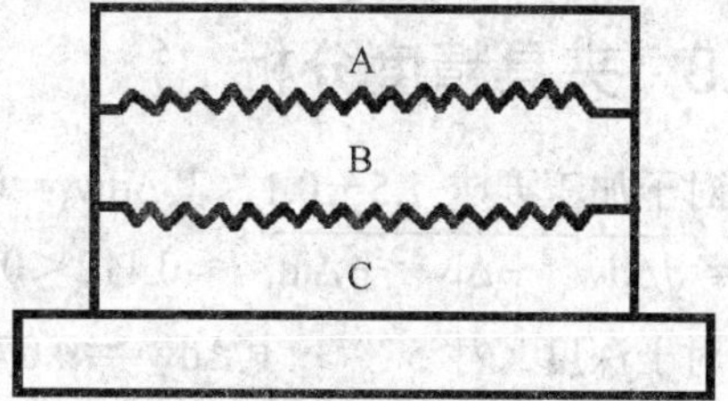

图 6-13　双面齿分度装置

A—上齿盘；B—双面齿盘；C—下齿盘

2. 本夹具分度装置设计

根据零件的结构特征和加工要素的特点，分度装置采用轴向圆柱销分度，选择手拉式分度定位销，采用摩擦锁紧分度盘。具体分度装置设计如图 6-14 所示。拔出分度定位销转动分度盘，到下一个分度盘孔插入分度定位销，实现分度；转动斜手柄右拉定位心轴，把分度盘压紧在夹具体上摩擦锁紧，反方向转动斜手柄可松开锁紧；转动调整螺母可调整分度盘与夹具体之间的间隙。

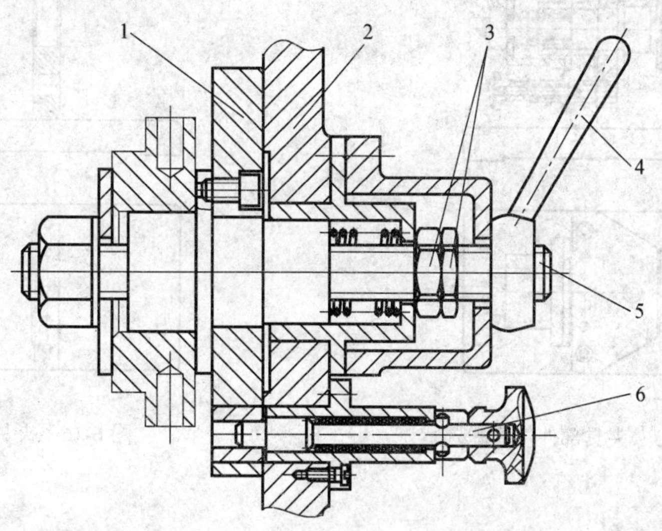

图 6-14　分度装置

1—分度盘；2—夹具体；3—锁紧螺母；4—圆头斜手柄；5—定位心轴；6—手拉式分度定位销

3. 分度误差计算

根据误差计算公式：

$$\Delta = \pm[\Delta S/2 + (\Delta_1 + \Delta_2 + \Delta_3 + e)/R \times 180° /\pi]°$$

$$\Delta S = 0.16°;\ \Delta_1 = 0.024;\ \Delta_2 = 0.024;\ \Delta_3 = 0.034;\ e = 0.005;\ R = 60$$

$$\Delta = \pm 0.243° \approx \pm 15'$$

满足均匀性 90°±20′ 的要求。

6.2.8 夹具精度分析

对于加工要求 7.5±0.1，其$\Delta dw_1 = 0$；$\Delta jd_1 = 0.112$；$\Delta jw_1 = 0.0015$。

故$\Delta = \sqrt{\Delta dw_1^2 + \Delta jw_1^2 + \Delta jd_1^2} \approx 0.112 < 0.2 \times 2/3 \approx 0.1334$，满足加工要求。

对于深度尺寸 $5^{+0.3}_{0}$：其$\Delta dw_2 = 0.077$；$\Delta jd_2 = 0$；$\Delta jw_2 = 0.02$。

故$\Delta = \sqrt{\Delta dw^2 + \Delta jw^2 + \Delta jd^2} \approx 0.0796 < 0.3 \times 2/3 = 0.2$，满足加工要求。

结论：本夹具设计方案可行。

6.2.9 夹具体设计

根据前面确定的夹具结构类型和以上设计的定位元件、夹紧装置、导引装置、连接装置及分度装置，合理配置它们的相对位置，并用夹具体这个“骨架”把它们连接起来，如图 6-15 所示，此时夹具体的基本结构就已确定，如图 6-16 所示。

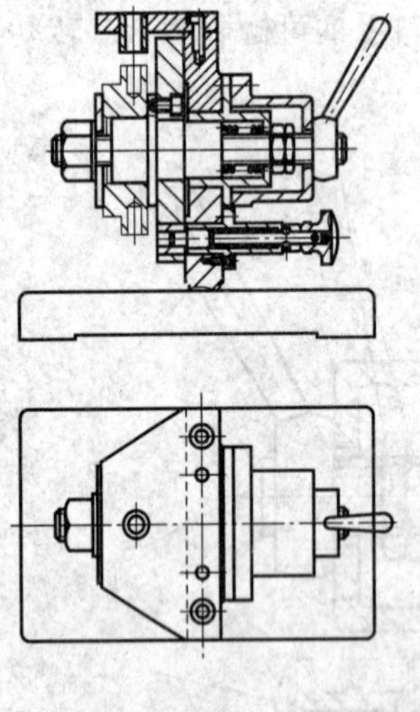

图 6-15 夹具部件位置配置

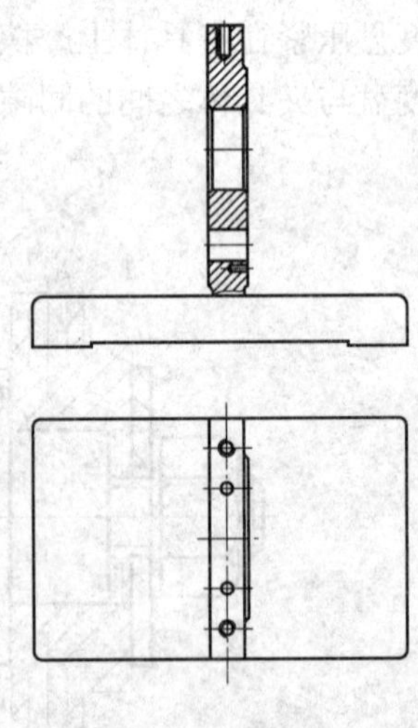

图 6-16 夹具体

6.3 绘 图 阶 段

绘制夹具装配图和夹具非标准零件图。

6.3.1 绘制夹具装配图

绘制出的本夹具装配图如图 6-17 所示。

（1）尺寸标注

最大外形轮廓尺寸（*A* 类尺寸）：长×宽×高为 190×120×170。

工件与定位元件的联系尺寸（*B* 类尺寸）：ϕ35H7/g6。

夹具与刀具的联系尺寸（*C* 类尺寸）：ϕ9F7、7.5±0.02。

其他装配尺寸（*E* 类尺寸）：ϕ32H7/k6、ϕ30H7/g6、ϕ40H7/k6、ϕ8H7/g6、ϕ10H7/g6、ϕ15H7/n6、2×ϕ6H7/h6、ϕ16H7/h6。

（2）技术条件标注

定位心轴的轴线与夹具体底面平行度≯0.02∶100mm。

钻套中心线与夹具体底面垂直度≯ϕ0.05∶100mm。

钻套中心线与定位心轴中心线对称度≯ϕ0.05∶100mm。

钻模板安装时采用调整法装配，保证钻套位置尺寸 7.5±0.02 及对称度要求。

尺寸、技术条件标注如图 6-17 所示。

（3）零件明细表编写

按照国家机械制图标准的规定，对夹具总装图中的各个零件进行编号，并在标题栏上方画出零件明细表及填写具体信息，如图 6-17 所示。

6.3.2 绘制非标准夹具零件图

由图 6-17 知，非标准夹具零件有：夹具体、分度盘、定位心轴、钻模板、压盖及衬套等，本例只需绘制夹具体和分度盘两个零件的零件图。

1）绘制如图 6-18 所示的夹具体零件图。

由装配图拆画夹具体，取相应的尺寸配合和技术要求，标准元件尺寸查阅相关技术手册确定，其余结构与尺寸按照类比设计确定。

2）绘制如图 6-19 所示的分度盘零件图。

分度盘通过螺钉连接在定位心轴上，与心轴的配合尺寸按装配图确定，其余尺寸类比设计确定。

3）绘制如图 6-20 所示的定位心轴零件图。

由装配图拆画定位心轴，配合表面尺寸按配合要求查阅相关技术手册确定，其余结构与尺寸按照类比设计确定。

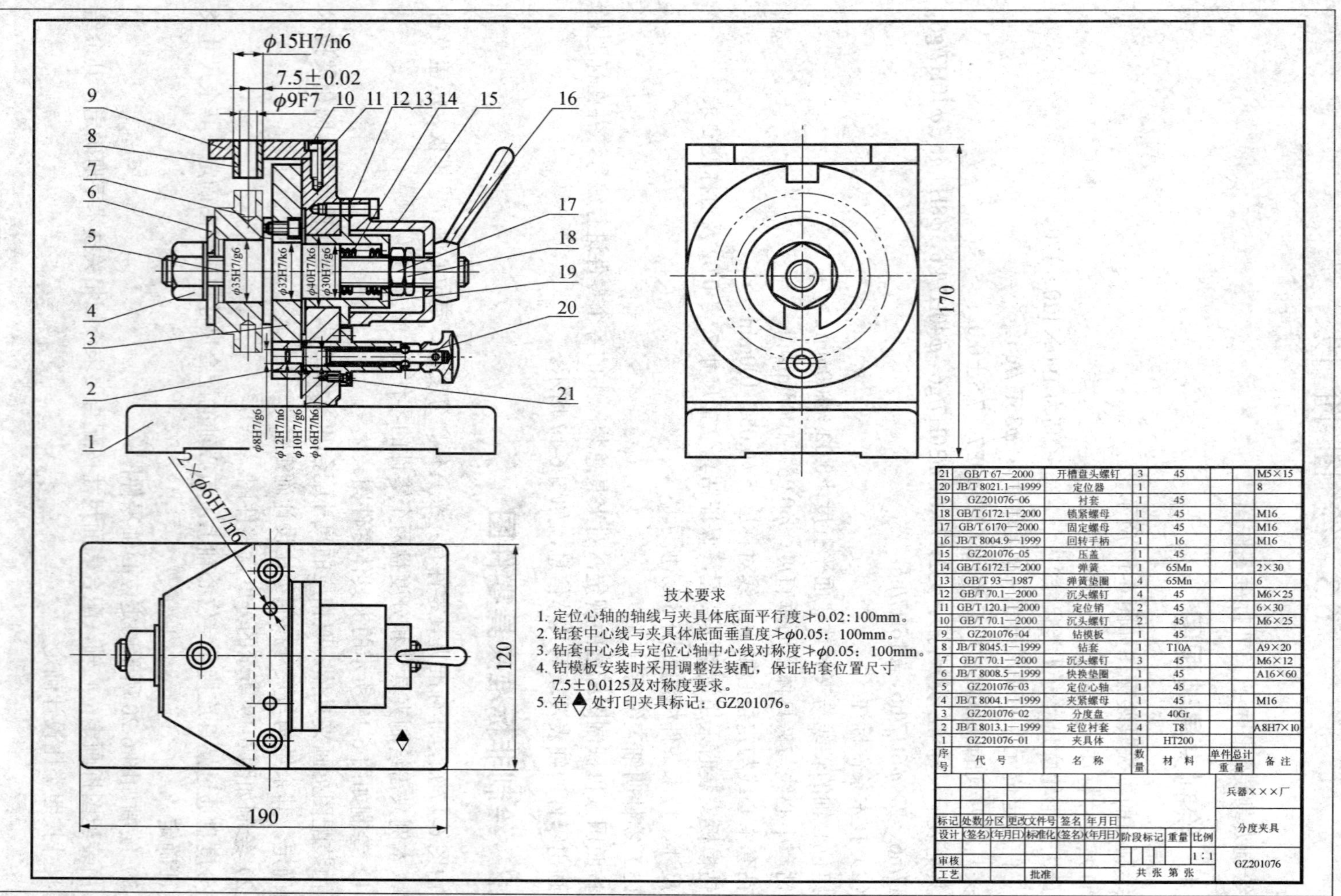

序号	代号	名称	数量	材料	单件重量	总计重量	备注
21	GB/T 67—2000	开槽盘头螺钉	3	45			M5×15
20	JB/T 8021.1—1999	定位器	1				8
19	GZ201076-06	衬套	1	45			
18	GB/T 6172.1—2000	锁紧螺母	1	45			M16
17	GB/T 6170—2000	固定螺母	1	45			M16
16	JB/T 8004.9—1999	回转手柄	1	16			M16
15	GZ201076-05	压盖	1	45			
14	GB/T 6172.1—2000	弹簧	1	65Mn			2×30
13	GB/T 93—1987	弹簧垫圈	4	65Mn			6
12	GB/T 70.1—2000	沉头螺钉	4	45			M6×25
11	GB/T 120.1—2000	定位销	2	45			6×30
10	GB/T 70.1—2000	沉头螺钉	2	45			M6×25
9	GZ201076-04	钻模板	1	45			
8	JB/T 8045.1—1999	钻套	1	T10A			A9×20
7	GB/T 70.1—2000	沉头螺钉	3	45			M6×12
6	JB/T 8008.5—1999	快换垫圈	1	45			A16×60
5	GZ201076-03	定位心轴	1	45			
4	JB/T 8004.1—1999	夹紧螺母	1	45			M16
3	GZ201076-02	分度盘	1	40Gr			
2	JB/T 8013.1—1999	定位衬套	4	T8			A8H7×10
1	GZ201076-01	夹具体	1	HT200			

图 6-17　夹具总装图

其余
20
18
9
2
⊥ 0.02 B
// 0.01：100 A
3×M6-7H▼12孔▼15
均布 Ra 3.2
Ra 1.6
Ra 0.8
Ra 6.3
φ40^{+0.025}_{0}
φ70
160
25
Ra 0.8
130
190
80
40
2×M6-7H▼15
孔▼18
2×φ6^{+0.012}_{0}▼15
配作
φ70±0.02
φ28±0.02
φ48±0.02
98±0.02
60
120
技术要求
1. 未注铸造圆角为R2。
2. 未注倒角为1×45°，锐角倒钝。
3. 毛坯应时效处理。
标记 处数 分区 更改文件号 签名 年月日
设计 (签名)(年月日)标准化(签名)(年月日)
审核
工艺
批准
HT200
阶段标记 重量 比例
1：1
共 张 第 张
兵器×××厂
夹具体
GZ201076-01

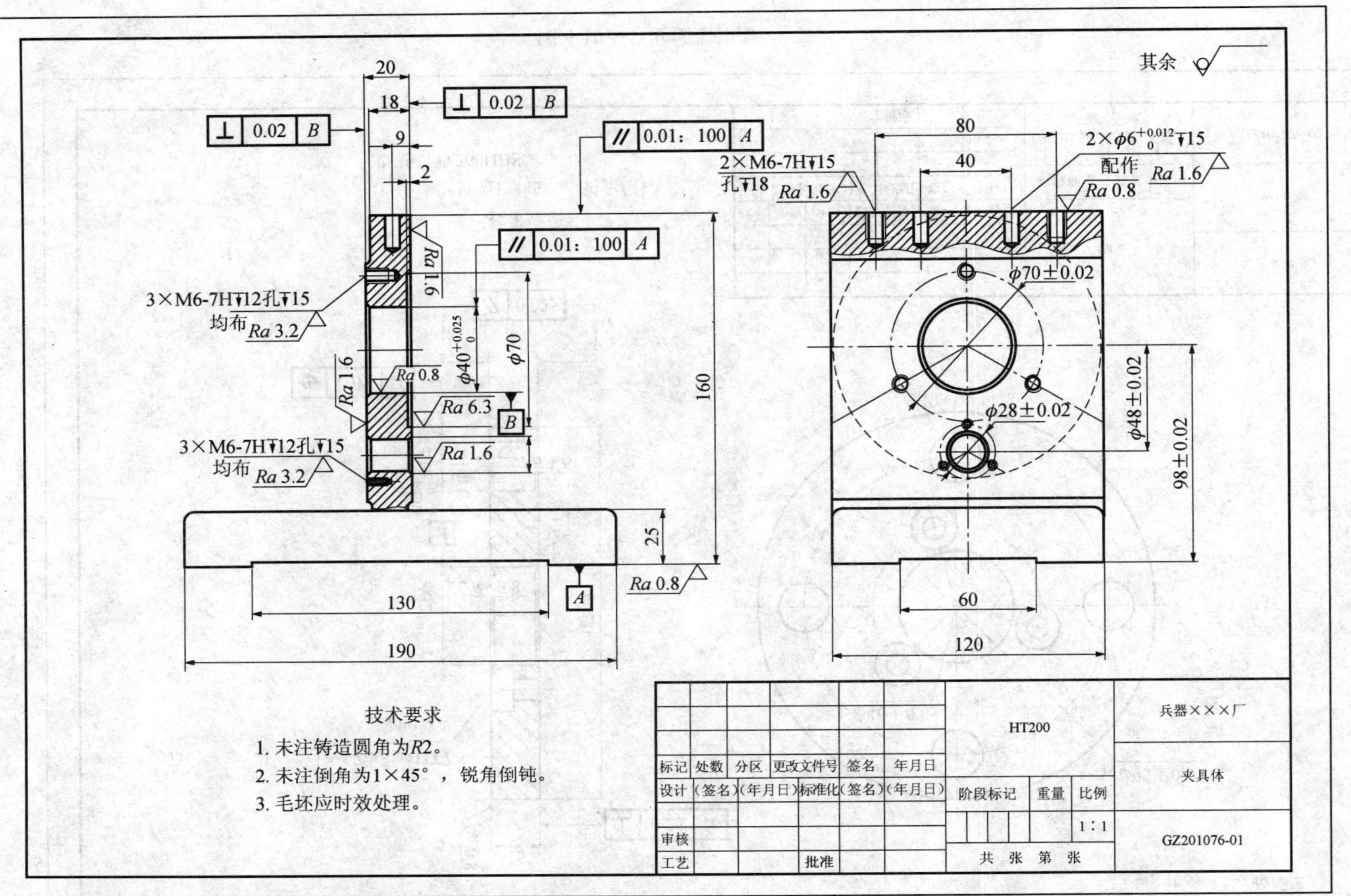

图 6-18　夹具体零件图

其余 Ra 3.2
Ra 0.8
15
⊥ 0.25 A
3×φ7沉孔φ11▼7.5
均布
φ95±0.01
φ46±0.05
φ32+0.025 0
Ra 0.8
φ120
A
Ra 1.6
4×φ16+0.018 0
均布
Ra 1.6
⌖ 0.05 A
// 0.025
技术要求
1. 未注倒角为1×45°，锐角倒钝。
2. 热处理260HBS。
40Gr
兵器×××厂
分度盘
GZ201076-02
标记 处数 分区 更改文件号 签名 年月日
设计 (签名)(年月日) 标准化 (签名)(年月日)
阶段标记 重量 比例
1∶1
审核
工艺
批准
共 张 第 张
图 6-19　分度盘零件图

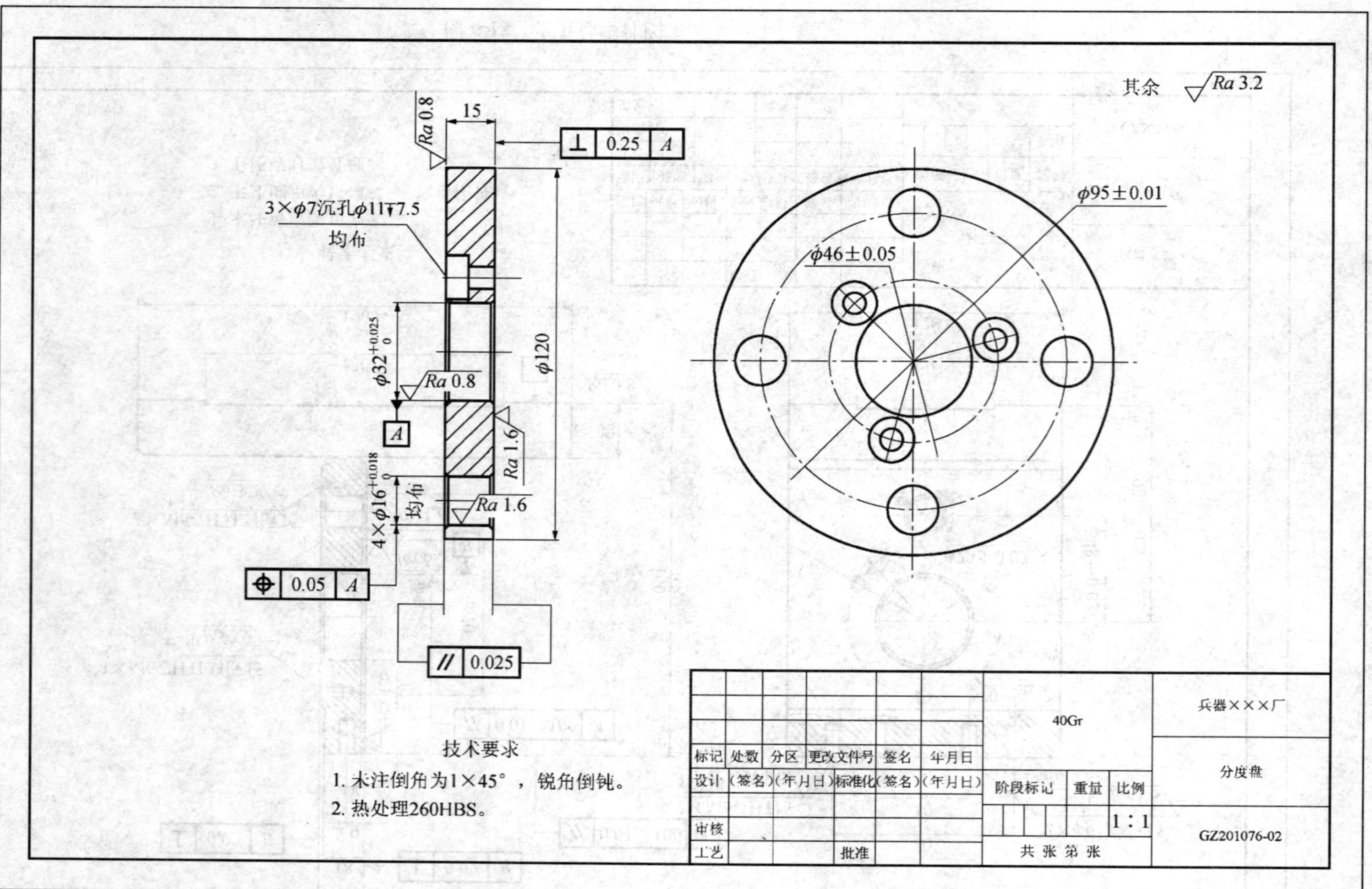

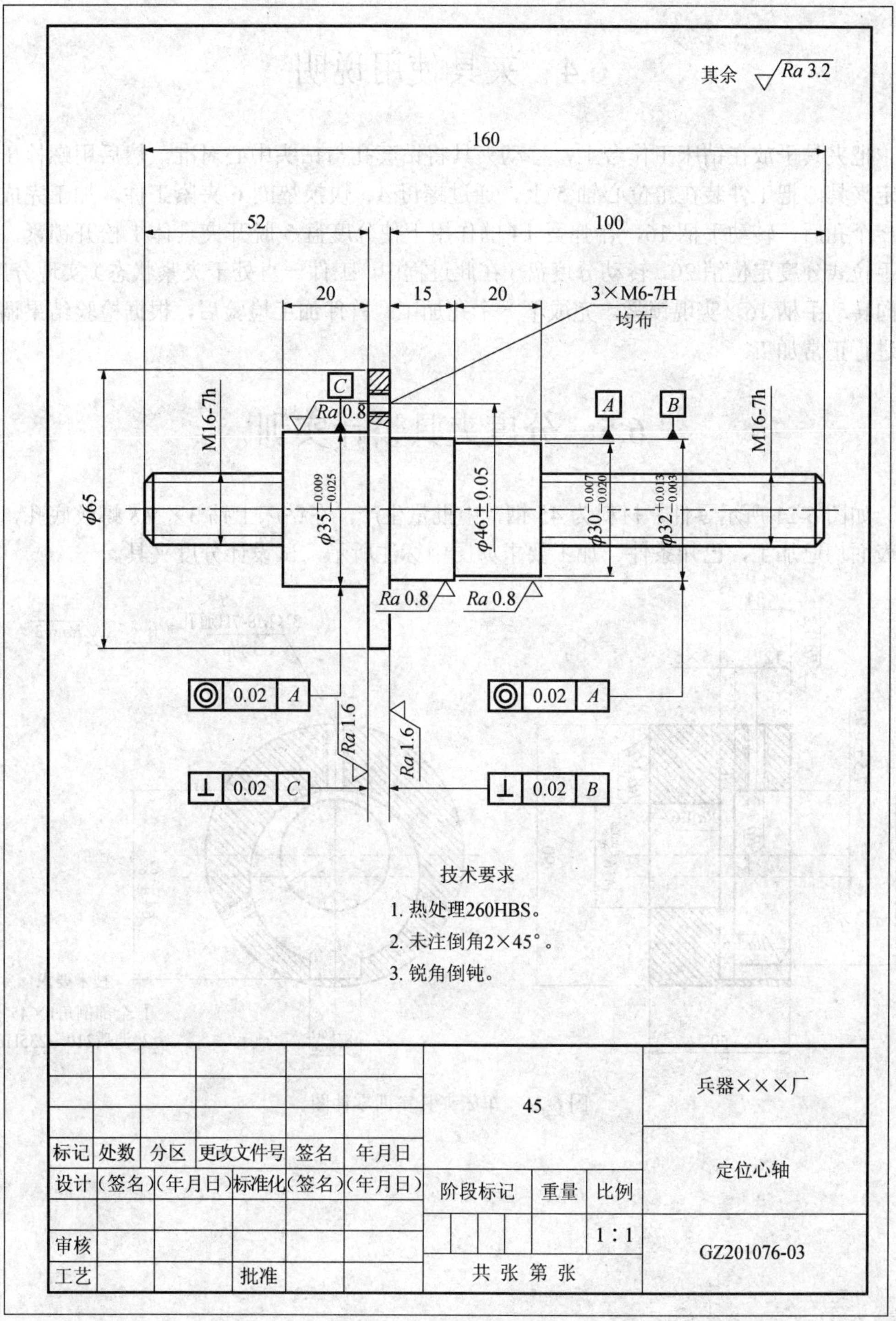
其余 Ra 3.2
160
52
100
20
15
20
3×M6-7H
均布
M16-7h
M16-7h
Ra 0.8
Ra 0.8
Ra 0.8
Ra 1.6
Ra 1.6
C
A
B
φ65
φ35 −0.009 −0.025
φ46±0.05
φ30 −0.007 −0.020
φ32 +0.013 −0.003
◎ 0.02 A
◎ 0.02 A
⊥ 0.02 C
⊥ 0.02 B
技术要求
1. 热处理260HBS。
2. 未注倒角2×45°。
3. 锐角倒钝。
45
兵器×××厂
定位心轴
GZ201076-03
标记 处数 分区 更改文件号 签名 年月日
设计 (签名) (年月日) 标准化 (签名) (年月日)
阶段标记 重量 比例
1：1
审核
工艺
批准
共 张 第 张

图 6-20　定位心轴零件图

6.4 夹具使用说明

把夹具平放在钻床工作台上，移动夹具将钻套孔与钻头中心对准，然后用螺栓压板固定夹具。把工件装在定位心轴 5 上，通过螺母 4、快换垫圈 6 夹紧工件。加工完成工件一个孔后，转动手柄 16，在弹簧 14 的作用下使分度盘 3 脱开夹具体 1 松开锁紧，拔出手拉式分度定位销 20，转动分度盘（在此过程中，工件一直处于夹紧状态）实现分度。反向转动手柄 16，实现锁紧。完成下一个孔加工。首件加工检验后，根据检验结果调整后进行正常加工。

6.5 分度夹具设计实训

如图 6-21 所示零件，材料为 45 钢，中批量生产，在钻床上钻 3×M8 螺纹底孔，其他表面均已加工，已知条件、加工要求如图中标注所示，试设计分度夹具。

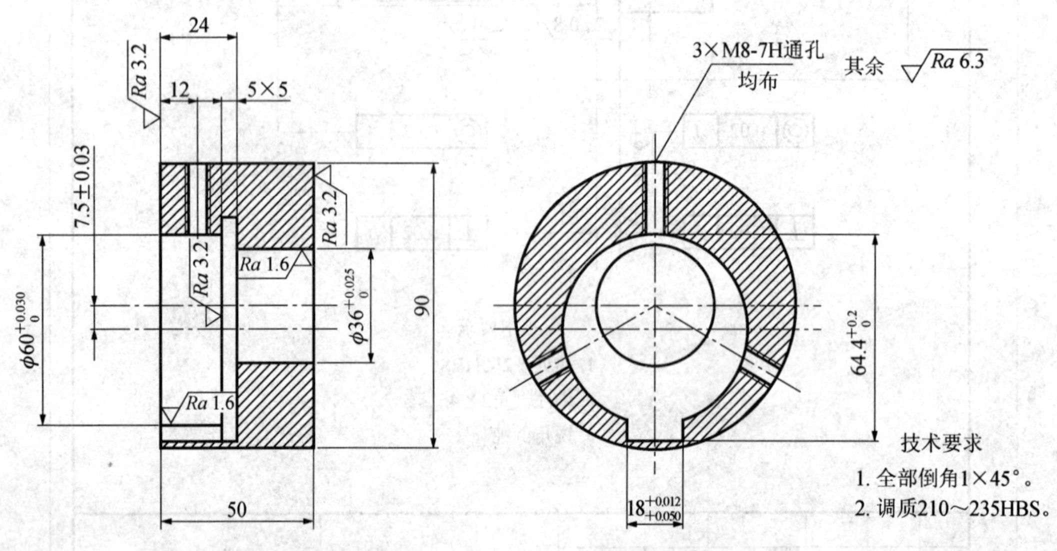

图 6-21 车床夹具实训零件图

项目 7　现代机床夹具认知

学习目标

1. 了解现代机床夹具发展方向。
2. 学会设计组合夹具。

现代机械工业的生产特点是品种多、批量小、精度高、更新快。而传统生产技术不能适应这种特点，主要表现为小批量生产采用先进工艺、专用工装不经济，但高、精、尖产品不用不行；现行生产准备周期长，赶不上产品更新需要；产品更新快，采用专用夹具造成积压。为解决这一矛盾，产生了现代机床夹具，其特点是精密化、高效自动化、标准化、通用化。

7.1　自动线夹具

自动线夹具根据其在自动线上的配置形式，主要有固定夹具和随行夹具两大类。固定夹具是把夹具安装在每台机床上，工件随生产线输送。随行夹具是用于组合机床自动线上的一种移动式夹具，工件安装在随行夹具上，随行夹具除了完成对工件的定位、夹紧外，还带着工件随自动线移动到每台机床加工台面上，再由机床上的夹具对其整体定位和夹紧，工件在随行夹具上的定位和夹紧与在一般夹具上的定位和夹紧一样。图 7-1 所示为自动线夹具。

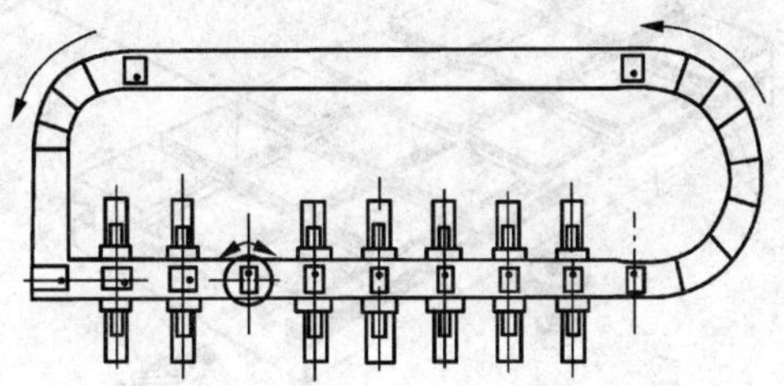

图 7-1　自动线夹具

工件在固定夹具上的定位和随行夹具在机床夹具上的定位要求：要有利于夹具的敞开性，有利于工件和随行夹具定位时基准统一，有利于工件和随行夹具在各台机床上定位和夹紧的自动化。为此，一般采用一面两孔定位、气动夹紧。

7.2 组 合 夹 具

7.2.1 什么是组合夹具

组合夹具是由一套预先制造好的各种不同形状、不同规格尺寸，而且具有完全互换性及极高耐磨性（可使用 15 年以上）的标准元件所组装成的专用夹具。根据组合夹具元件上是 T 形槽还是圆孔，将组合夹具分为槽系（见图 7-2）和孔系（见图 7-3）。槽系根据 T 形槽宽度分大（16mm）、中（12mm）、小（8mm）三种系列，孔系根据孔径分四种系列（d＝10、12、16、24）。

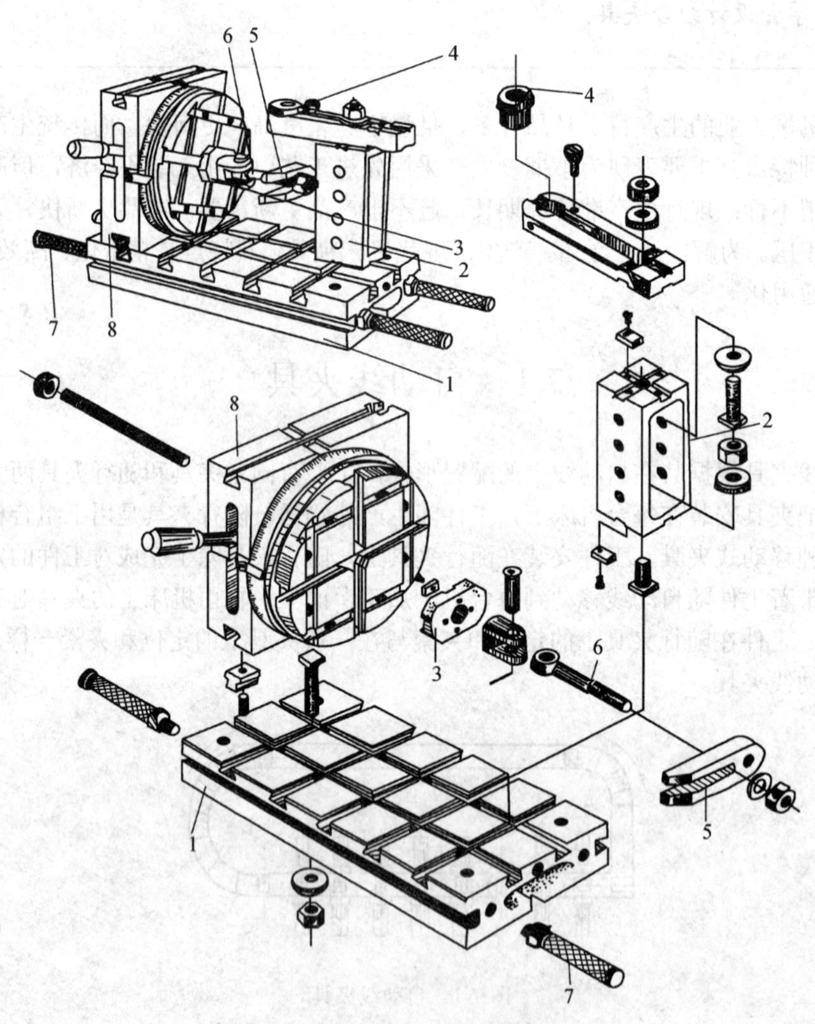

图 7-2 槽系组合夹具

1—基础件；2—支承件；3—定位件；4—导向件；5—夹紧件；6—紧固件；7—其他件；8—合件

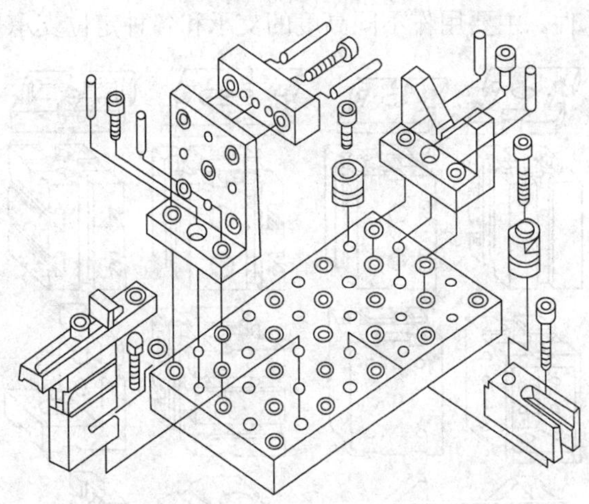

图 7-3　孔系组合夹具

组合夹具的基本特点如下：

1）万能性好，适应加工工件外形尺寸的范围为 20～600mm。

2）可大幅度缩短生产准备周期，一套中等复杂的组合夹具从设计到组装完毕需 50～150h，可缩短生产准备周期 90%。

3）降低生产成本。

4）减少夹具库存面积。

5）刚性较差。

7.2.2　组合夹具元件

因槽系用的较多，下面重点介绍槽系组合夹具元件，共分八类。

1）第一类：基础件。主要用作夹具体，如图 7-4 所示。

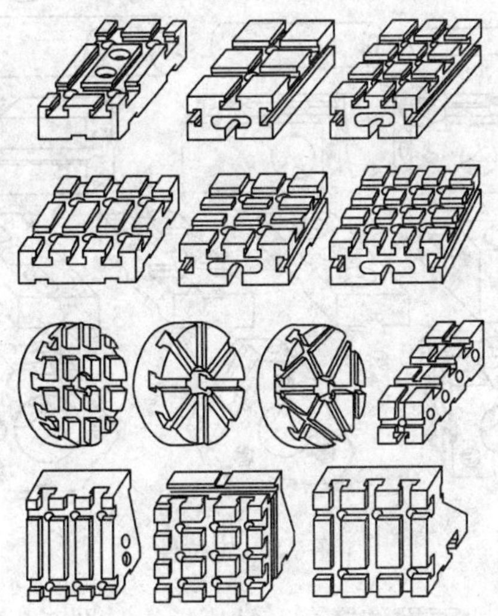

图 7-4　基础件

2）第二类：支承件。主要用作不同高度的支承和各种定位支承平面，如图 7-5 所示。

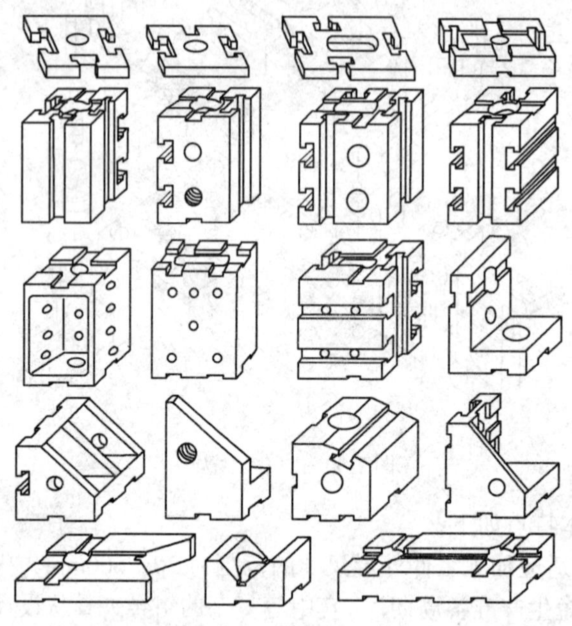

图 7-5　支承件

3）第三类：定位件。主要用作工件定位和组合夹具元件连接定位，如图 7-6 所示。

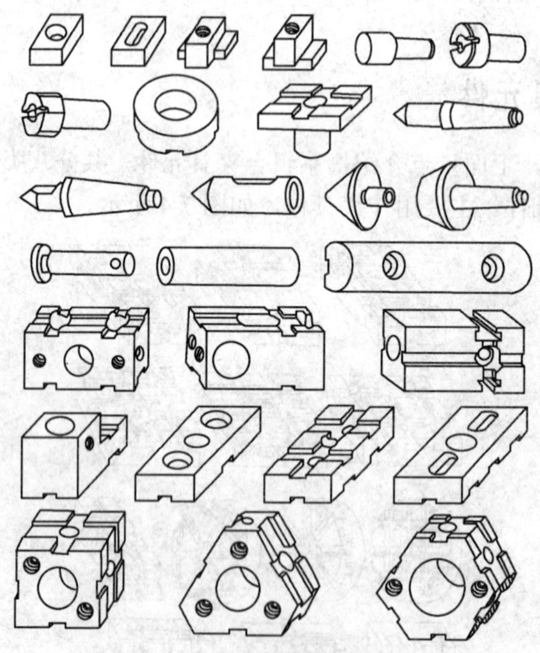

图 7-6　定位件

4）第四类：导向件。主要用作钻套、钻模板，如图 7-7 所示。

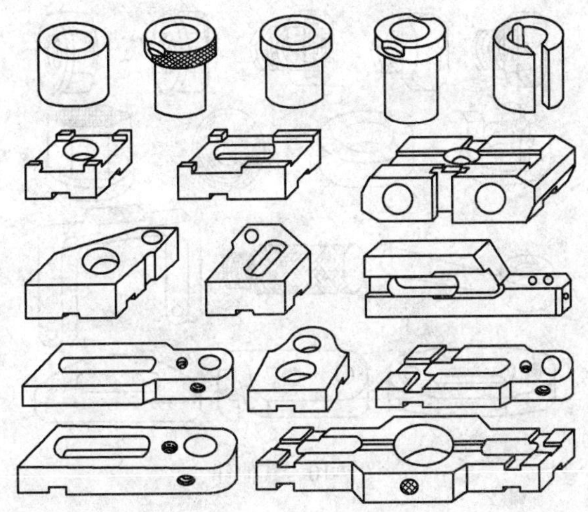

图 7-7　导向件

5）第五类：压紧件。主要用作夹紧工件，如图 7-8 所示。

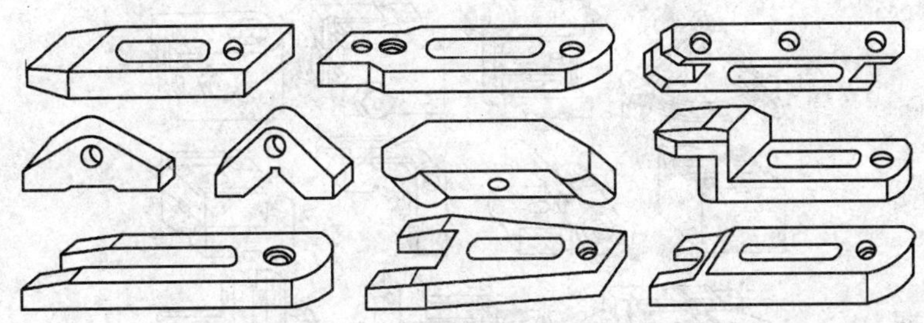

图 7-8　压紧件

6）第六类：紧固件。主要用作连接紧固及被加工件紧固，如图 7-9 所示。

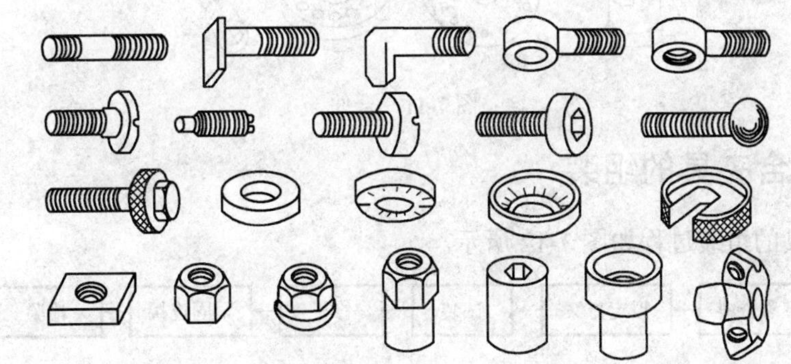

图 7-9　紧固件

7）第七类：其他件。主要起辅助作用，如图 7-10 所示。

8）第八类：合件。不可拆卸，有定位合件、导向合件、分度合件、支承合件、夹紧合件等，如图 7-11 所示。

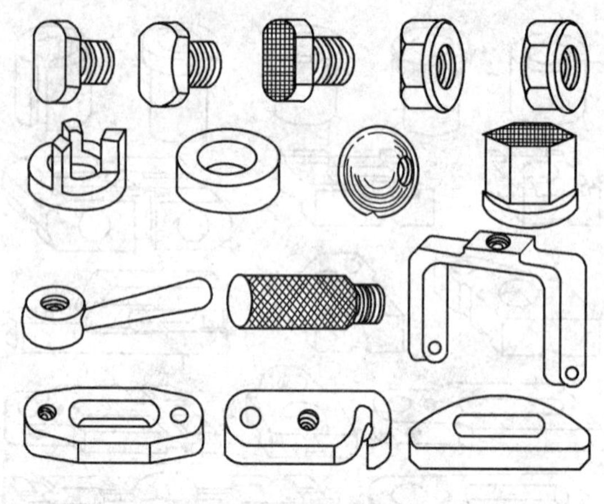

图 7-10　其他件

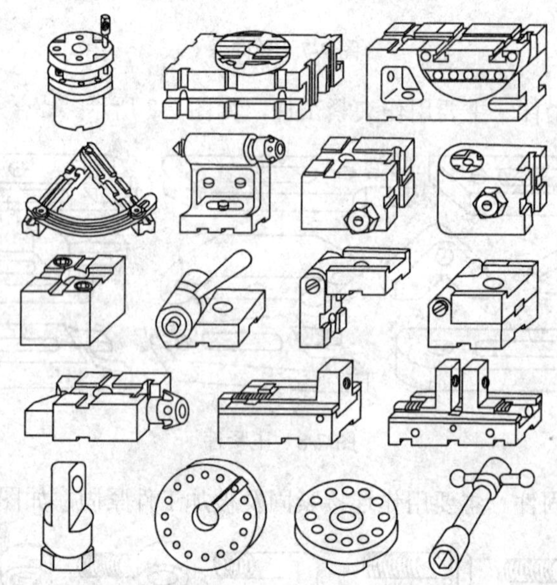

图 7-11　合件

7.2.3　组合夹具的组装

组合夹具的组装过程如图 7-12 所示。

图 7-12　组合夹具的组装过程

7.2.4　设立厂级或地区级组合夹具（出租）站

为最大发挥组合夹具的经济效益，一般都设有厂级或地区级组合夹具（出租）站，方便使用部门租借。

7.3　通用可调夹具与成组夹具

针对机械产品多品种、小批量的发展方向，出现了专用夹具由专用性向通用性的发展，这就是通用可调夹具和成组夹具。

7.3.1　通用可调夹具与成组夹具的组成与工作原理

组成：由通用部件和可调、换部件组成。设计时先设计好通用部件，再考虑设计可调、换部件。

工作原理：通过对可调、换部件的调整或更换，可适应不同零件的加工。调整的方法通常有连续调节、分段调节、更换调节、综合调节四种。

7.3.2　通用可调夹具与成组夹具的设计原理

通用可调夹具与成组夹具是针对一组工件的工艺、形状、尺寸、精度等相似性而专门设计的夹具。通用可调夹具在调节范围内的服务对象不明确，可无限调节，如图 7-13 所示；成组夹具只是针对成组工艺的组内零件有级调节，如图 7-14 所示。成组夹具设计的方法与专用夹具相似，首先确定一个“合成零件”，该零件能代表组内零件的主要特征，然后针对“合成零件”设计夹具，并根据组内零件加工范围，设计可调整件和可更换件。

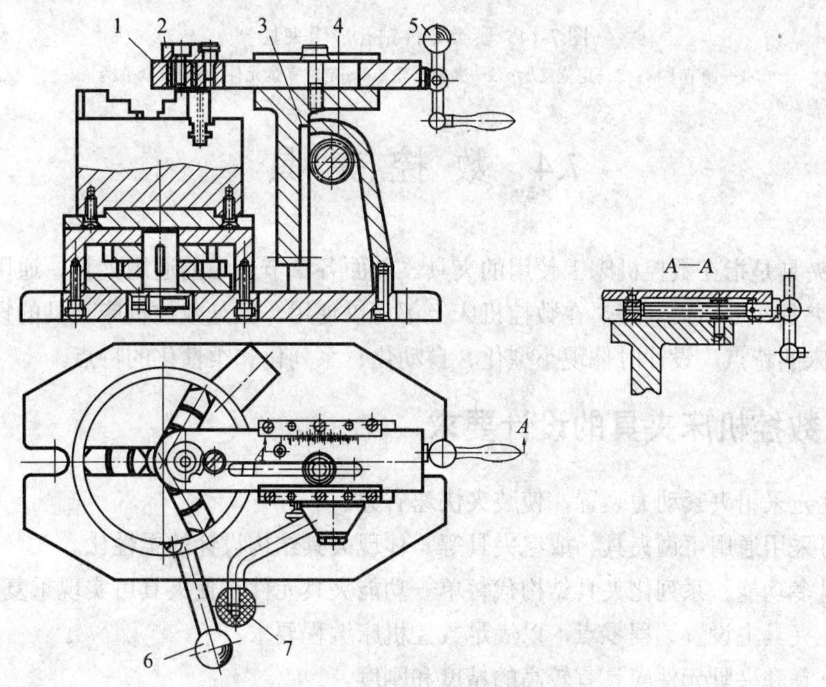

图 7-13　钻圆盘类零件圆周上等分孔的通用可调夹具

1—可移动钻模板；2—快换钻套；3—齿条；4—齿轮；5—移动操纵手柄；6—分度操纵手柄；7—升降操纵手柄

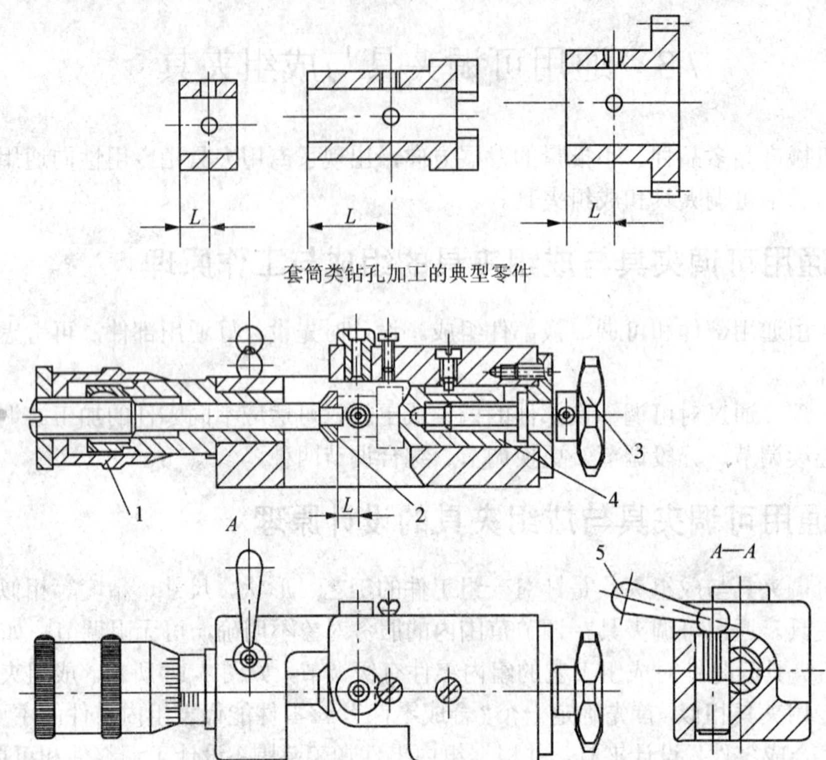

图 7-14 套类零件钻孔成组夹具

1—调节手柄；2—定位支承；3—夹紧手轮；4—定位夹紧元件；5—锁紧手柄

7.4 数 控 夹 具

数控夹具是指在数控机床上使用的夹具。前面各章节介绍的通用夹具、通用可调夹具、成组夹具、专用夹具等，在数控机床上都可以使用，但是数控机床夹具的设计应结合数控机床的特点，设计时体现小型化、自动化、系列化和柔性化的特点。

7.4.1 数控机床夹具的设计要求

1）优先采用夹紧动力装置，使装夹快速省力。

2）可采用通用可调夹具、成组夹具等，体现夹具结构设计的柔性化。

3）以多功能、系列化夹具结构代替单一功能夹具元件，使夹具可实现重复使用。

4）在夹具上设置编程零点，以满足数控机床编程要求。

5）夹具和夹具元件应具有较高的精度和刚度。

6）刀具在运动时，应防止刀具与夹具发生碰撞。

7.4.2　数控机床夹具的设计特点

数控机床按编制的程序完成工件的加工。加工中机床、刀具、夹具和工件之间应有严格的相对坐标位置。所以数控机床夹具在数控机床上应相对机床的坐标原点具有严格的坐标位置，以保证所装夹的工件处于所规定的坐标位置上。为此，数控机床夹具常采用网格状的固定基础板，如图 7-15 所示。它长期固定在数控机床工作台上，板上已加工出准确的孔心距位置的一组定位孔和一组紧固螺孔（也有定位孔与螺孔同轴布置形式），它们成网格分布。网格状基础板预先调整好相对数控机床的坐标位置。利用基础板上的定位孔可装各种夹具，如图 7-15（a）上的角铁支架式夹具。角铁支架上也有相应的网格状分布的定位孔和紧固螺孔，以便安装有关可换定位元件和其他各类元件和组件，以适应相似零件的加工。当加工对象变换品种时，只需更换相应的角铁式夹具便可迅速转换为新零件的加工，不致使机床长期等工。图 7-15（b）所示是立方固定基础板。它安装在数控机床工作台的转台上，其四面都有网格分布的定位孔和紧固螺孔，上面可安装各类夹具的底板。当加工对象变换时，只需转台转位，便可迅速转换成加工新零件用的夹具，十分方便。

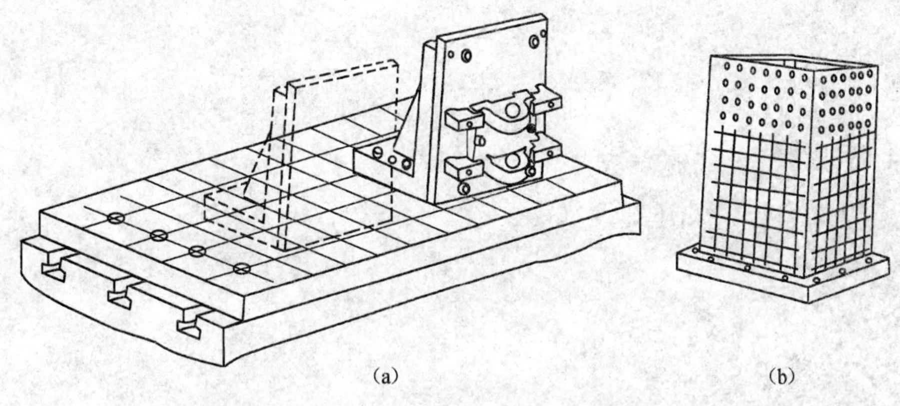

（a）　　　　（b）

图 7-15　数控机床夹具简图

从上面所述的夹具构成原理可以看到，数控机床夹具实质上是通用可调夹具和组合夹具的结合与发展。它的固定基础板部分加可换部分的组合是通用可调夹具组成原理的应用。而它的元件和组件高度标准化与组合化，又是组合夹具标准元件的演变与发展。

7.5　组合夹具设计实训

如图 7-16 所示零件，材料为 45 钢，中批量生产，在铣床上铣 $30^{+0.052}_{0}$ 槽，其他表面均已加工，已知条件、加工要求如图中标注所示，试设计组合铣床夹具。

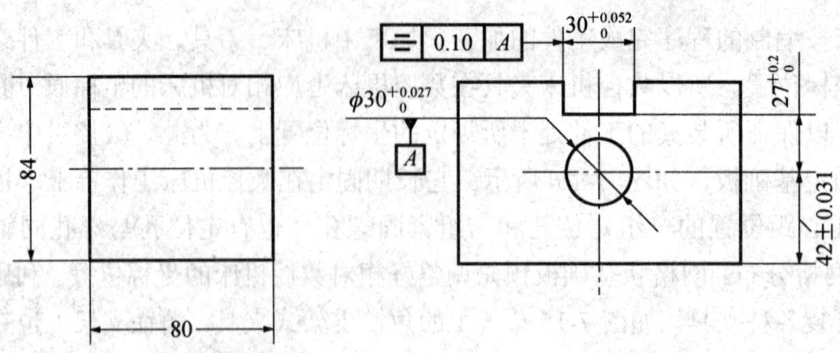

图 7-16　组合铣床夹具设计实训零件图

附　录

附表 1　定位夹紧符号

分类 \ 标注位置		独立：标注在视图轮廓线上	独立：标注在视图正面上	联动：标注在视图轮廓线上	联动：标注在视图正面上
定位点	固定式				
	活动式				
辅助支承					
机械夹紧					
液压夹紧		Y	Y	Y	Y
气动夹紧		Q	Q	Q	Q

示例（阿拉伯数字表示所限限制的自由度数，为 1 时可不标）：

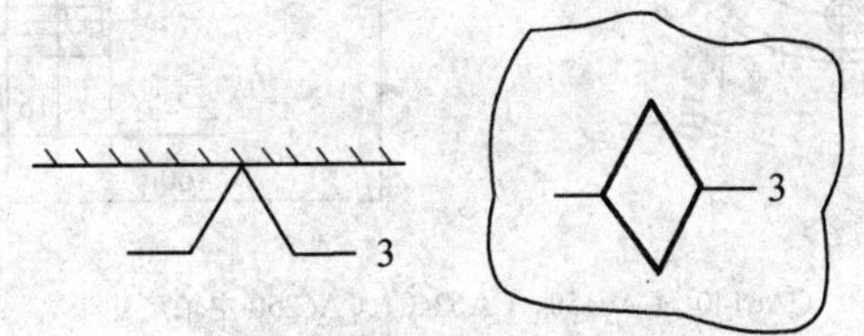

附表 2　普通车床、铣床联系尺寸

单位：mm

车床联系尺寸

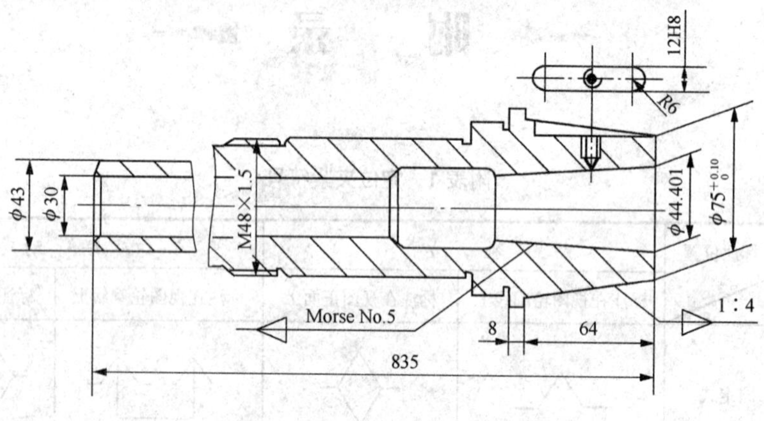

C616、C616A 主轴尺寸

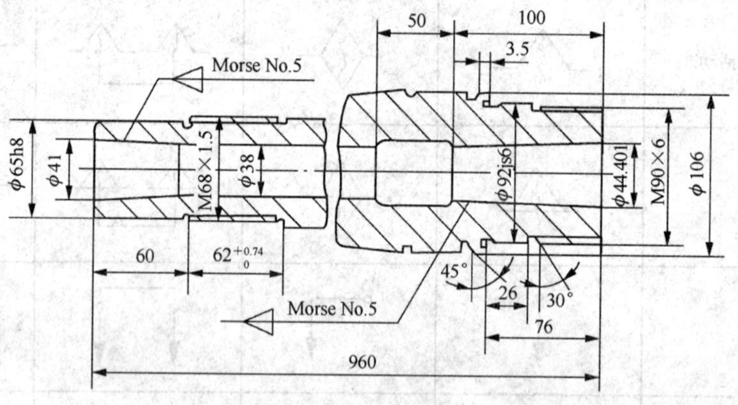

C620 主轴尺寸

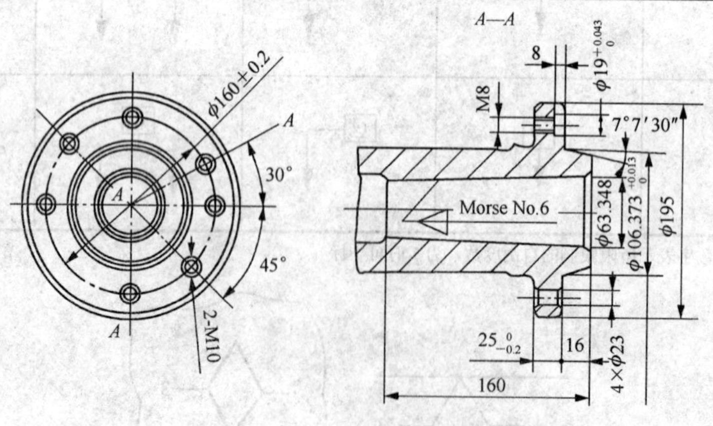

CA6140、CA6150、CA6240、CA6250 主轴尺寸

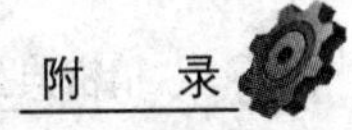

续表

铣床联系尺寸

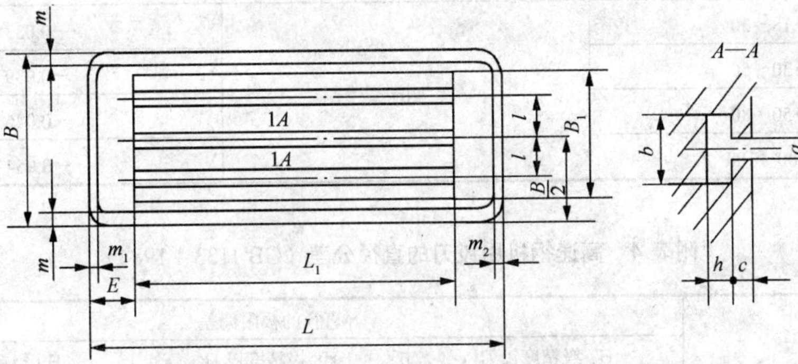

型号	B	B_1	t	m	L	L_1	E	m_1	m_2	a	b	h	c
X50	200	135	45	10	870	715	70	25	40	14	25	11	12
X51	250	170	50	10	1000	815	95		45	14	24	11	12
X5025A	250		50		1120					14	24	11	14
X5028	280		60		1120					14	24	11	18
X5030	300	222	60		1120	900		40	40	14	24	11	16
X52	320	255	70	15	1325	1130	75	25	50	18	32	14	18
X52K	320	255	70	17	1250	1130	75	25	45	18	30	14	18
X53	400	285	90	15	1700	1480	100	30	50	18	32	14	18
X53K	400	290	90	12	1600	1475	110	30	45	18	30	14	18
X53T	425									18	30	14	18
X60	200	140	45	10	870	710	75	30	40	14	25	11	14
X61	250	175	50	10	1000	815	95	50	60	14	25	11	14
X6030	300	222	60		1120	900		40	40	14	24	11	18
X62	320	220	70	16	1250	1055	75	25	50	18	30	14	18
X63	400	290	90	15	1600	1385	100	30	40	18	30	14	18
X60W	200	140	45	10	870	710	75	30	40	14	23	11	12
X61W	250	175	50	10	1000	815	95	50	60	14	25	11	14
X6130	300	222	60	11	1120	900		40	40	14	24	11	16
X62W	320	220	70	16	1250	1055	75	25	50	18	30	14	18
X63W	400	290	90	15	1600	1385	100	30	40	18	30	14	18

附表 3　高速钢麻花钻、扩孔钻的直径尺寸公差（h8）　　单位：mm

钻头直径	上偏差	下偏差
>3～6	0	−0.018
>6～10		−0.022
>10～18		−0.027

续表

钻头直径	上偏差	下偏差
＞18～30	0	−0.033
＞30～50		−0.039
＞50～80		−0.046
＞80～100		−0.054

附表 4　高速钢机用铰刀的直径公差（GB 1133—1984）　单位：mm

铰刀直径	直径的极限偏差		
	H7 级精度铰刀	H8 极精度铰刀	H9 级精度铰刀
＞5.3～6	+0.010 +0.005	+0.015 +0.008	+0.025 +0.014
＞6～10	+0.012 +0.006	+0.018 +0.010	+0.030 +0.017
＞10～18	+0.015 +0.008	+0.022 +0.012	+0.036 +0.020
＞18～30	+0.017 +0.009	+0.028 +0.016	+0.044 +0.025
＞30～50	+0.021 +0.012	+0.033 +0.019	+0.052 +0.030
＞50～80	+0.025 +0.014	+0.039 +0.022	+0.062 +0.036
＞80～1000	+0.029 +0.016	+0.045 +0.026	+0.073 +0.042

附表 5　硬质合金机用铰刀的直径公差　单位：mm

铰刀直径	直径的极限偏差		
	H7 级精度铰刀	H8 级精度铰刀	H9 级精度铰刀
＞5.3～6	+0.012 +0.007	+0.018 +0.001	+0.030 +0.019
＞6～10	+0.015 +0.009	+0.022 +0.014	+0.036 +0.023
＞10～18	+0.018 +0.011	+0.027 +0.017	+0.043 +0.027
＞18～30	+0.021 +0.013	+0.033 +0.021	+0.052 +0.033
＞30～40	+0.025 +0.016	+0.039 +0.025	+0.062 +0.040

附表 6　定位键尺寸

单位：mm

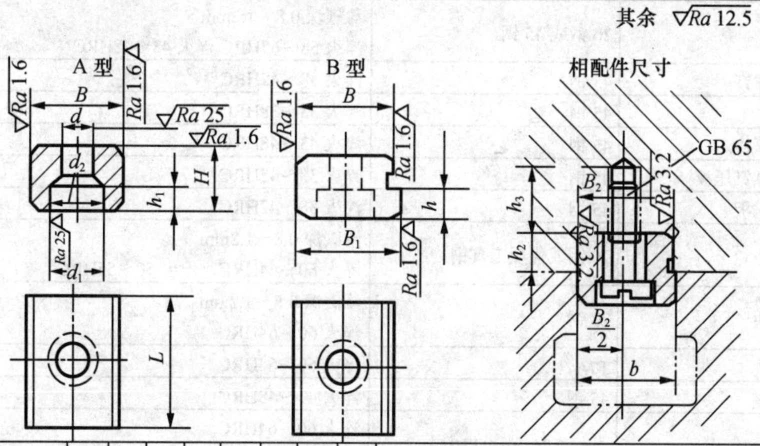

B 基本尺寸	B 极限偏差 h6	B 极限偏差 h8	B_1	L	H	h	h_1	d	d_1	d_2	相配件 T 形槽宽度 b	B_2 基本尺寸	B_2 极限偏差 H7	B_2 极限偏差 Js6	h_2	h_3	螺钉 GB65
8	0	0	8	14	8	3	3.4	3.4	6	—	8	8	+0.015	±0.0045	4	8	M3×10
10	−0.009	−0.022	10	16			4.6	4.5	8		10	10	0				M4×10
12			12	20			5.7	5.5	10		12	12	+0.018	±0.0055		10	M5×12
14	0	0	14								14	14	0				
16	−0.011	−0.027	16	25	10	4	6.8	6.6	11		(16)	16			5	13	M6×16
18			18								18	18					
20			20	32	12	5					(20)	20	+0.021	±0.0065	6		
22	0	0	22								22	22	0				
24	−0.013	−0.033	24	40	14	6	9	9	15		(24)	24			7	15	M8×20
28			28		16	7					28	28			8		

注：1）尺寸 B_1 留磨量 0.5mm，按机床 T 形槽宽度配作，公差带为 h6 或 h8。

2）括号内尺寸尽量不用。

附表 7　常用夹具元件的材料及热处理要求

名　称		推 荐 材 料	热处理要求
定位元件	支承钉	D≤12mm，T7A	淬火 60～64HRC
		D＞12mm，20 钢	渗碳深 0.8～1.2mm，淬火 60～64HRC
	支承板	20 钢	渗碳深 0.8～1.2mm 淬火 60～64HRC
	可调支承螺钉	45 钢	头部淬火 38～42HRC L＞50mm，整体淬火 33～38HRC
	定位销	D≤16mm，T7A	淬火 53～58HRC
		D＞16mm，20 钢	渗碳深 0.8～1.2mm，淬火 53～58HRC
	定位心轴	D≤35mm，T8A	淬火 55～60HRC
		D＞35mm，45 钢	淬火 43～48HRC
	V 形块	20 钢	渗碳深 0.8～1.2mm 淬火 60～64HRC

续表

名称		推荐材料	热处理要求
夹紧元件	斜楔	20 钢或 45 钢	渗碳深 0.8～1.2mm 淬火 58～62HRC 淬火 43～48HRC
	压紧螺钉	45 钢	淬火 38～42HRC
	螺母	45 钢	淬火 33～38HRC
	摆动压块	45 钢	淬火 43～48HRC
	普通螺钉压板	45 钢	淬火 38～42HRC
	钩形压板	45 钢	淬火 38～42HRC
	圆偏心轮	20 钢或优质工具钢	渗碳深 0.8～1.2mm 淬火 60～64HRC，淬火 50～55HRC
其他专用元件	对刀块	20 钢	渗碳深 0.8～1.2mm 淬火 60～64HRC
	塞尺	T7A	淬火 60～64HRC
	定向键	45 钢	淬火 43～48HRC
	钻套	内径≤26mm，T10A 内径<25mm，20 钢	淬火 60～64HRC 渗碳深 0.8～1.2mm 淬火 60～64HRC
	衬套	内径≤26mm，T10A 内径>25mm，20 钢	淬火 60～64HRC 渗碳深 0.8～1.2mm 淬火 60～64HRC
	固定式镗套	20 钢	渗碳深 0.8～1.2mm 淬火 55～60HRC
夹具体		HT150 或 HT200 Q195，Q215，Q235	时效处理 退火处理

附表 8　各种加工方法的加工精度

<table>
<tr><th rowspan="2">加工方法</th><th colspan="18">公差等级（IT）</th></tr>
<tr><th>01</th><th>0</th><th>1</th><th>2</th><th>3</th><th>4</th><th>5</th><th>6</th><th>7</th><th>8</th><th>9</th><th>10</th><th>11</th><th>12</th><th>13</th><th>14</th><th>15</th><th>16</th></tr>
<tr><td>研磨</td><td colspan="7">★★★★★★★</td><td></td><td></td><td></td><td></td><td></td><td></td><td></td><td></td><td></td><td></td><td></td></tr>
<tr><td>衍</td><td></td><td></td><td></td><td></td><td></td><td colspan="4">★★★★</td><td></td><td></td><td></td><td></td><td></td><td></td><td></td><td></td><td></td></tr>
<tr><td>圆磨</td><td></td><td></td><td></td><td></td><td></td><td></td><td colspan="4">★★★★</td><td></td><td></td><td></td><td></td><td></td><td></td><td></td><td></td></tr>
<tr><td>平磨</td><td></td><td></td><td></td><td></td><td></td><td></td><td colspan="4">★★★★</td><td></td><td></td><td></td><td></td><td></td><td></td><td></td><td></td></tr>
<tr><td>金钢石车</td><td></td><td></td><td></td><td></td><td></td><td></td><td colspan="3">★★★</td><td></td><td></td><td></td><td></td><td></td><td></td><td></td><td></td><td></td></tr>
<tr><td>金钢石镗</td><td></td><td></td><td></td><td></td><td></td><td></td><td colspan="3">★★★</td><td></td><td></td><td></td><td></td><td></td><td></td><td></td><td></td><td></td></tr>
<tr><td>拉削</td><td></td><td></td><td></td><td></td><td></td><td></td><td colspan="4">★★★★</td><td></td><td></td><td></td><td></td><td></td><td></td><td></td><td></td></tr>
<tr><td>铰孔</td><td></td><td></td><td></td><td></td><td></td><td></td><td></td><td colspan="5">★★★★★</td><td></td><td></td><td></td><td></td><td></td><td></td></tr>
<tr><td>车</td><td></td><td></td><td></td><td></td><td></td><td></td><td></td><td></td><td colspan="5">★★★★★</td><td></td><td></td><td></td><td></td><td></td></tr>
<tr><td>镗</td><td></td><td></td><td></td><td></td><td></td><td></td><td></td><td></td><td colspan="5">★★★★★</td><td></td><td></td><td></td><td></td><td></td></tr>
<tr><td>铣</td><td></td><td></td><td></td><td></td><td></td><td></td><td></td><td></td><td></td><td colspan="4">★★★★</td><td></td><td></td><td></td><td></td><td></td></tr>
<tr><td>刨、插</td><td></td><td></td><td></td><td></td><td></td><td></td><td></td><td></td><td></td><td></td><td></td><td colspan="2">★★</td><td></td><td></td><td></td><td></td><td></td></tr>
<tr><td>钻孔</td><td></td><td></td><td></td><td></td><td></td><td></td><td></td><td></td><td></td><td></td><td></td><td colspan="5">★★★★★</td><td></td><td></td></tr>
<tr><td>挤压</td><td></td><td></td><td></td><td></td><td></td><td></td><td></td><td></td><td></td><td></td><td></td><td colspan="2">★★</td><td></td><td></td><td></td><td></td><td></td></tr>
<tr><td>冲压</td><td></td><td></td><td></td><td></td><td></td><td></td><td></td><td></td><td></td><td></td><td></td><td colspan="5">★★★★★</td><td></td><td></td></tr>
</table>

续表

<table>
<tr><th rowspan="2">加工方法</th><th colspan="18">公差等级（IT）</th></tr>
<tr><th>01</th><th>0</th><th>1</th><th>2</th><th>3</th><th>4</th><th>5</th><th>6</th><th>7</th><th>8</th><th>9</th><th>10</th><th>11</th><th>12</th><th>13</th><th>14</th><th>15</th><th>16</th></tr>
<tr><td>压铸</td><td></td><td></td><td></td><td></td><td></td><td></td><td></td><td></td><td></td><td></td><td></td><td></td><td colspan="4">★★★★</td><td></td><td></td></tr>
<tr><td>砂型铸造</td><td></td><td></td><td></td><td></td><td></td><td></td><td></td><td></td><td></td><td></td><td></td><td></td><td></td><td></td><td></td><td></td><td></td><td>★</td></tr>
<tr><td>锻造</td><td></td><td></td><td></td><td></td><td></td><td></td><td></td><td></td><td></td><td></td><td></td><td></td><td></td><td></td><td></td><td></td><td>★</td><td></td></tr>
</table>

附表 9　公差等级与表面粗糙度对应关系

<table>
<tr><th rowspan="3">公差等级</th><th colspan="8">基本尺寸</th></tr>
<tr><th>>6～10</th><th>>10～18</th><th>>18～30</th><th>>30～50</th><th>>50～80</th><th>>80～120</th><th>>120～180</th><th>>180～250</th></tr>
<tr><th colspan="8">Ra</th></tr>
<tr><td>IT6</td><td>0.2</td><td colspan="2">0.4</td><td colspan="2">0.8</td><td colspan="2">1.6</td><td>3.2</td></tr>
<tr><td>IT7</td><td colspan="6">1.6</td><td colspan="2">3.2</td></tr>
<tr><td>IT8</td><td colspan="4">1.6</td><td colspan="4">3.2</td></tr>
<tr><td>IT9</td><td colspan="5">3.2</td><td colspan="3">6.3</td></tr>
<tr><td>IT10</td><td colspan="3">3.2</td><td colspan="5">6.3</td></tr>
<tr><td>IT11</td><td>3.2</td><td colspan="5">6.3</td><td colspan="2">12.5</td></tr>
<tr><td>IT12</td><td colspan="5">6.3</td><td colspan="3">12.5</td></tr>
</table>

附表 10　机械行业标准《机床夹具零件及部件标准汇编》目录

名称	标准代码	简　图	标准汇编页码
带肩六角螺母	JB/T 8004.1—1999	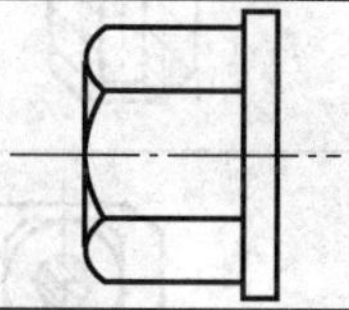	1
球面带肩螺母	JB/T 8004.2—1999	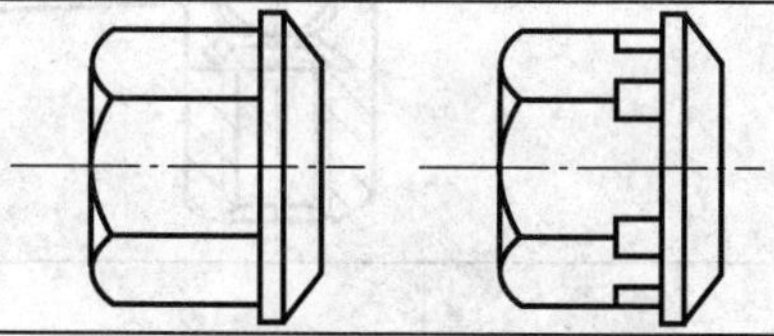	3
连接螺母	JB/T 8004.3—1999	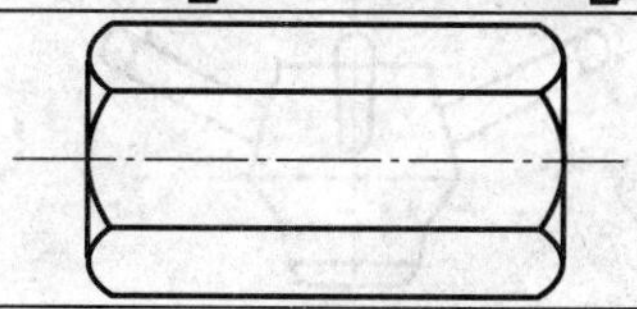	5
调节螺母	JB/T 8004.4—1999	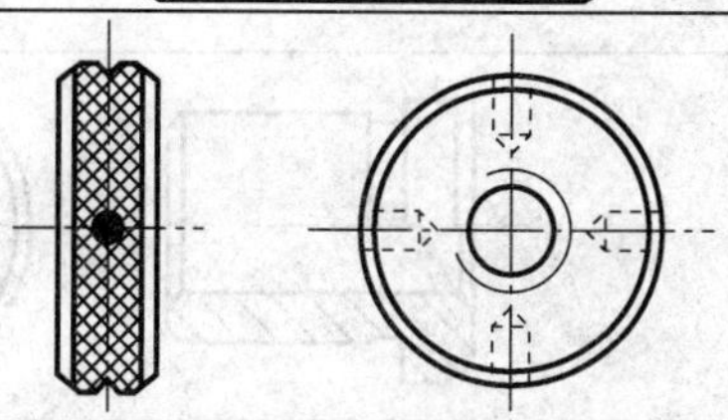	7

续表

名称	标准代码	简图	标准汇编页码
带孔滚花螺母	JB/T 8004.5—1999	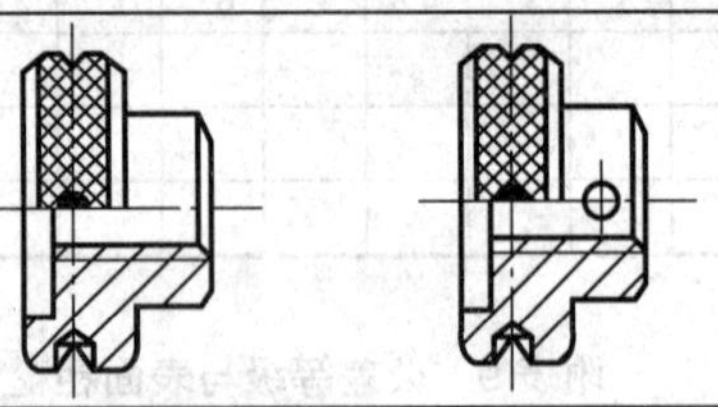	9
菱形螺母	JB/T 8004.6—1999	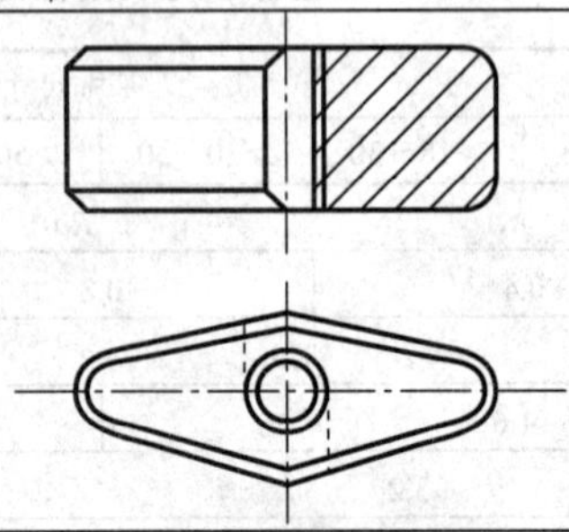	11
内六角螺母	JB/T 8004.7—1999	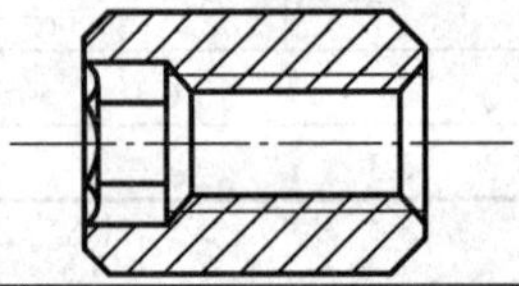	13
手柄螺母	JB/T 8004.8—1999	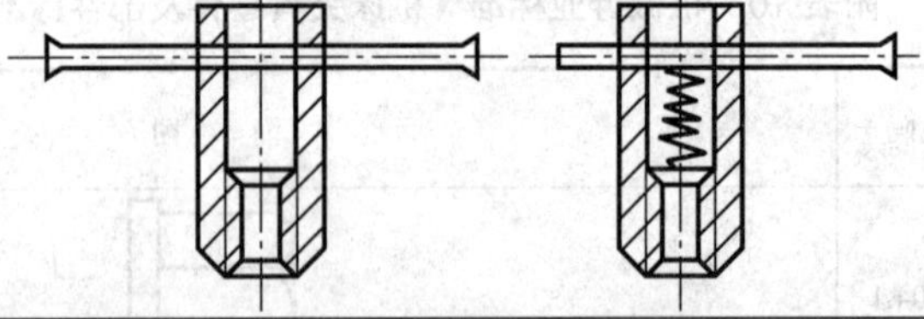	15
回转手柄螺母	JB/T 8004.9—1999	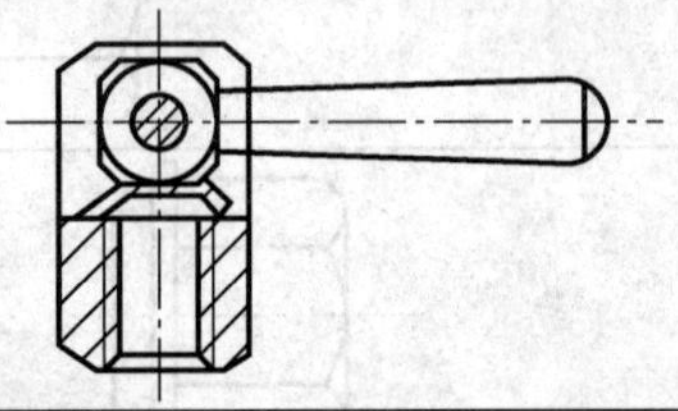	17
多手柄螺母	JB/T 8004.10—1999	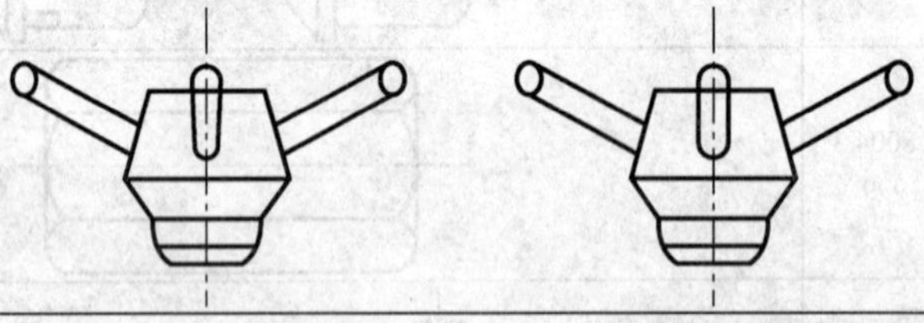	18
压入式螺纹衬套	JB/T 8005.1—1999	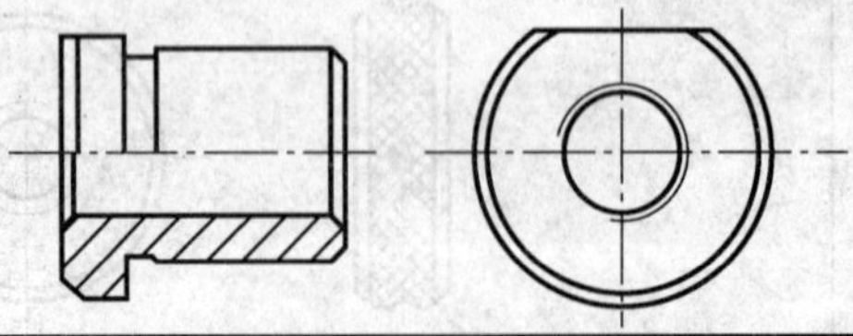	22

续表

名称	标准代码	简图	标准汇编页码
旋入式螺纹衬套	JB/T 8005.2—1999		24
压紧螺钉	JB/T 8006.1—1999		26
六角头压紧螺钉	JB/T 8006.2—1999		29
固定手柄压紧螺钉	JB/T 8006.3—1999		32
活动手柄压紧螺钉	JB/T 8006.4—1999		34
球头螺栓	JB/T 8007.1—1999		36
T形槽快卸螺栓	JB/T 8007.2—1999		39
钩形螺栓	JB/T 8007.3—1999		41
双头螺栓	JB/T 8007.4—1999		44

续表

名称	标准代码	简　图	标准汇编页码
槽用螺栓	JB/T 8007.5—1999	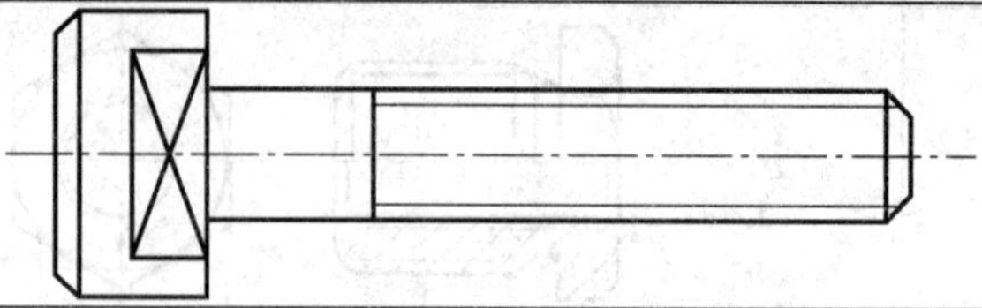	46
悬式垫圈	JB/T 8008.1—1999	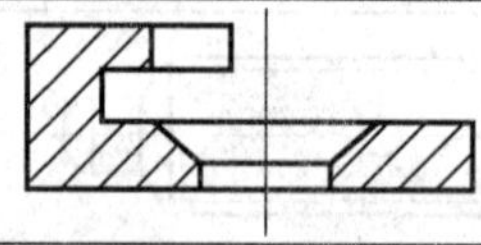	48
十字垫圈	JB/T 8008.2—1999	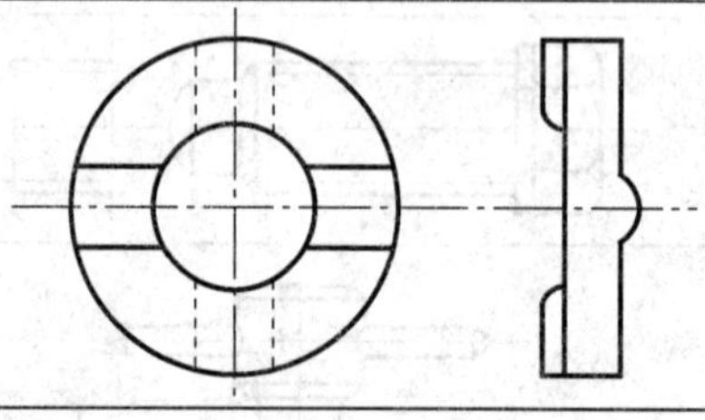	50
十字垫圈用垫圈	JB/T 8008.3—1999	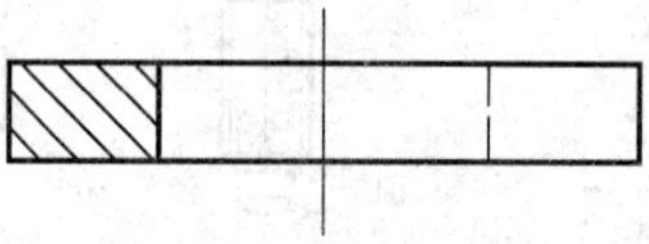	52
转动垫圈	JB/T 8008.4—1999	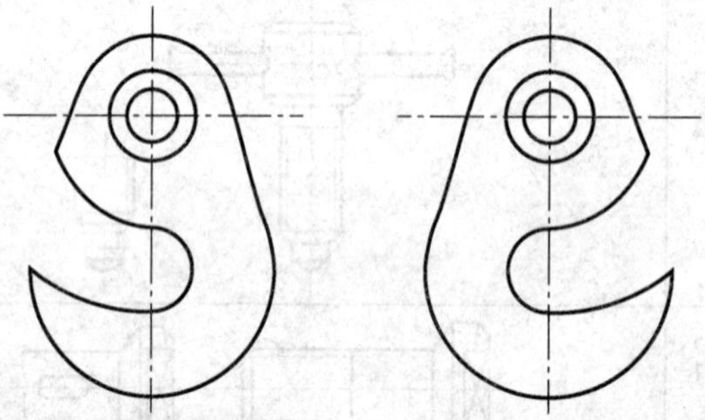	54
快换垫圈	JB/T 8008.5—1999	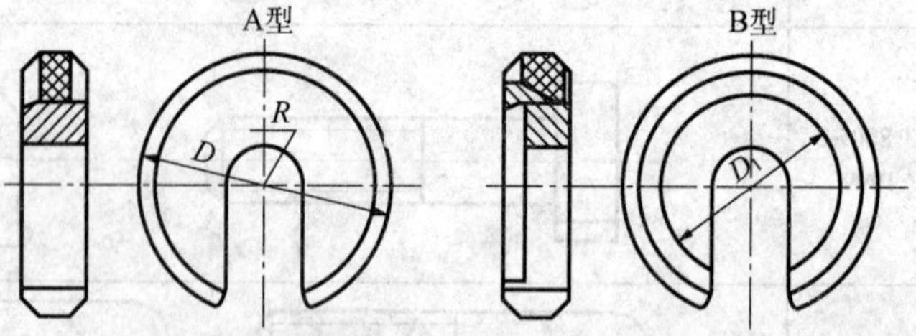 A型 R D B型 D	56
光面压块	JB/T 8009.1—1999	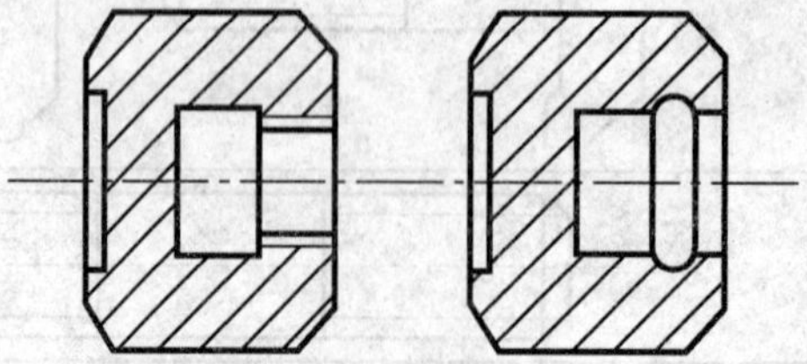	58

续表

名称	标准代码	简　图	标准汇编页码
槽面压块	JB/T 8009.2—1999		60
圆压块	JB/T 8009.3—1999		62
弧形压块	JB/T 8009.4—1999		64
移动压板	JB/T 8010.1—1999		67
转动压板	JB/T 8010.2—1999		70
移动弯压板	JB/T 8010.3—1999		73
转动弯压板	JB/T 8010.4—1999		75

续表

名称	标准代码	简图	标准汇编页码
移动宽头压板	JB/T 8010.5—1999	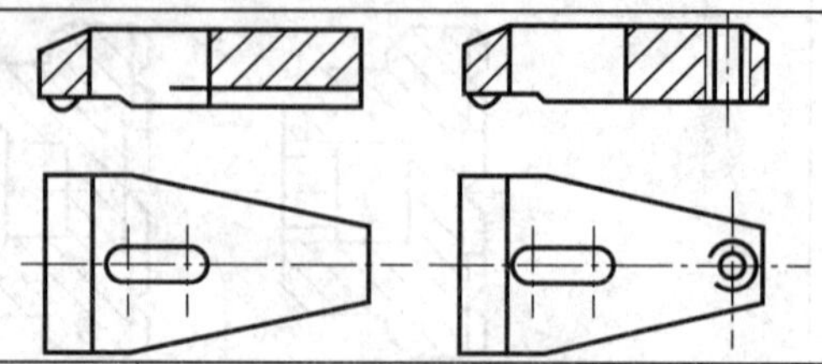	77
转动宽头压板	JB/T 8010.6—1999	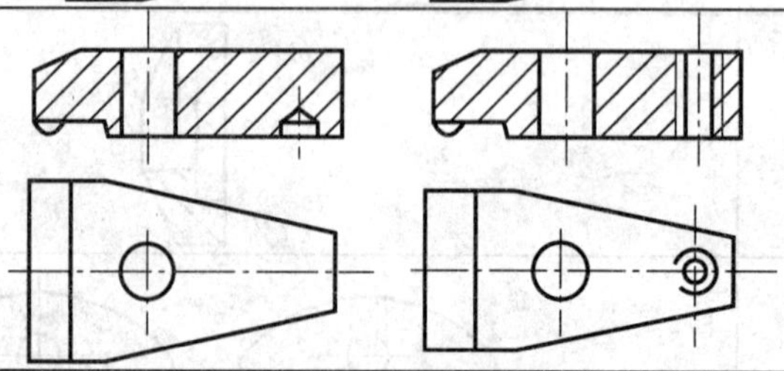	79
偏心轮用压板	JB/T 8010.7—1999	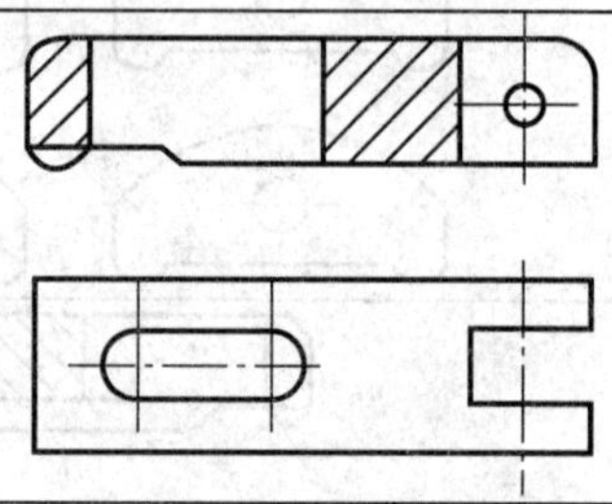	81
偏心轮用宽头压板	JB/T 8010.8—1999	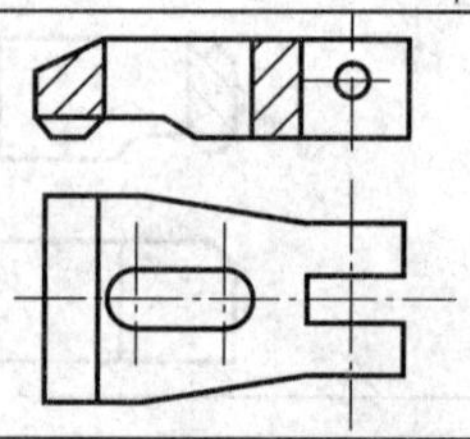	83
平压板	JB/T 8010.9—1999	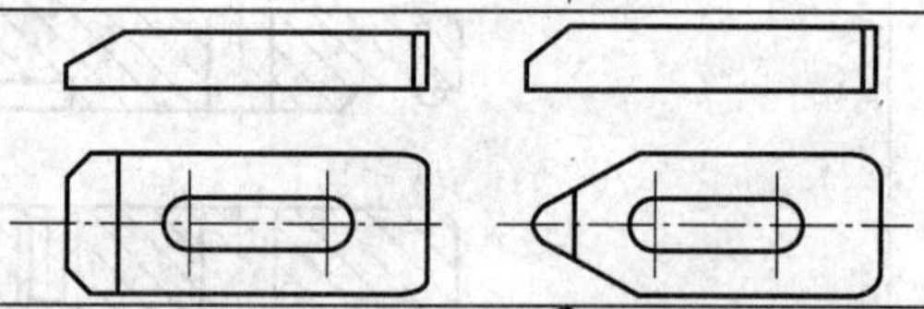	85
弯头压板	JB/T 8010.10—1999	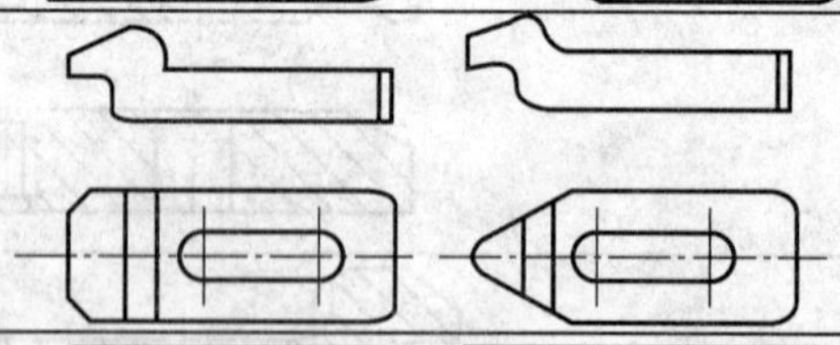	87
U形压板	JB/T 8010.11—1999	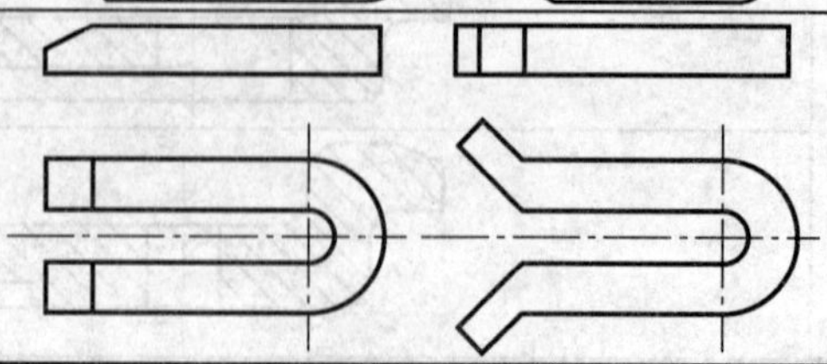	89

续表

名称	标准代码	简图	标准汇编页码
鞍形压板	JB/T 8010.12—1999	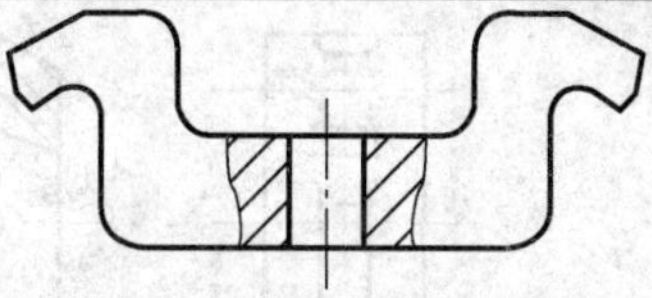	91
直压板	JB/T 8010.13—1999	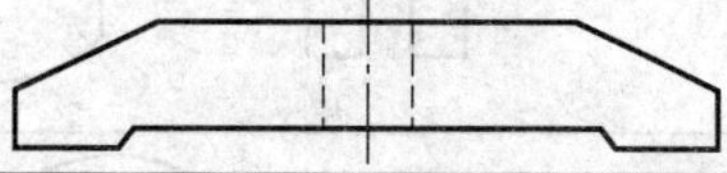	93
铰链压板	JB/T 8010.14—1999	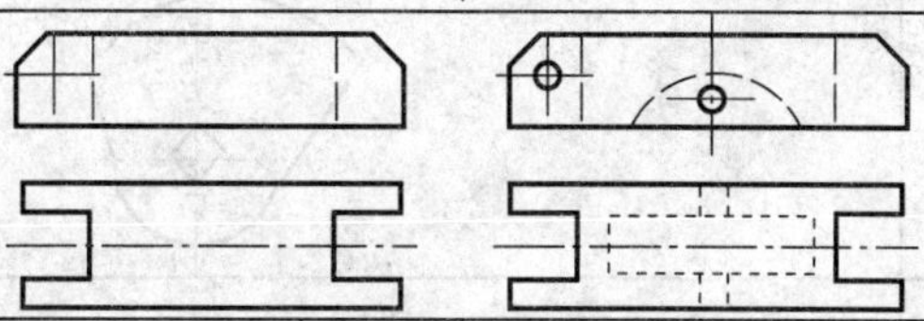	95
回转压板	JB/T 8010.15—1999	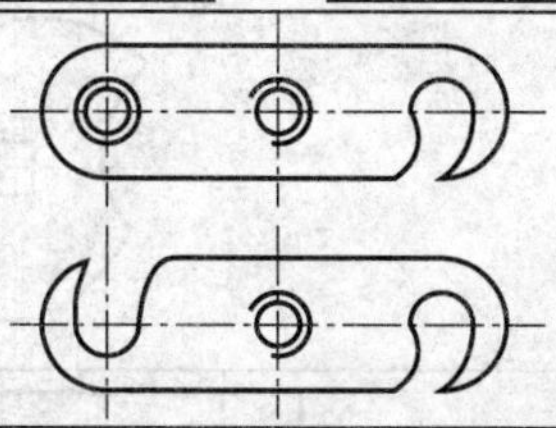	98
双向压板	JB/T 8010.16—1999	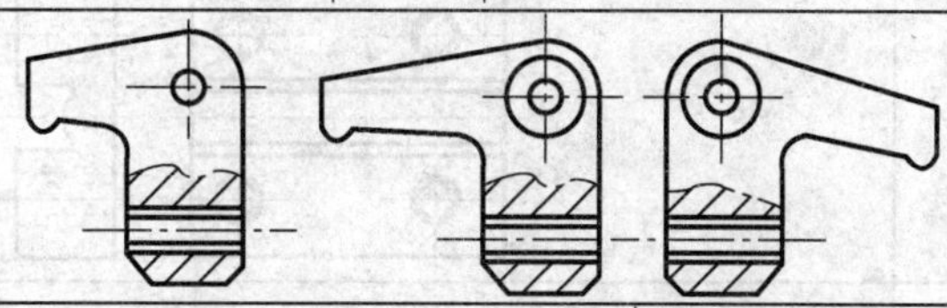	101
自调式压板	JB/T 8010.17—1999	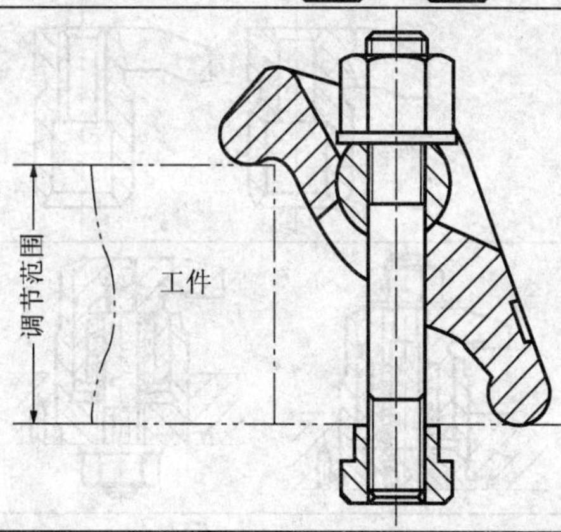 调节范围 工件	103
圆偏心轮	JB/T 8011.1—1999	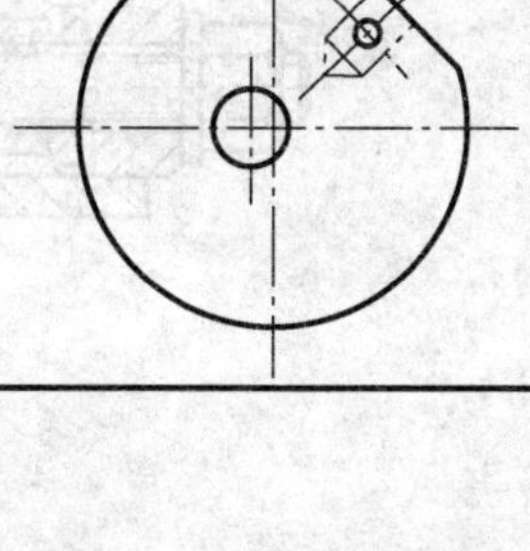	105

续表

名称	标准代码	简　图	标准汇编页码
叉形偏心轮	JB/T 8011.2—1999	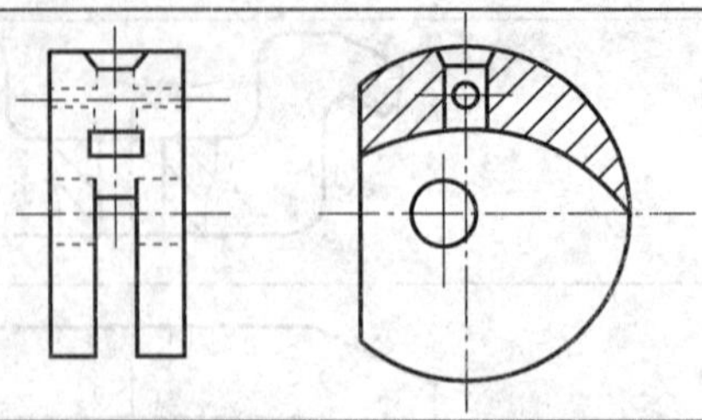	107
单面偏心轮	JB/T 8011.3—1999	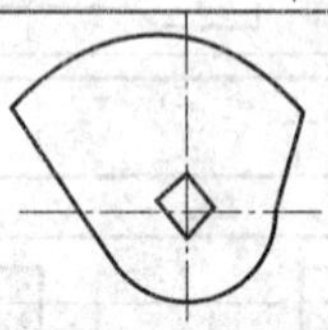	109
双面偏心轮	JB/T 8011.4—1999	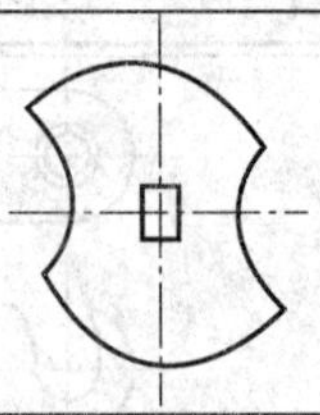	111
偏心轮用垫板	JB/T 8011.5—1999	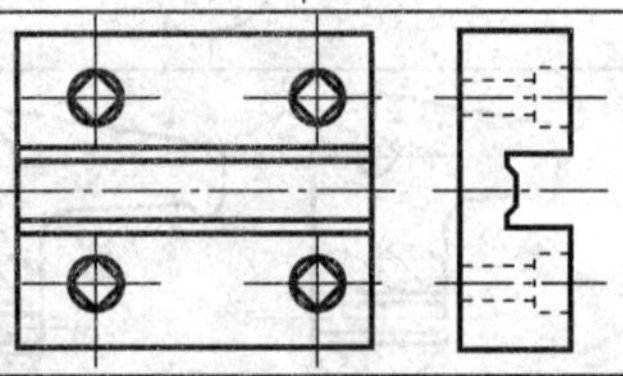	113
钩形压板	JB/T 8012.1—1999	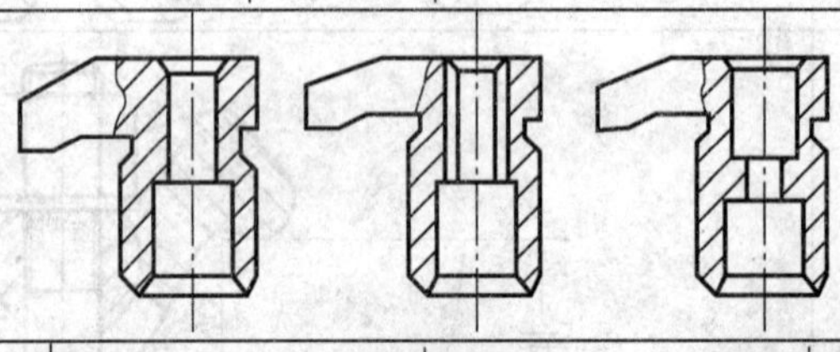	115
钩形压板（组合）	JB/T 8012.2—1999	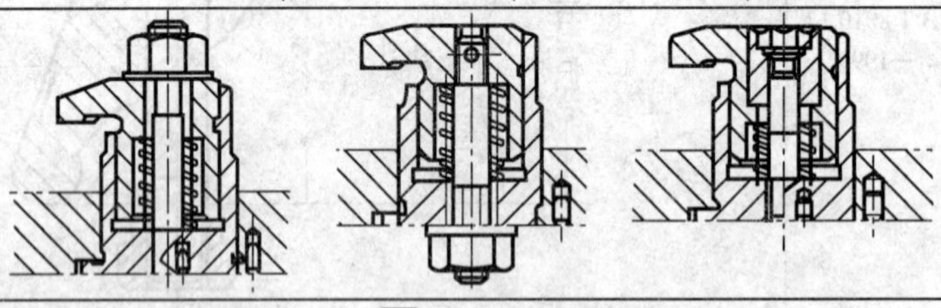	117
立式钩形压板（组合）	JB/T 8012.3—1999	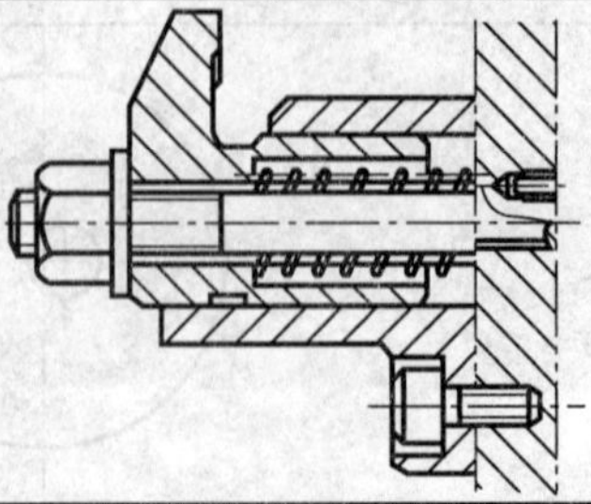	119

续表

名称	标准代码	简　图	标准汇编页码
端面钩形压板（组合）	JB/T 8012.4—1999	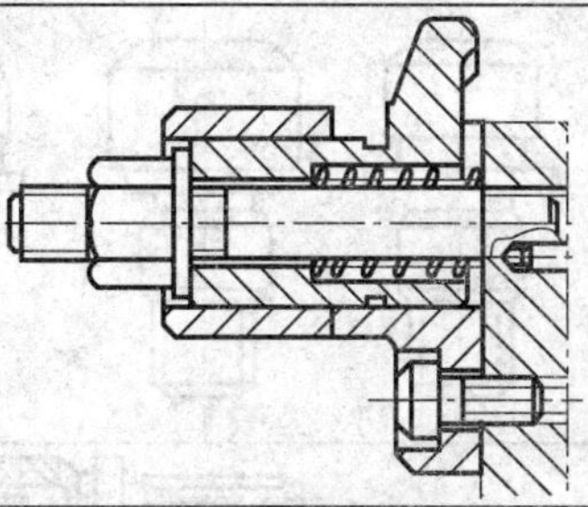	121
侧面钩形压板（组合）	JB/T 8012.5—1999	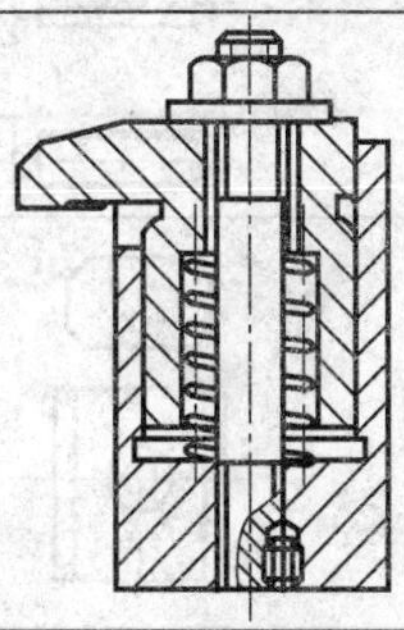	123
定位衬套	JB/T 8013.1—1999	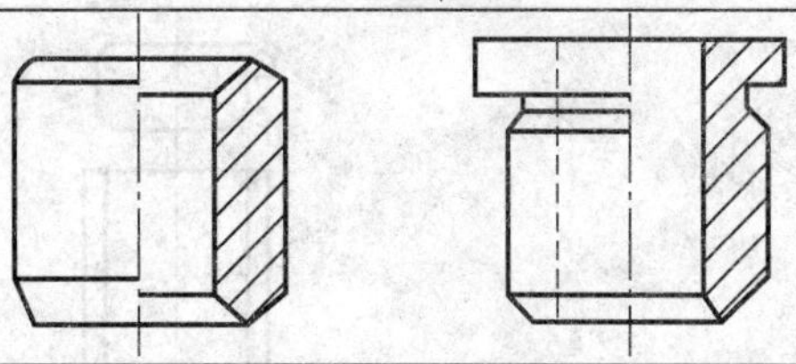	125
薄壁钻套	JB/T 8013.2—1999	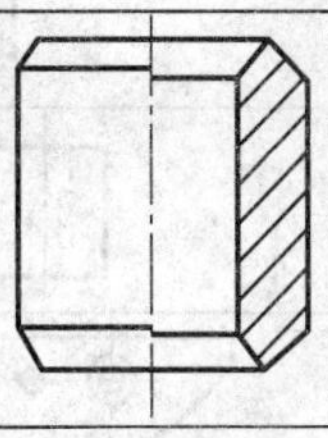	128
小定位销	JB/T 8014.1—1999	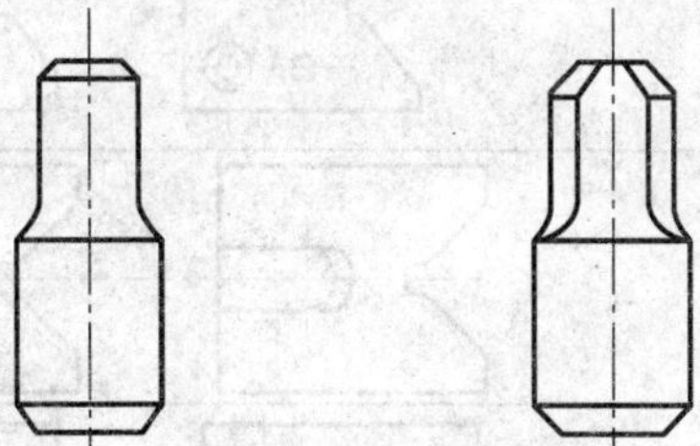	130
固定式定位销	JB/T 8014.2—1999	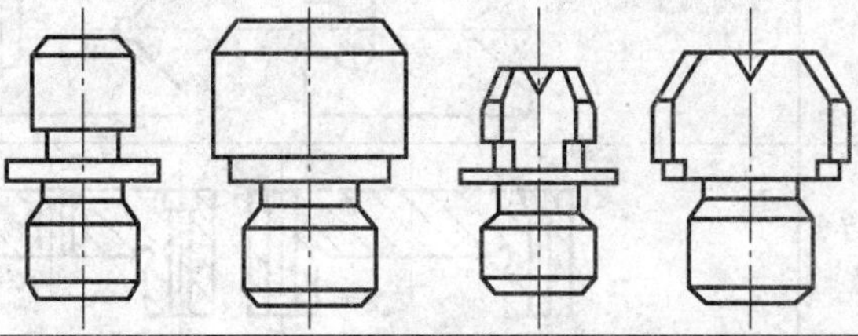	132

续表

名称	标准代码	简图	标准汇编页码
可换定位销	JB/T 8014.3—1999	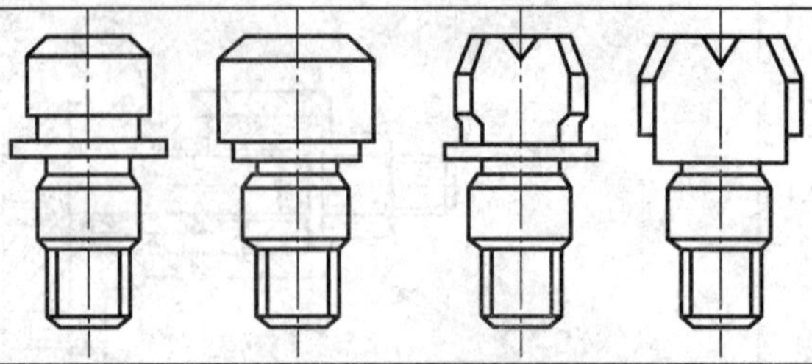	135
定位插销	JB/T 8015—1999	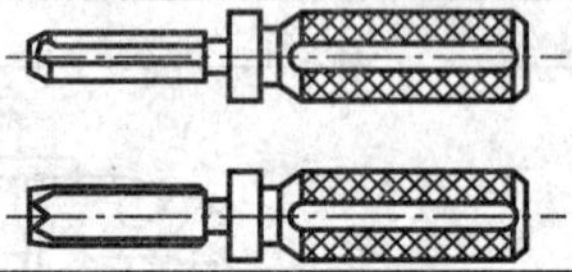	138
定位键	JB/T 8016—1999	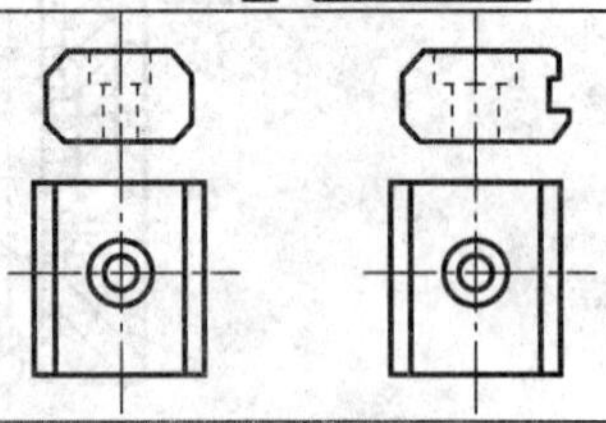	141
定向键	JB/T 8017—1999	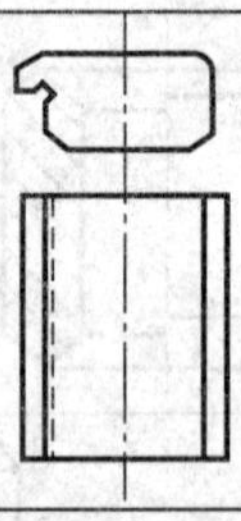	143
V 形块	JB/T 8018.1—1999	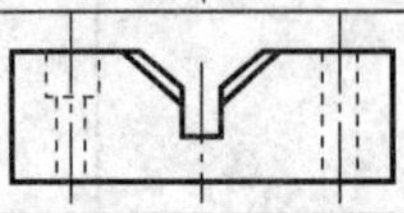	145
固定 V 形块	JB/T 8018.2—1999	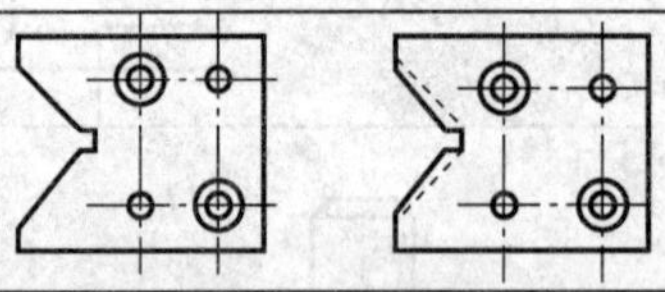	147
调整 V 形块	JB/T 8018.3—1999	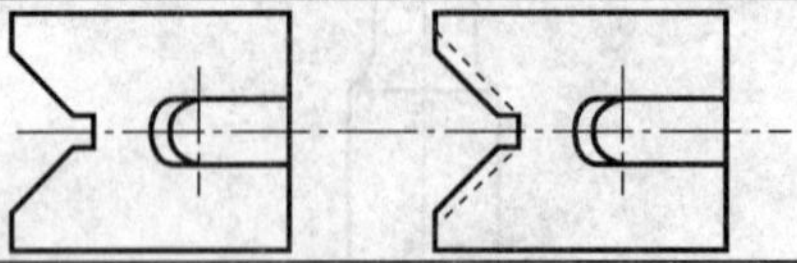	149
活动 V 形块	JB/T 8018.4—1999	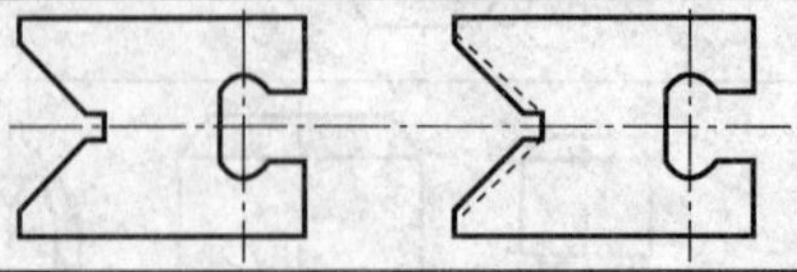	151
导板	JB/T 8019—1999	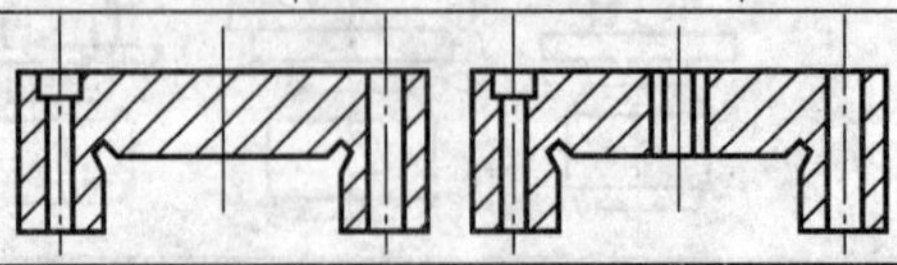	153

续表

名称	标准代码	简　图	标准汇编页码
薄挡块	JB/T 8020.1—1999	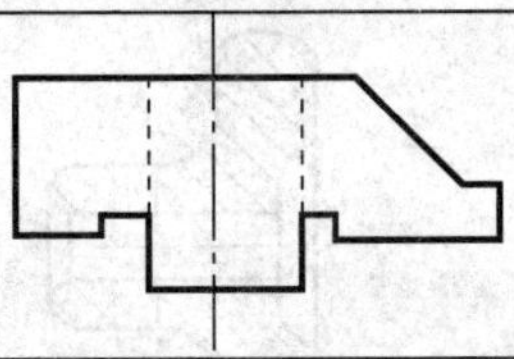	155
厚挡块	JB/T 8020.2—1999	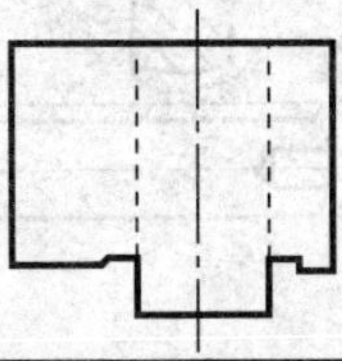	157
手拉式定位器	JB/T 8021.1—1999	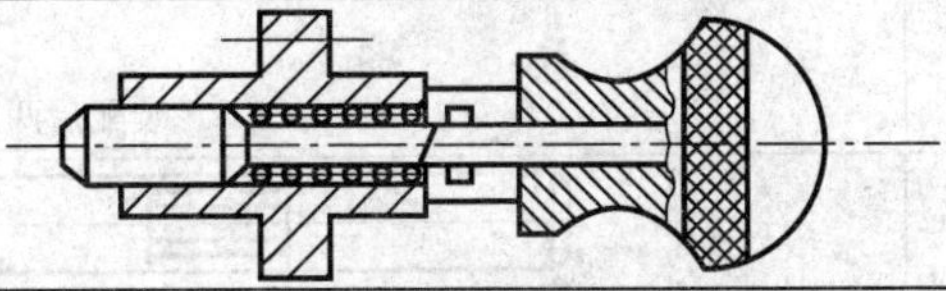	159
枪栓式定位器	JB/T 8021.2—1999	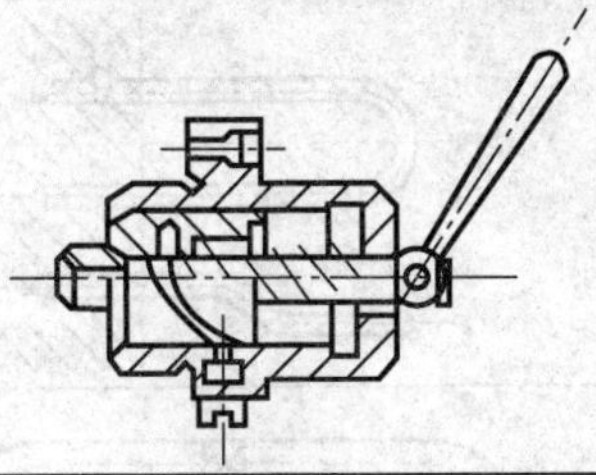	161
内涨器	JB/T 8022.1—1999	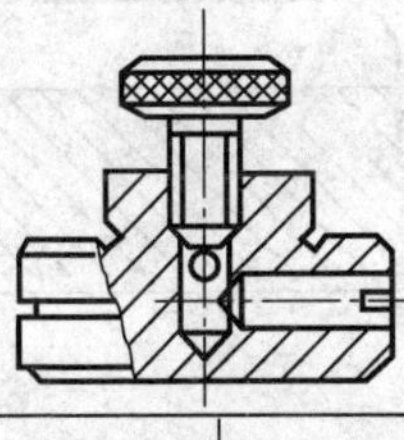	163
可调定心内涨器	JB/T 8022.2—1999	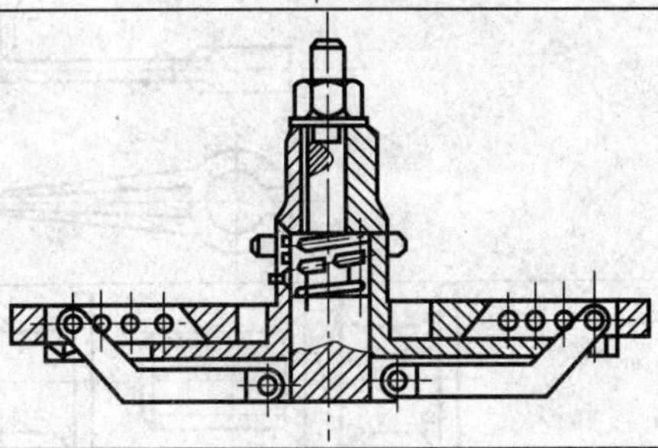	165
滚花把手	JB/T 8023.1—1999	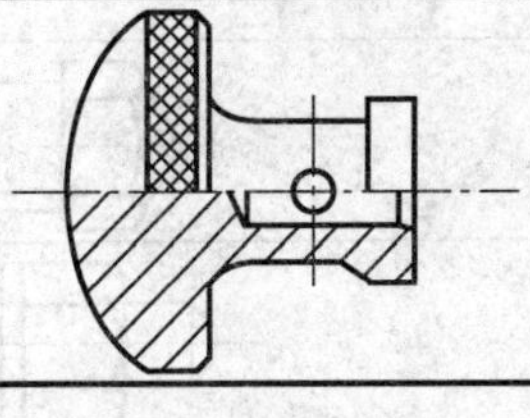	167

续表

名称	标准代码	简图	标准汇编页码
星形把手	JB/T 8023.2—1999		169
活动手柄	JB/T 8024.1—1999	装配后两端扩口并打光	171
固定手柄	JB/T 8024.2—1999		173
握柄	JB/T 8024.3—1999		175
焊接手柄	JB/T 8024.4—1999		177
杠杆式手柄	JB/T 8024.5—1999		179
起重螺栓	JB/T 8025—1999		182
六角头支承	JB/T 8026.1—1999		184
顶压支承	JB/T 8026.2—1999		186

续表

名称	标准代码	简　图	标准汇编页码
圆柱头调节支承	JB/T 8026.3—1999	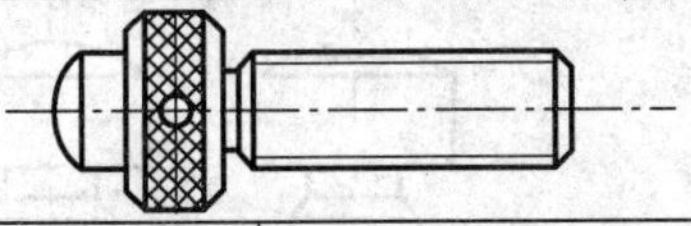	188
调节支承	JB/T 8026.4—1999	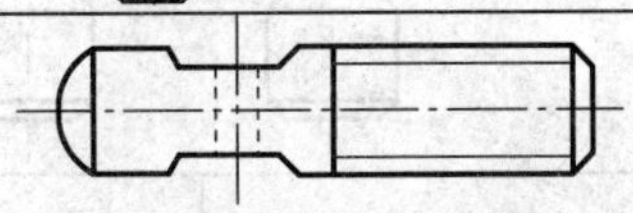	190
球头支承	JB/T 8026.5—1999	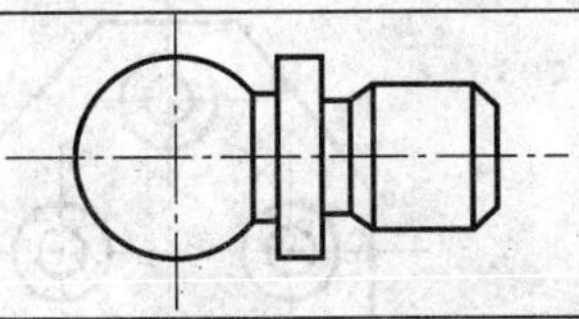	193
螺钉支承	JB/T 8026.6—1999	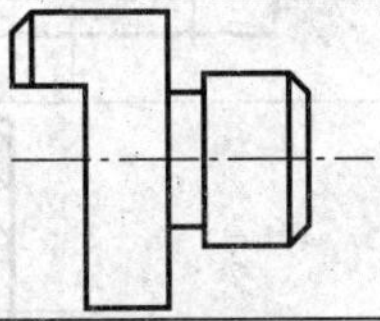	195
自动调节支承	JB/T 8026.7—1999	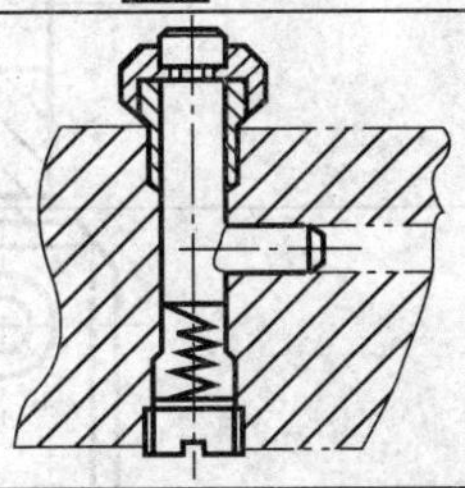	197
支柱	JB/T 8027.1—1999	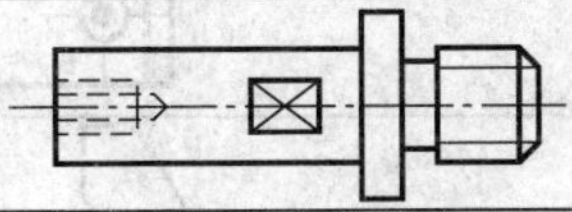	199
万能支柱	JB/T 8027.2—1999		201
低支脚	JB/T 8028.1—1999	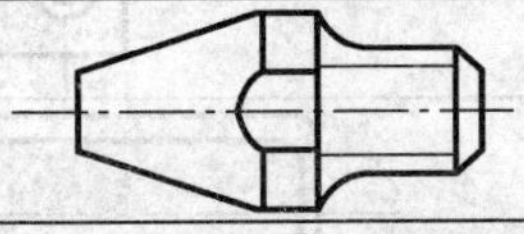	202
高支脚	JB/T 8028.2—1999	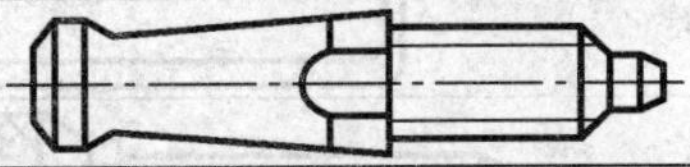	204
支承板	JB/T 8029.1—1999	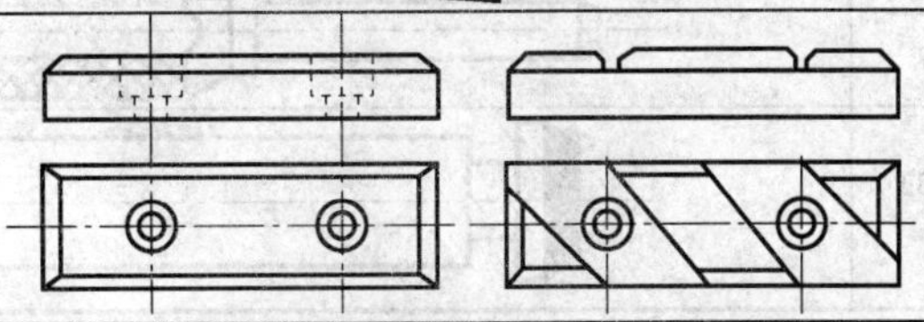	206

续表

名称	标准代码	简　图	标准汇编页码
支承钉	JB/T 8029.2—1999		208
支板	JB/T 8030—1999		210
圆形对刀块	JB/T 8031.1—1999		212
方形对刀块	JB/T 8031.2—1999		214
直角对刀块	JB/T 8031.3—1999		216
侧装对刀块	JB/T 8031.4—1999		218
对刀平塞尺	JB/T 8032.1—1999		220
对刀圆柱塞尺	JB/T 8032.2—1999		222
铰链轴	JB/T 8033—1999		224

续表

名称	标准代码	简　图	标准汇编页码
铰链支座	JB/T 8034—1999	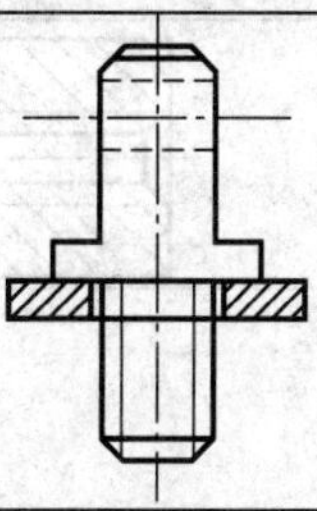	227
铰链叉座	JB/T 8035—1999	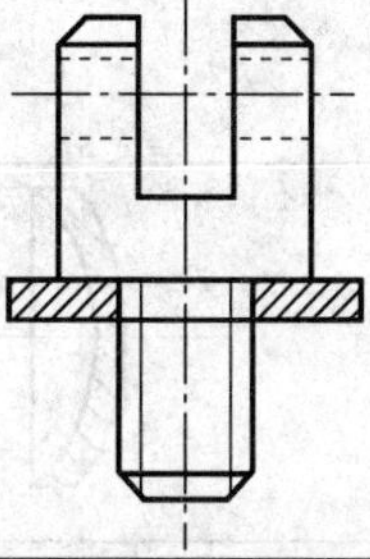	229
螺钉支座	JB/T 8036.1—1999	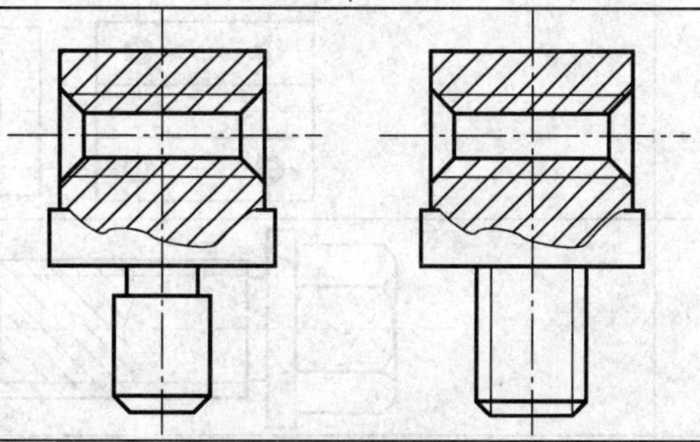	231
可调支座	JB/T 8036.2—1999	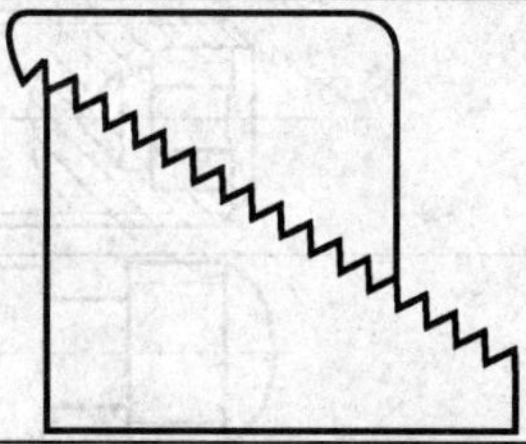	233
螺塞	JB/T 8037—1999	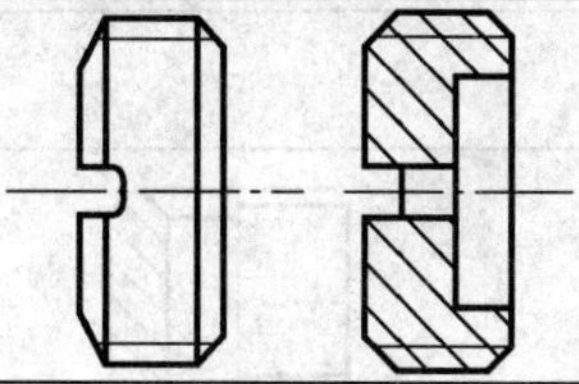	235
锁扣	JB/T 8038—1999	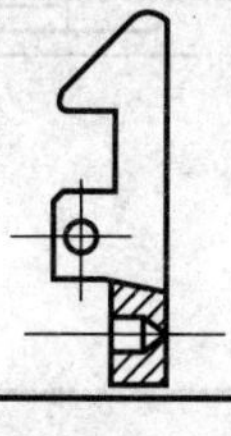	237

续表

名称	标准代码	简　图	标准汇编页码
切向夹紧套	JB/T 8039—1999		239
拆卸垫	JB/T 8040—1999		241
堵片	JB/T 8041—1999		243
螺钉用垫板	JB/T 8042—1999		245
塑料夹具用六角头螺钉	JB/T 8043.1—1999		247
塑料夹具用内六角螺钉	JB/T 8043.2—1999		249
塑料夹具用柱塞	JB/T 8043.3—1999		251
技术要求	JB/T 8044—1999		253
固定钻套	JB/T 8045.1—1999		256
可换钻套	JB/T 8045.2—1999		258

续表

名称	标准代码	简 图	标准汇编页码
快换钻套	JB/T 8045.3—1999	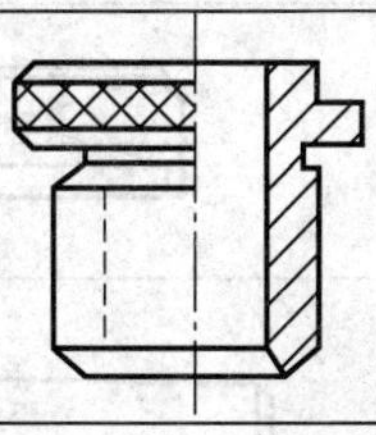	261
钻套用衬套	JB/T 8045.4—1999	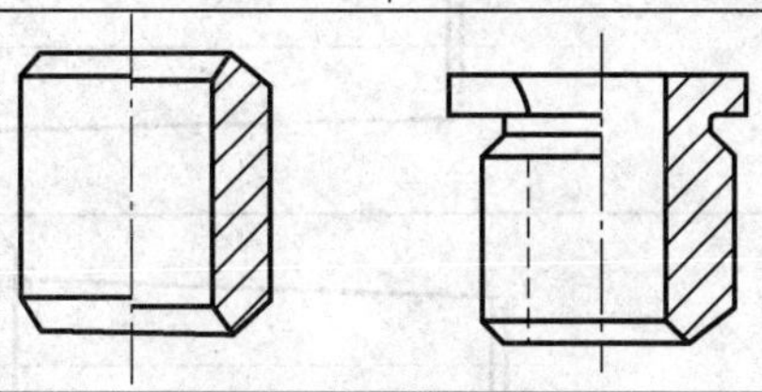	264
钻套螺钉	JB/T 8045.5—1999	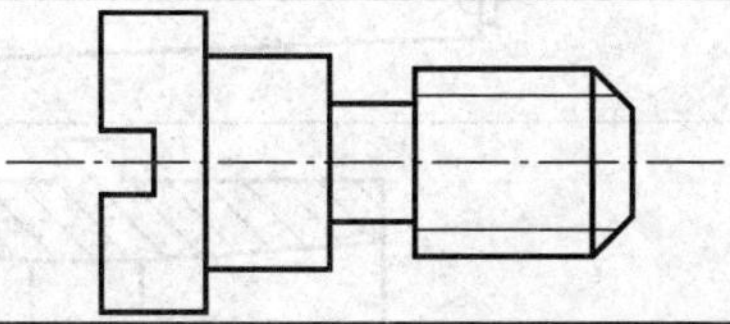	266
镗套	JB/T 8046.1—1999	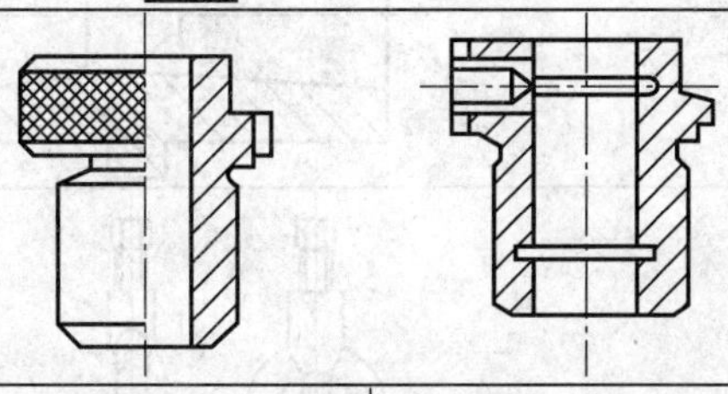	268
镗套用衬套	JB/T 8046.2—1999	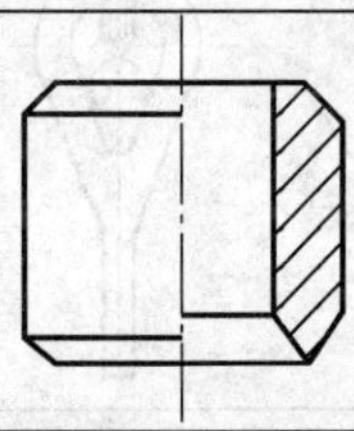	271
镗套螺钉	JB/T 8046.3—1999	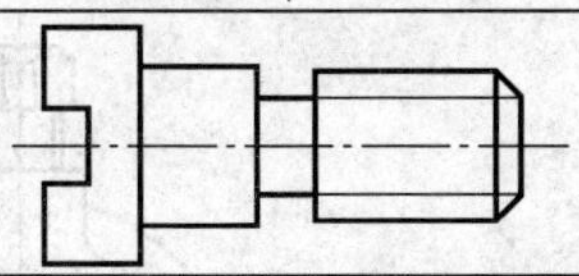	273
车床用定位轴	JB/T 10115—1999		275
锥度心轴	JB/T 10116—1999	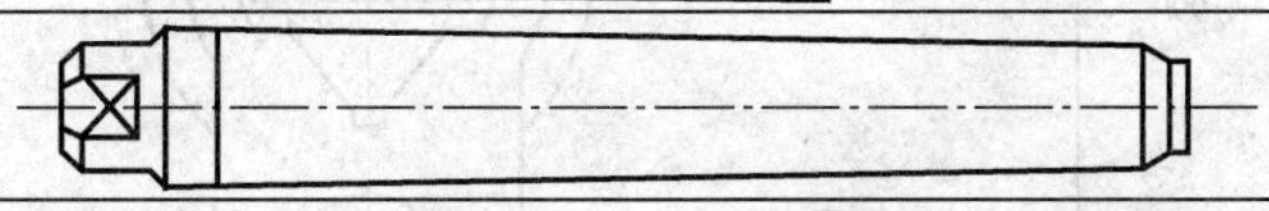	277
内拨顶尖	JB/T 10117.1—1999	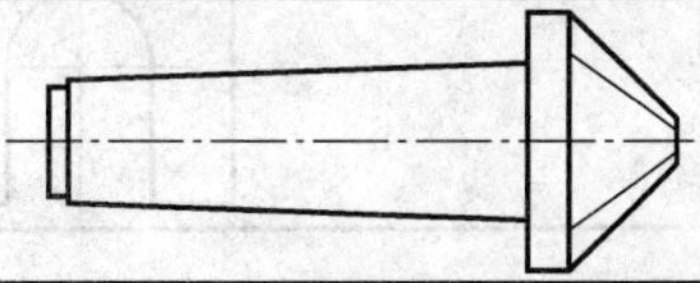	296

续表

名称	标准代码	简　图	标准汇编页码
夹持式内拨顶尖	JB/T 10117.2—1999	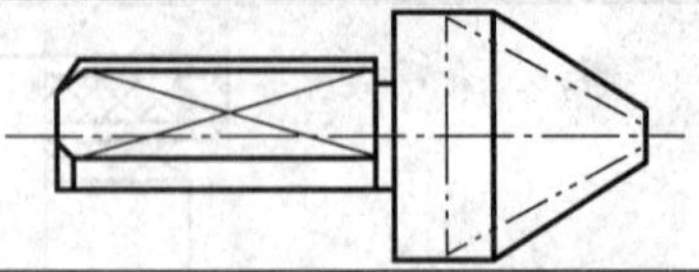	298
外拨顶尖	JB/T 10117.3—1999	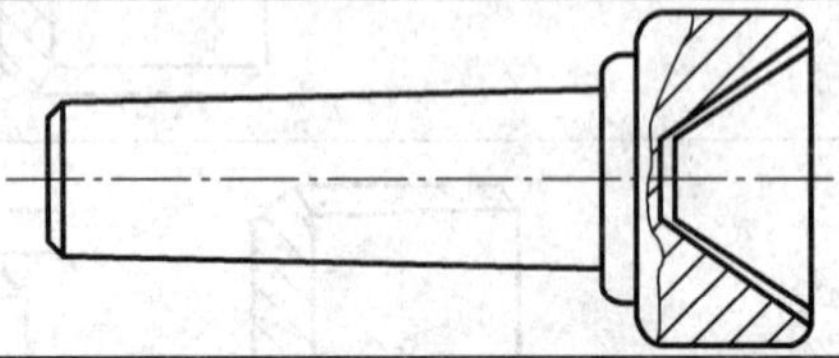	300
内锥孔顶尖	JB/T 10117.4—1999	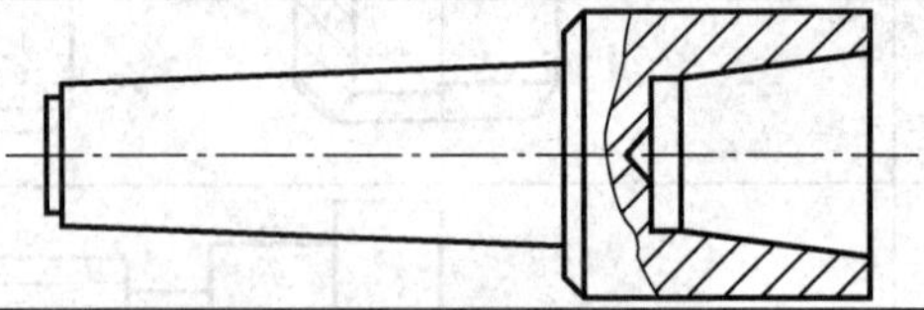	302
夹持式内锥孔.顶尖	JB/T 10117.5—1999	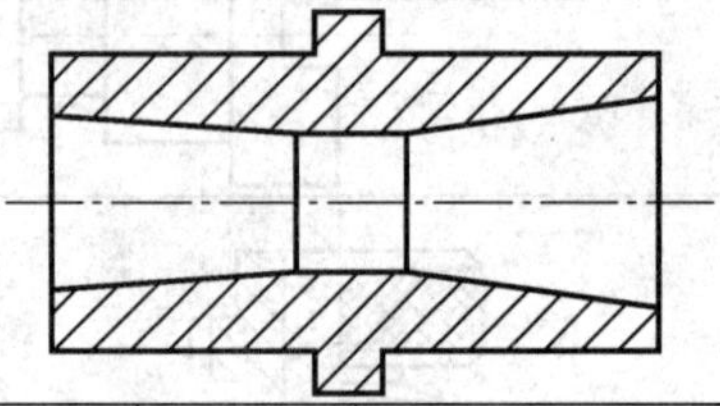	304
鸡心卡头	JB/T 10118—1999	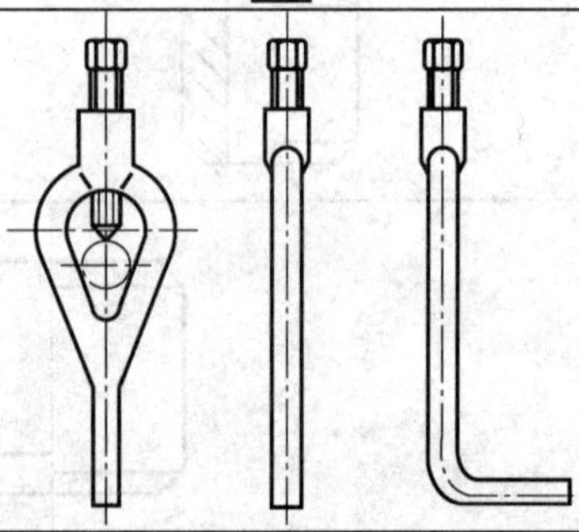	306
卡环	JB/T 10119—1999	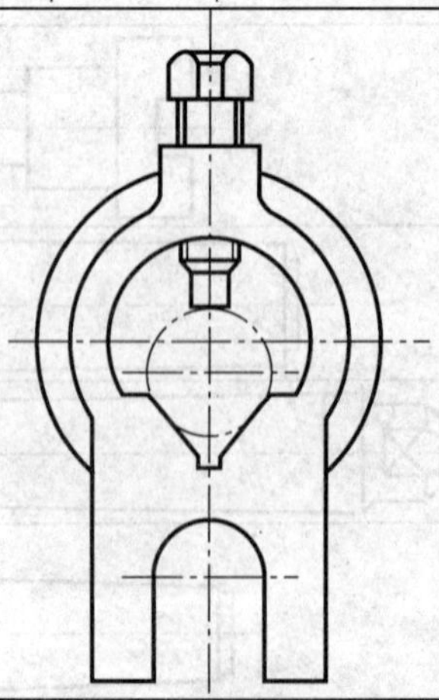	308

续表

名称	标准代码	简　图	标准汇编页码
夹板	JB/T 10120—1999	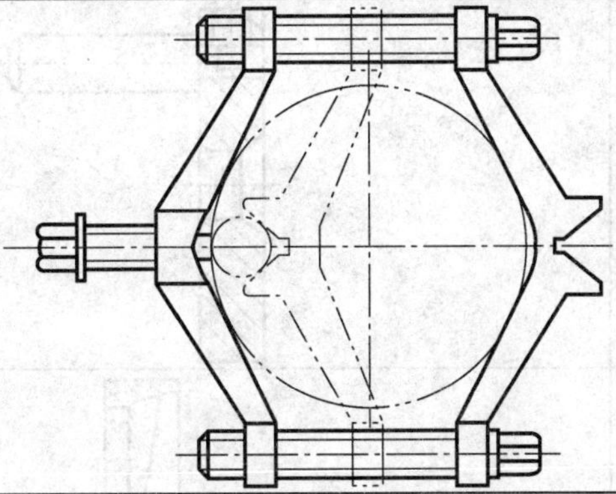	310
车床用快换夹头	JB/T 10121—1999	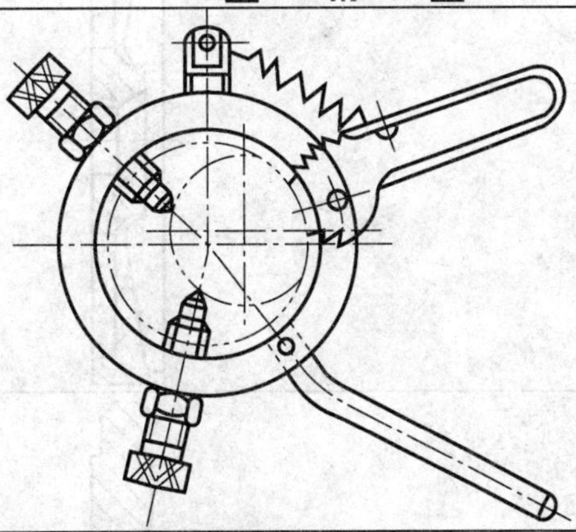	312
磨床用快换夹头	JB/T 10122—1999	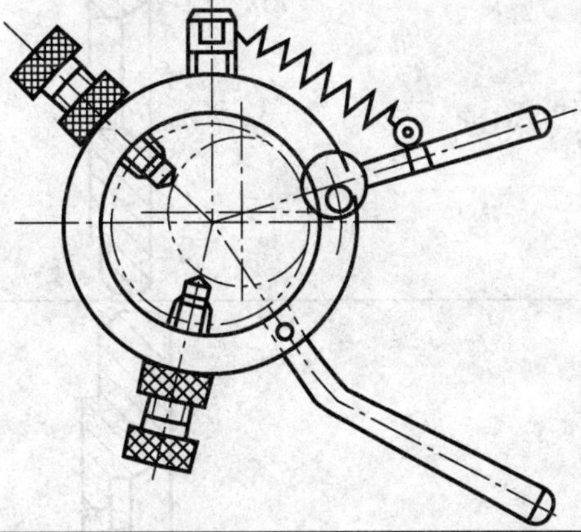	314
活铁爪	JB/T 10123—1999	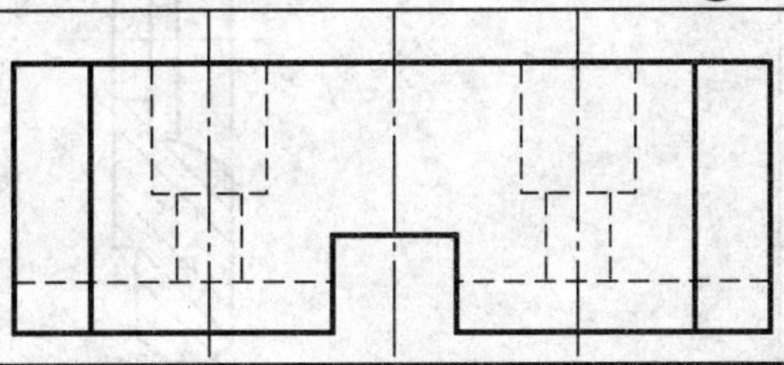	316

续表

名称	标准代码	简　图	标准汇编页码
拨盘	JB/T 10124—1999	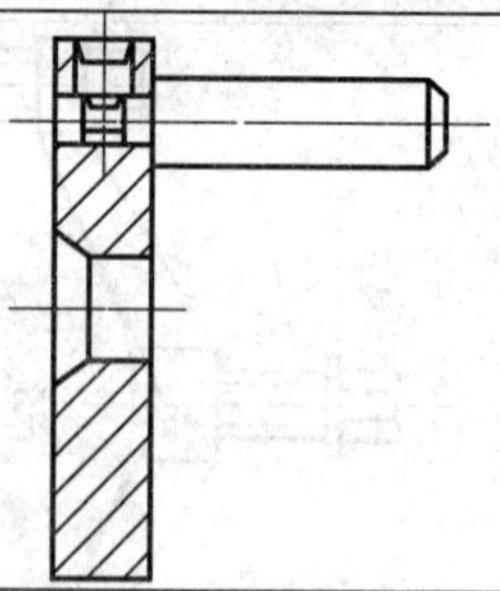	318
花盘	JB/T 10125—1999	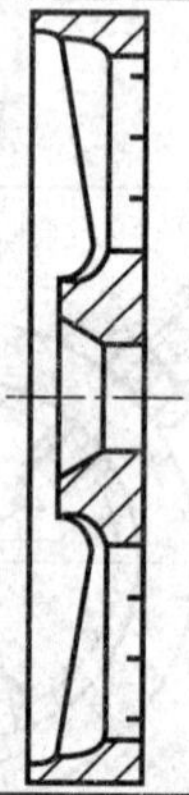	321
三爪卡盘用过渡盘	JB/T 10126.1—1999	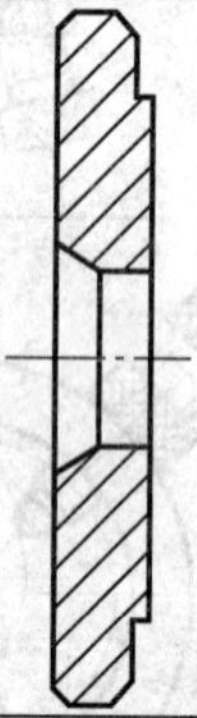	323
四爪卡盘用过渡盘	JB/T 10126.2—1999	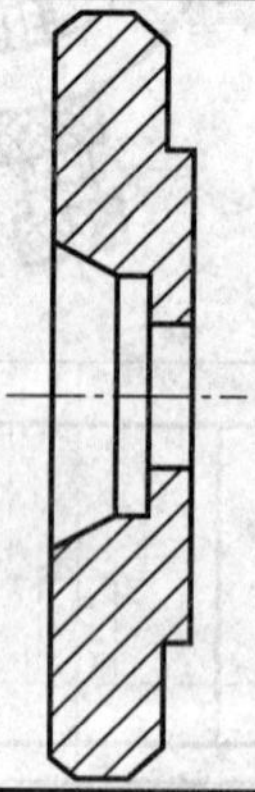	326

续表

名称	标准代码	简　图	标准汇编页码
等边角铁	JB/T 10127.1—1999	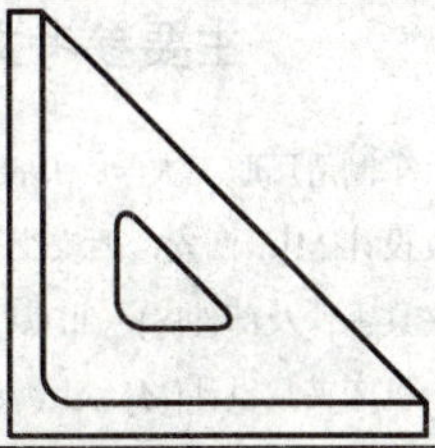	329
等腰角铁	JB/T 10127.2—1999	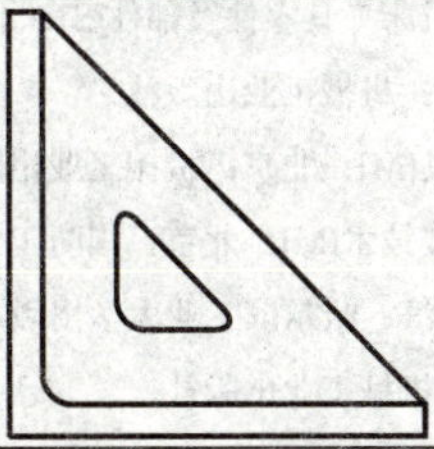	331
不等边角铁	JB/T 10127.3—1999		333
挡柱	JB/T 10128—1999	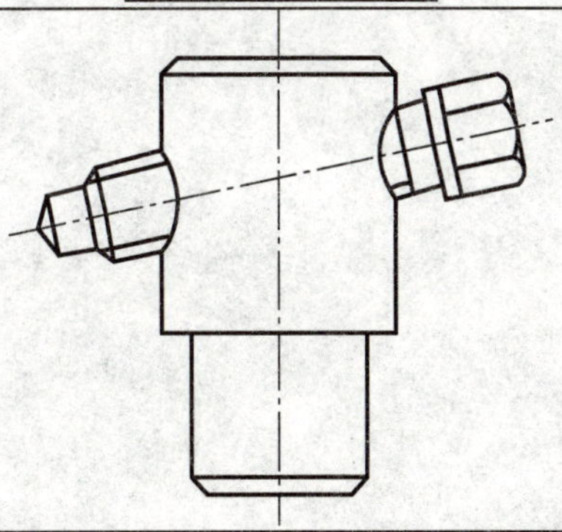	335

主要参考文献

东北重型机械学院，洛阳工学院，第一汽车制造厂职工大学．1988．机床夹具设计手册[M]．上海：上海科技出版社．

龚定安，赵孝昶，高化．1992．机床夹具设计[M]．西安：西安交通大学出版社．

国家技术监督局．1992．国家标准机床夹具零件及部件[S]．北京：中国标准出版社．

哈尔滨工业大学，上海工业大学．1983．机床夹具设计[M]．上海：上海科技出版社．

机械科学研究院．1999．机械行业标准机床夹具零件及部件[S]．北京：机械标准化研究所出版社．

李庆寿．1984．机床夹具设计[M]．北京：机械工业出版社．

刘守勇．2004．机械制造工艺与机床夹具[M]．北京：机械工业出版社．

唐用中，陈享，等．1979．组合夹具组装技术[M]．北京：国防工业出版社．

王启平．2011．机床夹具设计[M]．哈尔滨：哈尔滨工业大学出版社．

吴拓．2009．机床夹具设计[M]．北京：机械工业出版社．

薛源顺．2003．机床夹具设计[M]．北京：机械工业出版社．

张权民．2010．机床夹具设计[M]．修订版．北京：科学出版社．